Benjamin Francklin.

BIBLIOTHÈQUE ANECDOTIQUE
ET LITTÉRAIRE

P.-A. CHANGEUR

COMMENT

ON DEVIENT UN HOMME

MÉMOIRES
DE BENJAMIN FRANKLIN

TRADUCTION NOUVELLE

AUGMENTÉE D'UNE BIOGRAPHIE DE B. FRANKLIN
D'EXTRAIT DE SA CORRESPONDANCE, — DU « SIFFLET »
DU « DIALOGUE AVEC LA GOUTTE »
ET D'UN CHOIX DE MAXIMES TIRÉES DE SES ÉCRITS

> « L'oisiveté ressemble à la rouille ;
> elle use beaucoup plus que le tra-
> vail : une clef dont on se sert est
> toujours nette. »
> FRANKLIN.

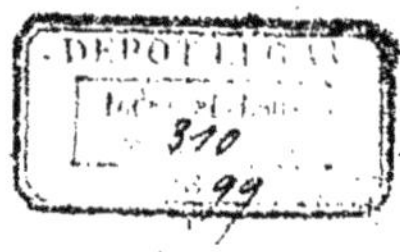

PARIS
LIBRAIRIE D'ÉDUCATION A. HATIER
33, QUAI DES GRANDS-AUGUSTINS, 33

P.-A. CHANGEUR

COMMENT ON DEVIENT UN HOMME

MÉMOIRES DE BENJAMIN FRANKLIN

TRADUCTION NOUVELLE

AUGMENTÉE D'UNE BIOGRAPHIE DE B. FRANKLIN
D'EXTRAIT DE SA CORRESPONDANCE, — DU « SIFFLET »
DU « DIALOGUE AVEC LA GOUTTE »
ET D'UN CHOIX DE MAXIMES TIRÉES DE SES ÉCRITS

> « L'oisiveté ressemble à la rouille,
> elle use beaucoup plus que le tra-
> vail; une clef dont on se sert est
> toujours nette. »
>
> FRANKLIN.

PARIS

LIBRAIRIE D'ÉDUCATION A. HATIER

33, QUAI DES GRANDS-AUGUSTINS, 33

—

BIBLIOTHÈQUE ANECDOTIQUE

ET LITTÉRAIRE

COMMENT

ON DEVIENT UN HOMME

PRÉFACE

———

E titre inscrit en tête de ce volume semble le ranger dans la catégorie déjà nombreuse des ouvrages où l'imagination d'un moraliste a rassemblé des préceptes et des exemples. Il en diffère pourtant totalement et a sur eux cette supériorité que l'imagination pure n'y joue aucun rôle. C'est la narration, dans la forme la plus simple, de faits réels, vécus, et le sous-titre pourrait en être : « Vie d'un honnête homme ».

L'histoire authentique d'une existence humaine va se dérouler devant les yeux du lecteur, d'autant plus attachante que les scènes en sont empruntées à la vie « de tous les jours », suivant l'expression populaire, « de tous les gens », pourrions-nous presque ajouter, car combien de personnes y retrouveront des circonstances qui leur sont personnelles !

Naissance de parents vaillants, mais obscurs,

enfance écoulée dans la gêne, débuts pénibles comme
manouvrier, n'est-ce pas là l'histoire de la majorité
des travailleurs, histoire essentiellement populaire.
Pour ceux-là, ce livre sera plus qu'un enseignement :
du spectacle de cet homme parti de si bas et s'éle-
vant d'échelon en échelon, par la seule force de son
énergie, de son intelligence et de sa probité, jusqu'aux premières dignités de son pays, se dégagent
un encouragement et un espoir, — et l'heure est
propice à cette lecture.

Si, en effet, un tel exemple est précieux en tous
temps, il est des époques où il s'impose plus étroite-
ment : nous sommes dans une de celles-là. Quand la
voix d'un ouvrier, comme le fut Franklin, pèse, dans
la destinée d'un pays, autant, sinon plus, que celle
d'un patricien, il faut rappeler à cet ouvrier qu'il n'a
pas que des droits, mais qu'il a plus encore de
devoirs.

Plus que tout autre régime, les démocraties
exigent que les vertus privées soient répandues chez
leurs citoyens, et l'on peut dire qu'elles ne valent que
par ces vertus. Si le nom même de « démocratie »
signifie gouvernement du peuple, le peuple doit être
apte à exercer les redoutables charges du pouvoir :
or le peuple n'est qu'un terme abstrait pour désigner
une réunion d'unités. Dans ces conditions, l'ensemble

des hommes placés à la tête d'un pays par la libre
volonté de leurs compatriotes doit, logiquement,
être l'image en raccourci de la nation tout entière,
et, plus que jamais, pourra s'appliquer le dicton :
« Les peuples ont le gouvernement qu'ils méritent. »

Il est donc essentiel que le niveau des vertus
privées, qui font les vertus publiques, monte sans
cesse. C'est avec l'espérance de concourir à ce noble
but, dans la modeste mesure de nos forces, que nous
publions ce volume, convaincus que quiconque saura
s'inspirer de l'honnêteté profonde que ne cessa de
pratiquer Franklin tant dans la vie privée que dans
la vie publique où, dit-on, le désintéressement est
plus difficile, quiconque pourra imiter son activité,
sa confiance en l'avenir, quiconque aimera ce qu'il
aima et comme il l'aima, pourra alors se dire un
homme dans la plus haute acception de ce mot.

Au surplus, Franklin n'est pas un étranger pour
la France, et bien des liens existeront entre le lecteur
et l'auteur. Sans vouloir rappeler, soumis à un régime
dont la devise, inscrite partout, est : « Liberté », que
le grand citoyen américain consacra ses dernières
forces à la liberté de sa patrie, nous dirons que
Franklin aima la France. Il ne s'était pas adressé en
vain à sa générosité traditionnelle, et, à sa prière,

une fois de plus la France avait versé le plus pur de son sang pour une cause désintéressée.

Avant déjà de voir les soldats de La Fayette et de Rochambeau combatire à côté des soldats de Washington, il avait rendu hommage à l'irréprochable tenue des troupes françaises en campagne, et ces quelques lignes qu'il y consacre au cours de ses mémoires et tout à fait incidemment sont plus probantes et plus touchantes qu'un pompeux éloge. « Quelle différence, écrit-il à propos des Anglais, de cette conduite avec celle de nos amis les Français, qui, pendant une marche de près de sept milles, à travers la partie la moins peuplée de notre pays, de Rhode-Island en Virginie, ne donnèrent pas lieu à la plus légère plainte, pas même pour le vol d'un cochon, d'une poule ou d'une pomme ! »

Rappelons enfin que la France reconnaissant, suivant sa coutume, comme citoyens français tous ceux qui honorent l'humanité, porta trois jours le deuil de Franklin, sur la proposition de Mirabeau.

P.-A. CHANGEUR.

INTRODUCTION

Avant de commencer la lecture de ce volume, le lecteur nous saura peut-être gré de lui rappeler brièvement l'historique du temps où vivait l'auteur. Nous pensons que ce rapide exposé ne sera pas inutile à la compréhension de ces Mémoires et qu'il permettra en tout cas de se rendre compte de manière plus complète, des diverses allusions que fait Franklin.

Au moment où il naquit (1706), l'Amérique du Nord constituait, en grande partie du moins, une colonie anglaise. Elle était divisée d'abord en deux grandes portions à peu près égales : la Virginie, ou colonie du Sud, et la Nouvelle-Angleterre, ou colonie du Nord. Plus tard elle forma treize provinces.

La colonie était soumise à trois espèces de gouvernements :

1° Le gouvernement provincial;

2° Le gouvernement de chartes;

3° Le gouvernement de propriétaires.

D'une manière générale, à la tête de chaque province se trouvait un gouverneur, nommé par le roi d'Angleterre, assisté d'un conseil, nommé de même, puis d'une Assemblée composée des représentants de la province. Cette Assemblée avait le droit de faire toutes les lois et ordonnances nécessaires, mais ses décisions devaient, pour être exécutoires, avoir reçu l'approbation du gouvernement britannique.

On appliquait le nom de gouvernements de propriétaires, auxquels il est souvent fait allusion en ces Mémoires, aux provinces concédées par le roi à des particuliers, dans la forme des suzerainetés féodales, et ces gouvernements différaient des deux autres en ce que le gouverneur était nommé par le concessionnaire au lieu d'être nommé par le roi. A part cette différence, les mêmes principes étaient en vigueur et l'approbation royale était nécessaire à tous les actes importants de la province.

Tel fut le régime auquel était soumise la colonie jusqu'en 1773. A cette date, les états américains, poussés à bout par les taxes arbitraires que leur imposait l'Angleterre, se soulevèrent contre la métropole. Le signal de l'insurrection fut donné par les habitants de Boston, qui jetèrent à la mer trois cargaisons de thé venues de Londres.

Washington se mit à la tête des Américains ; bientôt la France joignit des troupes, sous les ordres de La Fayette et de Rochambeau, à l'armée qui combattait pour l'indépendance et, en 1783, le traité de Versailles consacrait le triomphe des Américains et reconnaissait l'existence de la République des États-Unis.

Franklin avait joué un rôle important dans ces événements. C'est lui qui, envoyé à Paris par ses concitoyens en 1778, signa à Versailles un traité d'alliance offensive et défensive avec la France. C'est encore sa signature qui figure au bas du traité de Versailles en 1783. Il est à l'honneur après avoir été à la peine.

Enfin, rappelé par ses compatriotes pour les aider de sa sagesse dans l'organisation de la Constitution, il prit une large part à l'établissement de la Constitution Fédérale.

ON DEVIENT UN HOMME

(Mémoires de Franklin)

I

OÙ FRANKLIN NOUS FAIT CONNAITRE LES ÉVÉNEMENTS DE SA VIE

Né dans l'indigence et l'obscurité et ayant passé dans ces conditions mes premières années, je me suis cependant élevé dans le monde à un état d'opulence, et j'ai acquis quelque célébrité ; la fortune continue de me favoriser, même à une époque de ma vie déjà avancée. Mes descendants seront peut-être heureux de connaître les moyens que j'ai employés et qui, grâce à la Providence, m'ont si bien réussi. Ces moyens peuvent servir de modèle à ceux d'entre eux qui, se trouvant dans des circonstances semblables, croiraient devoir les imiter. Le bonheur que j'ai éprouvé m'a souvent fait dire, quand j'y réfléchis (et cela m'arrive souvent), que, si je devais recommencer à vivre, je voudrais recommencer la même carrière que j'ai suivie, et depuis mon premier pas jusqu'au dernier. Je ne réclamerais que l'avantage dont jouit un auteur, de pouvoir corriger dans une seconde édition les fautes qui peuvent se trouver dans la première. Peut-être voudrais-je aussi en changer quelques incidents pour d'autres plus favorables ; mais encore, si cette faveur m'était refusée, accepterais-je la condition de suivre exactement la même carrière.

Cette répétition de la vie ne peut avoir lieu. Ce qui s'en rapproche le plus est le souvenir de toutes les circonstances par lesquelles on est passé. En m'occupant de les consigner par écrit, je céderai au penchant, si naturel aux vieillards, de parler d'eux, de citer leurs actions, et je m'y livrerai sans courir le risque d'ennuyer ceux qui, par respect pour mon âge, pourraient se croire obligés de m'écouter, puisqu'ils ne me liront jamais que par l'effet seul de leur volonté. Et enfin (pourquoi ne pas en faire l'aveu, puisque personne ne me croirait, si je le niais?) cette tâche ne laissera peut-être pas d'être un peu flatteuse pour ma vanité. Il est bien certain que je n'ai jamais lu ni entendu cette précaution oratoire : *Je puis dire sans vanité*, etc., sans que ces mots ne soient suivis de quelque mouvement d'amour-propre. Bien dse gens ne peuvent souffrir la vanité dans les autres, quelque abondamment qu'ils en soient pourvus eux-mêmes : pour moi, je lu· fais grâce partout où je la rencontre. Je suis persuadé qu'elle produit souvent d'heureux effets pour celui qui l'éprouve, et pour ceux qui se trouvent dans la sphère de son action. Ainsi donc, en plus d'une circonstance, un homme pourrait, sans trop d'absurdité, remercier Dieu d'avoir mis la vanité au nombre des bienfaits qu'il lui a accordés.

Et, puisque je parle de rendre grâces à Dieu, je dois reconnaître en toute humilité que j'attribue à sa divine Providence le bonheur dont j'ai joui toute ma vie, comme je viens de le dire. C'est Elle qui m'a inspiré les moyens dont je me suis servi, et qui en a assuré le succès. Cette ferme croyance me porte à espérer, quoique sans présomption, que sa bonté daignera m'accorder la continuation du même bonheur, ou la force nécessaire pour supporter un revers fatal que je puis éprouver, comme tant d'autres. Ce que l'avenir me réserve n'est connu que de cet Être seul qui a le pouvoir de nous rendre heureux jusque dans nos afflictions.

Je naquis à Boston, dans la Nouvelle-Angleterre, en 1706 ; c'était le nom que portait alors cet État de l'Amérique qui était à cette époque une colonie anglaise : ma mère se nommait Abiah Folgier. Elle était fille de Pierre Folgier, l'un des premiers colons qui vinrent s'établir dans cette contrée.

Mes frères aînés entrèrent en apprentissage pour différents métiers, et moi-même à l'âge de huit ans je fus placé dans une école ; mon père avait le dessein de me consacrer à l'Église et me regardait déjà comme le chapelain de la famille. Je ne me rappelle pas le temps où je ne savais pas lire, je dois donc avoir appris fort jeune. Je le fis avec une facilité qui, dans l'opinion des amis de mon père, annonçait que je deviendrais un savant, et ce fut pour lui un motif de persister dans son projet. Mon oncle Benjamin l'approuva aussi, et me promit ses volumes de sermons écrits en écriture tachygraphique, si je voulais apprendre à lire cette écriture, pour en faire en quelque sorte le premier fonds de mon magasin. Je ne restai pourtant point à l'école une année entière, quoique pendant ce temps j'eusse fait assez de progrès pour passer dans la seconde classe, d'où l'on m'aurait mis dans la troisième, à la fin de l'année. Mais mon père était chargé d'une famille nombreuse ; il ne pouvait, sans inconvénients, supporter les dépenses d'une éducation de collège. Il considérait, d'ailleurs, que l'état auquel il m'avait destiné tout d'abord n'offrait que des espérances bien bornées à ceux qui l'embrassaient ; il renonça à son premier projet, me retira de l'école où il m'avait placé, et m'envoya dans celle de M. George Brownwell qui tenait une classe d'écriture et d'arithmétique, et qui avait de la célébrité. C'était un maître habile, qui avait réussi dans sa profession et qui employait, pour enseigner, les moyens les plus doux et les plus encourageants. J'acquis assez vite par ses soins un bon caractère d'écriture, mais je ne réussis nullement en arithmétique. A dix ans, mon père me reprit chez lui pour l'aider dans son commerce de fabricant de chandelles et de savons. Il n'avait pas été habitué à ce commerce, mais il l'avait pratiqué en arrivant dans la Nouvelle-Angleterre, parce qu'il avait reconnu que son état de teinturier lui donnait peu d'occupation en ce pays, et ne suffirait pas pour le soutien de sa famille. Je fus donc occupé à couper des mèches pour les chandelles, à remplir les moules de suif, à faire les commissions, à garder la boutique, etc. etc.

Je n'aimais pas ce métier et j'avais un goût décidé pour la marine ; mais mon père pensait tout différemment. Cependant le voisinage de la mer me donna de fréquentes occasions de m'y aventurer et j'acquis rapidement l'art de nager et de manœuvrer un bateau ; quand je m'y trouvais avec d'autres jeunes gens, les fonctions de pilote m'étaient ordinairement dévolues, surtout dans les circonstances difficiles : en toute occasion, j'étais comme le chef de mes camarades, et il m'arrivait quelquefois de les mettre dans l'embarras. J'en citerai un exemple, parce qu'il prouve que, même à cet âge, mon esprit formait déjà des entreprises publiques, quoique celle-ci ne fût pas inspirée par un esprit de justice.

Il y avait un marais salant à la suite d'un étang ; on y avait construit un moulin, et nous allions souvent pêcher sur le bord, à la marée haute. A force de piétiner le sol, nous en avions fait un véritable bourbier. Je proposai donc d'y bâtir un quai sur lequel nous nous trouverions à sec, et j'indiquai à mes compagnons un gros tas de pierres qui étaient déposées près du marais pour une maison en construction. C'était précisément ce qui convenait à notre projet. Le soir donc, quand les ouvriers furent partis, j'assemblai un grand nombre de mes camarades : nous nous mîmes à travailler avec toute l'ardeur qu'on voit dans une fourmilière, nous mettant quelquefois deux ou trois pour transporter une pierre, et nous réussîmes enfin à former notre petit quai. Le lendemain, les ouvriers furent surpris de ne plus trouver les pierres qui nous avaient servi. On chercha les auteurs de cet enlèvement, on nous découvrit ; nos parents nous réprimandèrent, et j'eus beau démontrer à mon père l'utilité de nos travaux : il parvint à me convaincre que ce qui n'est pas honnête ne peut pas être utile.

Vous serez sans doute charmé de savoir quelle espèce d'homme était mon père. Il avait une excellente constitution, était de moyenne taille, bien fait et vigoureux ; il dessinait joliment et n'était pas sans talent en musique ; sa voix était harmonieuse, agréable. Quand il s'accompagnait sur le violon, comme il le faisait assez souvent, après les affaires du jour, on l'écoutait avec grand plaisir. Il avait quelques connaissances en mécanique et savait se servir des outils de différentes professions. Mais son caractère distinctif était un esprit de prudence, une solidité de jugement qui ne l'abandonnaient ni dans les affaires domestiques, ni dans les affaires publiques. Il ne prit cependant jamais aucune part à ces dernières ; la nombreuse famille qu'il avait à élever et son peu de fortune le forçaient à se ren-

fermer dans les obligations de son commerce ; mais
je me rappelle que des hommes qui étaient à la tête
de l'administration venaient souvent lui demander
son opinion sur les affaires publiques, sur celles de
l'église à laquelle il appartenait, et qu'ils montraient
beaucoup de déférence pour ses avis et son jugement. Les particuliers aussi le consultaient fréquemment sur leurs affaires; et, s'il s'élevait quelque difficulté, les deux parties le choisissaient souvent pour
arbitre. Il aimait avoir à sa table, autant qu'il le pouvait, quelque ami ou quelque voisin pour s'entretenir avec lui; et il avait toujours soin de faire tomber la conversation sur un sujet utile ou ingénieux,
qui pût former l'esprit de ses enfants. Par ce moyen,
il dirigeait notre attention vers des idées justes,
sages et propres à nous faire marcher avec prudence
dans les sentiers du monde. On faisait peu attention à
ce qui était servi sur la table : on ne discutait pas si
les mets étaient bien ou mal apprêtés; s'ils étaient,
ou non, de saison ; s'ils étaient de bon ou de mauvais goût, préférables ou inférieurs à tel ou tel autre
d'espèce similaire. Aussi m'habituai-je à une parfaite
indifférence à cet égard, et jamais je ne me suis in-
quiété de l'espèce de nourriture qui m'était offerte. J'y
fais encore si peu d'attention aujourd'hui que, quelques heures après avoir dîné, il me serait impossible
de dire quels mets étaient sur la table. J'ai trouvé
à cela beaucoup d'avantages en voyageant : je voyais
mes compagnons contrariés de ne pas trouver une
nourriture qui pût plaire à leur palais plus délicat,
tandis que je m'estimais parfaitement satisfait.

Ma mère était aussi d'une très bonne constitution :
elle nourrit tous ses dix enfants. Je n'ai jamais vu
ni à elle ni à mon père d'autre maladie que celle
dont ils moururent. Mon père avait alors quatre-
vingt-neuf ans, et ma mère quatre-vingt-cinq ans.
Ils furent enterrés à côté l'un de l'autre à Boston, et
je couvris leur sépulture, il y a quelques années,
d'une tablette de marbre portant cette inscription :

JOSIAH FRANKLIN
Et ABIAH, son épouse,
Reposent ici.
Ils vécurent, unis par l'amour et le mariage,
Cinquante-cinq ans.
Sans posséder aucuns biens, aucune place lucrative,
Par un travail constant et une honorable industrie,
Et par la grâce de Dieu,
Ils fournirent aux besoins d'une famille nombreuse,
Et élevèrent convenablement treize enfants
et sept petits-enfants.
Que cet exemple vous encourage, lecteur,
A remplir les devoirs de votre profession,
Et à vous fier à la Providence.
Il fut pieux et prudent ;
Elle fut discrète et vertueuse.
Le plus jeune de leurs fils
Consacre cette pierre à leur mémoire
Par amour filial.

Je m'aperçois à mes digressions que je vieillis ;
j'écrivais autrefois plus méthodiquement ; mais on

ne se pare pas pour ses amis comme pour un bal officiel. C'est peut-être une négligence.

J'en reviens à mon histoire. Je continuai à travailler pendant deux ans dans le commerce de mon père, c'est-à-dire jusqu'à l'âge de douze ans. A cette époque, mon frère John, qui avait fait son apprentissage à Londres, ayant quitté mon père pour se marier et s'établir à Rhode-Island, j'étais destiné, selon toutes apparences, à le remplacer et à rester marchand de chandelles toute ma vie. Mais mon dégoût pour cet état était toujours le même; mon père craignit que, s'il ne m'en donnait pas un qui me fût plus agréable, je ne quittasse la maison pour entrer dans la marine, comme l'avait fait mon frère Josiah, à son grand déplaisir. Il me conduisit donc successivement dans des ateliers de menuisiers, de maçons, de tourneurs, de vitriers, etc., et me fit examiner leurs travaux, afin de chercher à connaître mon inclination et pour tâcher de me donner une profession qui pût me retenir sur le continent. J'ai toujours eu du plaisir depuis ce temps à voir de bons ouvriers se servir de leurs outils, et plus d'une fois je me suis bien trouvé d'avoir profité de mes observations : elles m'ont mis en état de faire dans ma maison divers petits ouvrages quand je n'avais pas un ouvrier sous la main, et de construire différentes machines pour mes expériences à l'instant même où l'idée que j'avais conçue était encore précise et nette dans mon imagination. Mon père se décida enfin pour l'état de coutelier et me mit quelques jours à l'essai chez Samuel, fils de mon

oncle Benjamin. Samuel avait appris ce métier à
Londres, et venait de s'établir à Boston. Mais la
somme qu'il exigeait·pour mon apprentissage ne
convint pas à mon père, qui me fit revenir à la maison.

Dès mon enfance, j'étais passionné pour la lecture ; j'employais à acheter des livres tout l'argent
dont je pouvais disposer. J'aimais surtout les
voyages. Ma première acquisition fut *les Œuvres de
Bunyon*, en petits volumes séparés, et je les reven-
dis ensuite pour pouvoir acheter *les Collections his-
toriques de Burton*. C'étaient des livres à très bon
marché et à la portée de tout le monde : le tout
consistait en quarante volumes. La petite bibliothèque de mon père était principalement composée
d'ouvrages de polémique théologique. Je les lus
presque tous, et j'ai regretté que, dans un temps où
j'étais dévoré d'une telle soif de m'instruire, il ne
me fût pas tombé sous la main de livres qui me
convinssent mieux, puisqu'il était décidé que je n'en-
trerais pas dans le clergé. J'y trouvai pourtant *les
Vies des hommes illustres de Plutarque*, et je crois
encore que le temps que je passai à les lire fut bien
employé. Je lus aussi un ouvrage de Defoë, intitulé :
Essai sur les projets, et un autre du Dr Mather, intitulé : *Essai sur les moyens de faire le bien*. Ils contribuèrent peut-être à la tournure de mon esprit et
eurent peut-être quelque influence sur les événements de ma vie.

Le goût que j'avais pour les livres détermina mon
père à faire de moi un imprimeur, quoiqu'un de ses

fils, Jacques, eût déjà pris cette profession. En 1717,
mon frère Jacques était revenu d'Angleterre avec
une presse et des caractères pour s'établir à Boston.
Cet état me plaisait infiniment plus que celui de
mon père, et cependant j'avais encore un secret
penchant pour la marine. Mon père craignait les
effets d'un goût qu'il désapprouvait ; il était impa-
tient de me voir lié par un brevet d'apprentissage.
Je résistai quelque temps, et consentis enfin à le
signer : je n'avais que douze ans. Je devais servir
mon frère comme apprenti jusqu'à vingt-un ans, et
je ne devais recevoir le salaire d'un ouvrier que pendant la dernière année. Je ne tardai pas à faire de
grands progrès dans ce métier, et je devins fort
utile à mon frère. Je pus alors me procurer de meilleurs livres. Je fis connaissance avec des commis de
libraires, et ils m'en prêtaient quelquefois que
j'avais toujours grand soin de leur rendre propres et
en bon état. Je m'asseyais souvent dans ma chambre, passant la plus grande partie de la nuit à lire
un livre que j'avais emprunté le soir précédent et
que je devais rendre le lendemain matin. A la fin
un négociant, M. Mathew Adam, homme instruit et
sensé, qui avait une belle collection de livres, et qui
venait assez fréquemment dans notre imprimerie, fit
quelque attention à moi. Il m'invita à venir voir sa
bibliothèque et m'offrit fort obligeamment de me
prêter les livres que je désirerais lire. Je pris alors
du goût pour la poésie et j'écrivis quelques petites
pièces de vers. Mon frère crut qu'il en pourrait faire
son profit, m'encouragea et m'engagea à composer

deux ballades sur des sujets de circonstances. L'une, intitulée : *la Tragédie du Fanal*, contenait le récit du naufrage du capitaine Worthilake et de ses deux filles ; l'autre, une chanson d'un matelot sur la prise du fameux pirate Teach, dit *Barbenoire*. Toutes deux étaient misérables, véritablement écrites du style des ballades des rues. Quand elles furent imprimées, mon frère m'envoya les vendre dans la ville. La première était relative à un événement récent qui avait fait beaucoup de bruit ; elle se vendit fort bien. Ce succès flatta ma vanité ; mais mon père fit succéder le découragement à mon triomphe en critiquant mes vers, et en me disant que les faiseurs de vers mouraient ordinairement de faim. J'échappai ainsi au danger de devenir poète, et probablement mauvais poète ; mais, comme la prose m'a été d'une grande utilité dans le cours de ma vie et a servi de principal échelon à mon avancement dans le monde, il faut que je vous dise de quelle manière, dans la situation où je me trouvais, j'acquis le peu de talents qu'on peut me supposer dans cette partie.

Il y avait dans la ville un autre jeune homme, nommé Collins, grand amateur de livres, avec lequel j'étais intimement lié. Nous discutions quelquefois des questions dans lesquelles chacun de nous soutenait son opinion avec chaleur et désirait vivement y amener l'autre. Ces discussions, soit dit en passant, engendrent souvent une mauvaise habitude : elles rendent ceux qui s'y livrent désagréables dans la société, parce qu'elles occasionnent dans le commerce de la vie un esprit de contradiction qui dé-

truit tout le charme de la conversation, en y introduisant de l'aigreur. Elles produisent aussi de
l'éloignement, même de l'inimitié, entre des gens
qui devraient être réunis par l'amitié. J'avais pris
cette habitude dans les livres de théologie de la
bibliothèque de mon père, livres de controverse. J'ai
remarqué, depuis ce temps, que les personnes de
bon sens sont rarement coupables de ce défaut,
excepté les hommes de loi, les membres des universités, et généralement ceux qui ont fait leur éducation à Édimbourg. Je ne sais plus trop à quelle
occasion nous discutions un jour, Collins et moi, la
question de savoir s'il est convenable de donner aux
femmes une éducation scientifique, et si elles ont de
l'aptitude pour les sciences. Collins soutint la négative et j'embrassai l'opinion contraire, peut-être un
peu par esprit de contradiction. Il était naturellement plus éloquent que moi ; il avait la parole plus
facile et j'étais quelquefois vaincu, plutôt, à mon
avis, par sa volubilité que par la force de ses raisonnements. Comme nous nous étions séparés sans
nous être mis d'accord sur ce point, et que nous ne
devions pas nous revoir de quelque temps, je mis
par écrit les motifs de mon opinion ; je les copiai
lisiblement, et je les lui envoyai. Il me répondit, je
lui répliquai ; enfin nous nous étions écrit réciproquement trois ou quatre lettres, quand mon père
trouva cette correspondance et en fit la lecture.
Sans entrer dans le sujet de la discussion, il en prit
occasion de me parler de mon style. Il me dit que
j'avais l'avantage sur mon antagoniste pour l'ortho-

graphe et la ponctuation, ce qu'il attribua à mon travail dans l'imprimerie; mais que j'étais bien loin d'avoir la même élégance d'expression, la même méthode, la même clarté; il m'en convainquit par plusieurs exemples. Je reconnus la justesse de ses observations et à partir de ce moment je fus plus attentif à ma manière d'écrire et je pris la résolution de travailler à perfectionner mon style.

Vers cette époque, je trouvai par hasard un volume dépareillé du *Spectateur*. Jamais je n'avais rien lu de cet ouvrage. Je l'achetai, le lus, le relus, et en fus enchanté. J'en trouvai le style parfait et je désirais l'imiter, s'il m'était possible. Dans cette vue, j'en choisis quelques numéros; je pris des notes abrégées sur les sujets qui y étaient contenus; puis je les laissai quelques jours sans les regarder et sans relire l'ouvrage. Alors je repris mes notes et j'essayai de reproduire l'original en entier, tel que je l'avais lu, en employant les expressions qui me semblaient le plus convenables. Je comparai alors mon *Spectateur* avec le véritable, je reconnus mes fautes et les corrigeai. Mais je trouvai qu'il me manquait un fonds d'expressions, ou, pour mieux dire, la facilité de me les rappeler pour les employer. Je pensai que je l'aurais acquise, si j'avais continué à faire des vers, car la nécessité de chercher sans cesse des mots ayant la même signification, mais de longueur différente à cause de la mesure, et de différente terminaison à cause de la rime, en aurait classé une grande quantité dans ma mémoire, où je les aurais retrouvés au besoin. Je pris donc quelques-uns des contes du

Spectateur, et je les mis en vers ; et lorsque j'eus à peu près oublié la matière, je les remis en prose. Quelquefois je mettais en désordre les notes que j'avais prises, et, quelques semaines après, je tâchais de les remettre dans un ordre convenable, avant de traiter de nouveau le sujet : j'apprenais ainsi à apporter de la méthode dans le classement, dans l'arrangement de mes pensées. En comparant à l'original ce que je venais de faire, je découvrais bien des fautes et je les corrigeais ; mais j'avais quelquefois le plaisir de penser que, dans certains détails de peu d'importance, j'avais été assez heureux pour perfectionner le style ou l'arrangement des idées. Cela m'encouragea, et me fit espérer qu'avec le temps je pourrais devenir un écrivain passable : c'était là le principal objet de mon ambition.

Le temps que je prenais pour ce travail était la nuit, le matin avant l'heure de l'ouvrage et le dimanche, quand je pouvais me dispenser d'assister au service divin. Mon père y exigeait ma présence quand je vivais sous ses yeux, et je regardais cela encore comme un devoir, quoique je ne trouvasse pas le temps de le remplir.

J'avais environ seize ans lorsqu'il m'arriva de lire un livre dont l'auteur, nommé Tryon, recommande de ne se nourrir que de végétaux. Je résolus de suivre son avis. Mon frère était encore garçon ; il ne tenait point maison et payait une pension pour être nourri, ainsi que ses apprentis, dans une autre famille. Le refus que je faisais de manger de la viande paraissait étrange et l'on me grondait souvent de cette singularité. J'appris dans l'ouvrage de Tryon la manière de préparer différentes choses, comme de faire bouillir du riz, des pommes de terre, de faire un *pudding* à la minute, etc., et je dis alors à mon frère que, s'il voulait me donner toutes les semaines la moitié de la somme qu'il payait pour ma nourriture, je me nourrirais moi-même. Il y consentit sur-le-champ, et je reconnus que je pouvais épargner la moitié de ce qu'il me donnait. C'était un nouveau fonds pour acheter des livres, et j'y trouvais encore un autre avantage. Mon frère et ses autres apprentis quittaient l'imprimerie pour aller prendre leurs repas ; je restais seul ; et, faisant à la hâte mon dîner frugal, qui consistait le plus souvent en un biscuit ou un morceau de pain, une grappe de raisins, ou une tarte que j'achetais chez un pâtissier et un verre d'eau, j'employais à étudier le temps qui me restait jusqu'à leur retour. Je fis d'autant plus de progrès que la tempérance dans le boire et le manger rend l'application plus facile et l'intelligence plus nette. C'est à cette époque qu'ayant eu l'occasion de rougir de mon ignorance de l'arithmétique, que j'avais inutilement deux fois tenté d'apprendre à l'école, je pris les éléments de cette science par Cocker et je les compris le plus facilement du monde. Je lus aussi l'ouvrage sur la navigation, de Seller et Sturny, ce qui me fit connaître le peu de géométrie qui s'y trouve ; mais je n'y fis jamais de très grands progrès. Ce fut encore à cette époque que je lus *l'Essai sur l'entendement humain*, de Locke, et *l'Art de penser*, de MM. de Port-Royal.

Et, faisant à la hâte mon dîner frugal... (Page 28.)

Tandis que je m'occupais de perfectionner mon style, il me tomba sous la main une grammaire anglaise : je crois que c'est celle de Greenwood. Il se trouve à la fin deux petits essais sur la rhétorique et la logique, et le dernier finit par une discussion à la manière de Socrate. Je me procurai aussitôt *les Faits mémorables de Socrate* par Xénophon, où il se trouve tant d'exemples de la même méthode. J'en fus enchanté ; je l'adoptai et, renonçant aux arguments positifs, à l'esprit de contradiction péremptoire, je me bornai humblement à interroger. Je trouvai cette méthode aussi commode pour moi qu'embarrassante pour ceux contre qui je l'employais et je pris plaisir à en faire usage. Je ne cessai de la suivre et je devins très adroit, très habile à tirer, même de gens doués de connaissances supérieures, des concessions dont ils ne prévoyaient pas les conséquences, et qui les plongeaient ensuite dans des difficultés inextricables. J'obtenais par ce moyen des triomphes que ne méritaient souvent ni la cause que je défendais, ni la manière dont je la soutenais. Je suivis cette marche pendant quelques années; mais je l'abandonnai peu à peu. Je n'en conservai que l'habitude de m'exprimer avec une modeste défiance : je n'emploie jamais, quand j'avance une chose qui peut être contestée, les mots *certainement, indubitablement,* ou d'autres qui donnent à une opinion un air d'assurance positive ; je dis plutôt : *il me semble,* ou : *je pense* que telle chose est ainsi, ou : *il me paraît que cela est,* ou : *je ne pense pas que cela soit,* pour telle et telle raison ; *j'imagine* que cela est ainsi, ou : cela est ainsi, *si je ne me trompe.* Cette habitude m'a été, je crois, d'une grande utilité quand j'ai eu besoin d'inculquer mes opinions aux autres, pour les porter à des mesures que j'ai été quelquefois chargé de faire adopter. Le but principal de toute conversation est *d'instruire* ou *d'être instruit, de plaire* ou *de persuader ;* je voudrais que tous les hommes de bon sens et de bonnes vues n'affaiblissent pas le pouvoir qu'ils ont de faire le bien, en prenant un ton décisif et tranchant qui manque rarement de déplaire, qui tend à faire naître de l'opposition, et qui les empêche d'atteindre la fin pour laquelle l'usage de la parole leur a été donné. Dans le fait, si vous voulez instruire les autres, et que vous énonciez vos sentiments d'une manière positive et dogmatique, vous ferez naître l'envie de vous contredire, et vous empêcherez qu'on ne vous accorde le degré d'attention convenable. Les gens modestes et de bon sens, qui n'aiment pas les querelles, vous laisseront dans vos erreurs sans chercher à vous détromper, si vous paraissez trop attaché à votre opinion ; en adoptant une télle marche, rarement vous parviendrez à plaire à vos auditeurs et à obtenir leur concours pour ce que vous désirez. Pope a dit très judicieusement en parlant des hommes :

> Sans paraître y songer, cherchez à les instruire ;
> N'accusez que d'oubli l'ignorant qui s'admire.

Il nous dit aussi qu'il faut

> De ce qu'on sait le mieux parler sans arrogance ;

vers qu'il aurait pu faire suivre de celui-ci:

Car jamais le bon sens n'a suivi la jactance.

En 1720, mon frère avait commencé à imprimer un journal : c'était le second qui paraissait en Amérique, et il avait pour titre : *The New-England courant*. Le seul qui existât auparavant était *The Boston New letters*. Je me souviens que plusieurs de ses amis le détournèrent de cette entreprise comme ne devant pas réussir, un seul journal étant à leur avis bien suffisant pour l'Amérique. Aujourd'hui (1771) on n'y en compte pas moins de vingt-cinq. Il persista cependant dans son projet et je fus chargé de porter le journal aux abonnés, après avoir travaillé à la composition des planches et à l'impression des feuilles.

Mon frère avait parmi ses amis des hommes d'esprit qui s'amusèrent à écrire quelques morceaux pour ce journal et qui contribuèrent beaucoup à augmenter sa réputation, et aussi sa vente. Ces messieurs venaient souvent nous voir; j'entendais leur conversation, le récit qu'ils faisaient des éloges qu'on accordait à leurs écrits, et je brûlais d'envie de m'essayer comme eux. Mais ma grande jeunesse me faisait croire que mon frère refuserait d'imprimer dans son journal ce que j'aurais écrit s'il savait que j'en étais l'auteur. Je déguisai donc mon écriture et, ayant composé un article sous le voile de l'anonyme, je le glissai un soir sous la porte de l'imprimerie. On le trouva le lendemain matin, et mon frère le communiqua à ses amis quand ils vinrent le voir comme d'habitude. Ils le lurent, le commentèrent en ma présence, et j'éprouvai un plaisir délicieux à voir qu'il obtenait leur approbation ; ils cherchèrent à deviner qui pouvait en être l'auteur, et ils ne nommèrent que des gens qui jouissaient parmi nous de quelque réputation de savoir et d'esprit. Je crois bien aujourd'hui que mes juges furent indulgents et que mon ouvrage n'avait pas véritablement le mérite que je lui supposais alors. Quoi qu'il en soit, cet essai m'encouragea ; j'écrivis d'autres articles, je les envoyai de la même manière, et ils obtinrent pareille approbation. Je gardai mon secret jusqu'à ce que j'eusse épuisé tout mon fonds pour la composition de ces petits ouvrages ; alors je le découvris, et je commençai à obtenir de mon frère un peu plus de considération. Au fond il n'en fut pourtant pas très content, parce qu'il pensa que mes succès me donneraient de la vanité. Ce fut peut-être même une des causes des différends que nous commençâmes à avoir. Quoiqu'il fût mon frère, il se considérait comme mon maître, et me regardait comme son apprenti ; en conséquence, il attendait de moi les mêmes services que de tout autre, et je me trouvais humilié de certaines choses qu'il exigeait : j'avais le droit de m'attendre à plus d'indulgence de la part d'un frère. Nous portions nos querelles souvent devant mon père et je présume que j'avais généralement raison, ou que je plaidais mieux ma cause, car mon père les jugeait presque toujours en ma faveur. Mais mon frère était violent et me battait souvent.

Peut-être ce traitement dur et tyrannique contri-
bua-t-il à inculquer dans mon âme cette haine que
j'ai conservée toute ma vie contre le pouvoir arbitraire. Mon apprentissage me devint insupportable
et je cherchais sans cesse un moyen de l'abréger.
quand à la fin il s'en présenta un. Un article inséré
dans notre journal, et dont je ne me rappelle plus le
sujet, déplut à l'Assemblée ; mon frère fut arrêté,
réprimandé et emprisonné pour un mois, par ordre
du Président, sans doute parce qu'il ne voulut pas
faire connaître l'auteur de l'article. Je fus aussi
arrêté et interrogé devant le Conseil ; mais, quoique
je ne donnasse aucune satisfaction, j'en fus quitte
pour une mercuriale, et l'on me remit en liberté. On
considéra peut-être qu'un apprenti devait garder les
secrets de son maître.

Pendant l'emprisonnement de mon frère, événement qui, malgré nos querelles particulières, m'en-
flamma de ressentiment, je fus chargé de la direction de notre journal, et j'eus la hardiesse d'insérer
quelques sarcasmes contre nos gouvernants. Mon
frère fut loin de le trouver mauvais, mais il n'en
fut pas de même de tout le monde : on commença
à me regarder sous un jour défavorable, comme
un jeune homme qui montrait du penchant pour la
satire et pour les libelles. La mise en liberté de mon
frère fut accompagnée d'une défense assez arbitraire
faite à *James Franklin* de continuer à imprimer le
journal intitulé : *The New-England courant*. Un
conseil se tint entre nos amis, à notre imprimerie,
sur ce qu'il fallait faire en cette circonstance. On

proposa d'éluder la défense en changeant le nom du journal ; mais mon frère y trouva des inconvénients, et l'on décida que le meilleur moyen était d'imprimer à l'avenir le journal sous le nom de *Benjamin Franklin*. Afin d'éviter la censure de l'Assemblée qui aurait encore pu l'inquiéter comme continuant à l'imprimer sous le nom d'un de ses apprentis, il consentit à me rendre mon ancien contrat d'apprentissage, avec ma décharge au dos, afin de pouvoir le montrer au besoin ; mais il ne voulut pas perdre le reste du temps que j'avais encore à passer chez lui, et mit pour condition que je signerais un autre traité, qui demeurerait secret entre nous. Ce projet n'était guère qu'un subterfuge : il s'exécuta pourtant et le journal s'imprima sous mon nom pendant plusieurs mois.

Enfin une nouvelle querelle s'éleva entre mon frère et moi et je pris sur moi de faire valoir l'annulation de mon premier contrat d'apprentissage, présumant bien qu'il n'oserait pas produire le second. Ce n'était pas bien à moi de profiter de cet avantage, et je regarde cette circonstance comme un des premiers *errata* de ma vie ; mais j'avais alors trop de ressentiment des coups que la colère le portait souvent à me donner, pour que ce manque de bonne foi pût m'arrêter un instant. Ce n'était pourtant pas qu'il fût méchant, et peut-être donnais-je lieu moi-même à ses emportements.

Quand il sut que je voulais le quitter, il tâcha de m'empêcher de trouver de l'occupation dans aucune imprimerie de la ville ; il alla parler successivement à chaque imprimeur; et pas un, en conséquence, ne voulut me donner d'ouvrage. Je formai alors le projet d'aller à New-York : c'était la ville la plus voisine où se trouvât un imprimeur; j'étais d'ailleurs d'autant plus décidé à quitter Boston que je réfléchissais que je m'y étais rendu un peu suspect au parti gouvernant. Et, d'après les procédés arbitraires de l'Assemblée à l'égard de mon frère, il était assez probable que, si j'y restais, je ne tarderais pas à me jeter dans quelque embarras. Je persistai donc à vouloir aller à New-York; mais mon père prit alors le parti de mon frère, et je sentis que si j'annonçais ouvertement mon projet on prendrait des mesures pour m'empêcher de l'exécuter. Mon ami Collins se chargea de faciliter ma fuite. Il détermina le capitaine d'un bâtiment de New-York à me recevoir à son bord. Je vendis mes livres pour me procurer un peu d'argent et je me rendis secrètement à bord du vaisseau ; nous eûmes un bon vent, et en trois jours je me trouvais à New-York, à trois cents milles de mon père, à l'âge de dix-sept ans, sans la moindre recommandation, et presque sans argent.

II

E goût que j'avais eu pour la marine était passé
à cette époque, sans quoi rien ne m'aurait empêché de m'y livrer; mais j'avais une autre profession et je me regardais comme un assez bon ouvrier:
j'allai donc offrir mes services au vieux M. W. Bradford, imprimeur en cette ville, qui avait établi la
première imprimerie dans la Pensylvanie et avait
quitté cette province par suite d'une querelle avec
le gouverneur. Il ne put me donner d'occupation,
mais il me dit que son fils, imprimeur à Philadelphie, venait de perdre son premier ouvrier et qu'il
pourrait m'employer. Philadelphie était à cent milles
plus loin. Je n'hésitai pourtant pas à m'embarquer
de nouveau pour gagner par le plus court Amboy,
laissant mes bagages me suivre par une route plus
habituelle; mais, en traversant la baie, un ouragan
mit en pièces nos mauvaises voiles et nous jeta sur
Long-Island.

Pendant notre passage, un Hollandais qui était
ivre, et qui était passager comme moi, se laissa
tomber dans la mer. Je le saisis par les cheveux au
moment où il allait disparaître et nous le tirâmes à
bord. Le bain qu'il avait pris l'avait un peu dégrisé

et il alla se coucher après avoir tiré de sa poche un livre qu'il me pria de faire sécher : c'était un de mes anciens favoris, *le Voyage du Pèlerin*, de Bunyan, traduit en hollandais, bien imprimé sur beau papier, avec des gravures sur cuivre, enfin revêtu d'une parure plus brillante que je ne lui en avais jamais vu dans sa propre langue. J'ai appris, depuis, qu'il a été traduit dans presque toutes les langues de l'Europe et je crois qu'il a trouvé plus de lecteurs qu'aucun autre livre, si l'on en excepte toutefois la Bible.

En approchant de l'île, nous vîmes que nous étions dans un endroit où nous ne pouvions aborder, à cause des brisants. Nous jetâmes l'ancre, et nous filâmes notre câble vers le rivage. Nous vîmes paraître plusieurs personnes qui nous crièrent quelque chose ; nous criâmes de même ; mais le vent était si violent et les vagues faisaient tant de bruit contre les rochers qui bordaient la côte que nous ne pûmes nous entendre. Il y avait de petites barques près du rivage et nous leur fîmes signe de venir à nous, mais on ne nous comprit point, ou ce que nous demandions était impraticable, car elles s'éloignèrent. La nuit arrivait ; il ne nous restait d'autre ressource que de prendre patience jusqu'à ce que le vent diminuât. En conséquence, les gens de l'équipage et moi, nous résolûmes de dormir si nous le pouvions et nous nous entassâmes dans les écoutilles, où nous rejoignîmes le Hollandais qui était encore tout mouillé. Nous fûmes bientôt dans le même état, car les vagues venaient se briser contre la barque et pénétraient jusqu'à nous à travers les fentes des planches du pont.

Nous passâmes ainsi toute la nuit, sans beaucoup de repos. Enfin, le vent s'étant apaisé le lendemain, nous parvînmes, non sans peine, à gagner Amboy avant la nuit, après avoir passé trente heures sans vivres d'aucune espèce, et sans autre boisson qu'une bouteille de mauvais rhum.

Dans la soirée, je ressentis une forte fièvre et j'allai me coucher. J'avais lu quelque part que l'eau froide, bue en grande quantité, est un remède en cette occasion. Je suivis cette recette, j'eus une transpiration abondante pendant une grande partie de la nuit, et la fièvre me quitta. Le jour suivant, je traversai la rivière dans un bac et je continuai mon voyage à pied, ayant cinquante milles à faire pour arriver à Burlington où je devais trouver des barques qui me conduiraient à Philadelphie.

Il plut très fort toute la journée : je fus complètement mouillé ; et, après midi, je me trouvai si fatigué que je m'arrêtai dans une misérable auberge, où je passai la nuit. Je commençais à regretter d'avoir quitté Boston. Je faisais une si triste figure que je compris aux questions qui me furent posées, qu'on me soupçonnait d'être un domestique fugitif, et que je courais le risque d'être arrêté. Je me remis en route le lendemain et j'arrivai dans la soirée à huit ou dix milles de Burlington, à une auberge tenue par un Dr Brown.

Il entra en conversation avec moi pendant que je prenais quelque nourriture ; voyant que j'avais quelque lecture, il me témoigna de l'intérêt et de l'amitié. Nos relations devaient continuer jusqu'à la fin de sa vie. J'imagine qu'il avait été empirique, docteur ambulant, car il n'y avait pas une ville en Angleterre, pas une contrée en Europe dont il ne pût parler avec quelque détail. Il avait de l'instruction et ne manquait pas d'esprit ; mais c'était un impie : il le fut assez pour entreprendre, quelques années ensuite, de traduire la Bible en vers burlesques, comme Cotton l'avait fait autrefois pour Virgile. Par ce moyen, il mettait certains faits sous un point de vue ridicule, ce qui n'aurait pas été sans danger pour les esprits faibles, si cet ouvrage eût été imprimé ; mais il ne le fut jamais.

Je passai cette nuit chez lui, et j'arrivai le lendemain matin à Burlington. J'eus le chagrin d'y apprendre que les barques ordinaires pour Philadelphie venaient de partir un instant auparavant, qu'il n'en partirait plus avant le mardi suivant, et nous n'étions qu'au samedi. Je retournai donc dans la ville chez une vieille femme à qui j'avais acheté du pain d'épices pour me servir de provisions sur la route ; et je lui demandai conseil sur ce que je devais faire. Elle m'offrit de me loger jusqu'à ce que je pusse trouver passage sur quelque barque, et j'acceptai sa proposition, trop fatigué pour voyager à pied. Quand elle apprit que j'étais imprimeur, elle m'engagea à rester dans cette ville et à m'y établir, mais elle ne savait pas tout ce qui est nécessaire pour former un tel établissement. Elle fit preuve d'une grande hospitalité, partagea de bon cœur avec moi son dîner,

Je mis un pain sous chaque bras... (Page 43)

qui consistait en bajoue de bœuf, et ne voulut accepter en retour qu'un pot d'ale.

Je me crus donc établi chez elle jusqu'au mardi suivant; mais dans la soirée, en me promenant sur le bord de la rivière, je vis arriver une barque qui allait à Philadelphie et sur laquelle se trouvaient déjà plusieurs passagers. On me reçut à bord et, comme il n'y avait pas de vent, chacun se mit à ramer. Vers minuit, n'ayant pas encore vu la ville, plusieurs personnes prétendirent que nous devions l'avoir dépassée et ne voulurent pas ramer davantage; les autres ne savaient pas où nous étions. Nous gagnâmes donc le rivage, entrâmes dans une petite baie, prîmes terre près d'une vieille palissade qui nous servit à faire du feu, la nuit étant très froide (c'était en octobre), et nous y attendîmes le retour du jour. On reconnut alors que nous étions dans la baie de Cooper, un peu au-dessus de Philadelphie. Nous aperçûmes cette ville dès que nous fûmes sortis de la baie ; nous y arrivâmes vers huit ou neuf heures, le dimanche matin, et nous débarquâmes sur le quai de Market-Street.

Je suis entré dans des détails un peu minutieux sur ce voyage, et j'en ferai autant à l'égard de ma première entrée dans cette ville, pour que vous puissiez comparer des commencements si obscurs avec l'état brillant que j'y ai obtenu ensuite. J'étais en habit de travail, mes meilleurs vêtements venant par mer, couvert de boue, mes poches étaient gonflées de bas et de chemises, et je ne savais où chercher un logement. J'étais fatigué à force d'avoir

marché et ramé ; je mourais de sommeil et de faim,
et il ne me restait plus qu'un dollar et un shilling
en monnaie de cuivre, que je donnai aux bateliers
pour mon passage. Ils le refusèrent d'abord, en disant que j'avais payé mon passage en ramant, mais
j'insistai : l'homme est souvent plus généreux quand
il a peu d'argent que lorsqu'il en a beaucoup. C'est
peut-être pour empêcher qu'on ne soupçonne qu'il
n'en a guère.

Je m'avançai vers la rue, regardant autour de moi
jusqu'à ce que je fusse près de Market-Street. Je vis
alors un enfant qui tenait un morceau de pain à la
main ; je me souvins que j'avais fait plus d'un repas
avec du pain sec ; je demandai à l'enfant où il avait
acheté son pain, et j'entrai sur-le-champ dans la
boutique d'un boulanger qu'il m'avait indiquée. J'y
demandai des biscuits ; j'entendais des biscuits tels
que ceux qu'on faisait à Boston : on n'en faisait pas
de cette espèce à Philadelphie. Je demandai un pain
de trois sols : il n'y en avait pas de ce prix. Je ne
connaissais ni les prix, ni les noms des différentes
sortes de pain ; je demandai qu'on m'en donnât pour
trois sols, n'importe de quelle espèce. On me donna
sur-le-champ trois gros pains : je fus surpris de la
quantité. Je les pris cependant et, n'ayant pas de
place dans mes poches, j'en mis un sous chaque
bras et je mangeai le troisième en continuant à
marcher. J'avançai ainsi dans Market-Street jusqu'à
Fourth-Street, passant devant la maison de M. Read,
père de la femme que je devais épouser plus tard.
Elle était à sa porte, elle me vit et trouva, comme

cela était vrai, que je faisais un personnage bien extraordinaire et bien ridicule.

Je tournai le coin, je descendis Chesnut-Street et partie de Walnut-Street, mangeant toujours, chemin faisant; et enfin je me retrouvai sur le quai de Market-Street, près de la barque dans laquelle j'étais arrivé. Je me rendis à bord pour y boire de l'eau de la rivière et, me trouvant rassasié avec un de mes pains, je donnai les deux autres à une femme et à son enfant, qui avaient fait le voyage avec moi et qui étaient restés dans la barque, parce qu'elle devait les conduire plus loin. Ce repas m'avait restauré, je retournai dans la rue. J'y trouvai alors beaucoup de gens bien vêtus qui prenaient tous le même chemin : je les suivis, et j'entrai avec eux dans la grande maison de la Congrégation des Quakers[1], près du marché. Je m'y assis comme eux et, après avoir regardé de tous côtés pendant quelques instants, n'entendant rien dire, accablé de lassitude, et n'ayant pas dormi la nuit précédente, je tombai dans un profond sommeil et ne m'éveillai qu'à la fin de la réunion, grâce à quelqu'un qui voulut bien m'avertir. Ce fut la première maison où j'entrai et où je dormis dans Philadelphie.

Je recommençai à me promener dans la rue le long de la rivière, regardant avec soin la figure

---

[1] Les Quakers (Trembleurs) sont une secte chrétienne qui prit naissance en Angleterre en 1650. Elle enseigne que Dieu donne aux hommes une lumière intérieure, qui dispense de l'intervention des prêtres, et qu'il n'est permis ni de faire aucun serment, ni de plaider en justice, ni de faire la guerre, ni de porter les armes. Les méditations et les discours religieux irritaient la sensibilité nerveuse des Quakers au point de leur causer des convulsions, d'où leur nom.

de tous ceux que je rencontrais. J'aperçus enfin un jeune Quaker dont la physionomie me plut, je l'accostai et le priai de me dire où un étranger pouvait trouver à se loger. Nous étions alors près de l'enseigne *des Trois Mariniers;* il me dit : « Voici une « maison où l'on reçoit les étrangers, mais elle n'est « pas respectable et, si tu veux me suivre, je t'en « indiquerai une meilleure[1]. » Il me conduisit alors au *Crooked Billet* dans Water-Street. Je me fis donner à dîner et, tandis que je mangeais, on me posa diverses questions; ma jeunesse et mon costume me rendaient suspect. Après le dîner, mon hôte me donna un lit; je m'y jetai sans me déshabiller et je dormis jusqu'à six heures du soir, moment où l'on m'appela pour souper. Je me couchai de très bonne heure et dormis fort bien jusqu'au lendemain matin.

Aussitôt réveillé je m'habillai aussi bien qu'il me fut possible et je me rendis chez l'imprimeur Andrew Bradford. Je trouvai chez lui son vieux père que j'avais vu à New-York et qui, ayant voyagé à cheval, était arrivé avant moi. Il me présenta à son fils, qui me reçut avec civilité et m'offrit à déjeuner; mais il me dit qu'il n'avait pas besoin d'ouvrier en ce moment; il en avait pris un tout récemment. Il ajouta qu'un autre imprimeur nommé Keimer s'était nouvellement établi en cette ville et qu'il pourrait peut-être me donner de l'occupation; que, dans le cas contraire, je pouvais venir loger chez lui, et qu'il

---

[1] C'était un principe chez les Quakers de n'employer que le tutoiement.

me donnerait quelque ouvrage de temps à autre, jusqu'à ce qu'il pût m'occuper tout à fait.

Le vieillard m'offrit de me présenter au nouvel
imprimeur ; et quand nous fûmes arrivés : « Voi-
« sin, lui dit-il, je vous amène un jeune homme qui
« travaille dans votre état ; peut-être avez-vous
« besoin d'un ouvrier ? » Keimer me fit quelques
questions, me mit en main un composteur pour
voir comment je travaillais, et me dit qu'il ne tar-
derait pas à m'employer, quoiqu'il n'eût pas d'ouvrage à me donner en ce moment. Ayant pris le
vieux Bradfort, qu'il n'avait jamais vu, pour un
habitant de Philadelphie qui s'intéressait à lui, il
lui parla de son entreprise et du succès qu'il en espérait, et dit qu'il se flattait d'avoir bientôt la pratique
de la majeure partie de la ville. Bradfort se garda
bien de lui dire qu'il était le père de l'autre imprimeur, et, à l'aide de quelques questions adroites, de
quelques doutes qu'il laissa percer, parvint à savoir
de lui quelles étaient ses vues, sur quelles protec-
tions il comptait, et de quelle manière il se proposait d'agir. Moi qui entendais toute cette conversation
je reconnus sur-le-champ que l'un était un vieux
renard rusé et l'autre un véritable novice. Bradford
me laissa avec Keimer, qui fut bien surpris quand
je lui dis quel était le vieillard qui venait de lu
parler.

L'imprimerie de Keimer consistait en une vieille
presse endommagée, et en une petite collection de
caractères usés, fondus en Angleterre. Il s'en servait
en ce moment pour imprimer une élégie sur la mort

de l'ouvrier dont j'ai déjà parlé, jeune homme d'esprit, jouissant d'une excellente réputation, fort estimé dans la ville, secrétaire de l'Assemblée et poète non sans mérite. Keimer était auteur de cette élégie assez médiocre. On ne pouvait dire qu'il l'avait *écrite*, car il en imprimait les vers à mesure qu'ils sortaient de son cerveau. Comme il n'avait pas de copie, qu'il n'avait qu'une paire de casses et que son élégie employait probablement tous ses caractères, personne ne pouvait l'aider. Je tâchai de mettre sa presse en ordre, afin qu'on pût s'en servir, ce qu'il n'avait pas encore fait et ce qu'il n'entendait nullement; et je lui promis de revenir imprimer son élégie aussitôt qu'elle serait prête. Je retournai alors chez Bradford qui me donna un peu d'ouvrage pour le moment, et je pris chez lui mon logement et mes repas. Quelques jours après, Keimer m'envoya chercher pour imprimer son élégie. Il avait alors une autre paire de casses et il me donna à réimprimer un pamphlet.

Je reconnus bientôt que les deux imprimeurs de Philadelphie s'entendaient bien peu à leur profession. Bradford n'avait pas fait d'apprentissage, il était complètement ignorant en littérature; Keimer, un peu plus instruit, n'était qu'un compositeur et n'entendait rien au travail de la presse. Il avait étudié un des prophètes français, et savait imiter leur enthousiasme et leur agitation. A cette époque, il ne faisait profession d'aucune religion particulière et les professait toutes, suivant l'occasion. Il ne connaissait pas le monde, et il y avait dans sa nature, comme je le reconnus par la suite, beaucoup de ce qui constitue un mauvais sujet. Il n'aimait pas que je logeasse chez Bradford, tandis que je travaillais pour lui : il ne pouvait pourtant me loger. Il avait bien une maison, mais elle n'était pas meublée. Il prit donc un logement pour moi chez M. Read, propriétaire de sa maison. Ma malle arriva et je pus paraître aux yeux de miss Read d'une manière plus décente que lorsqu'elle m'avait vu pour la première fois, mangeant mon pain dans la rue.

Je commençais alors à lier connaissance avec quelques jeunes gens de la ville, qui aimaient la lecture. Je passais mes soirées avec eux, fort agréablement; je gagnais de l'argent par mon travail et mon économie; je vivais fort content, oubliant Boston autant que je le pouvais, et ne désirant pas que personne sût où je demeurais, excepté mon ami Collins, qui était dans le secret. Un incident occasionna cependant mon retour chez moi, beaucoup plus tôt que je ne le désirais.

Un de mes beaux-frères, Robert Holmes, capitaine d'une chaloupe qui faisait le commerce entre Boston et Delaware, se trouva à New-Castle, à quarante milles au-dessous de Philadelphie, entendit parler de moi, m'écrivit pour me peindre le chagrin que mon brusque départ avait fait éprouver à mes parents et à mes amis, m'assura de la tendresse qu'ils me conservaient et me promit que tout s'arrangerait selon mes désirs si je voulais y retourner, ce qu'il m'engageait vivement à faire. Je lui répondis, le remerciai de ses avis et lui expliquai les motifs que j'avais eus de quitter Boston. Je m'exprimai assez fortement, assez clairement, pour lui prouver que je n'avais pas eu autant de torts qu'il l'avait supposé.

Sir Wiliam Keith, gouverneur de la province, était alors à New-Castle ; le capitaine Holmes était avec lui quand il reçut ma lettre. Il la lui montra et lui parla de moi. Le gouverneur la lut et parut surpris quand on lui dit mon âge. Il dit que j'étais un jeune homme de belles espérances et qui méritait d'être encouragé ; qu'il n'y avait à Philadelphie que de misérables imprimeurs ; que si je voulais m'y établir, il ne doutait pas de mon succès ; quant à lui, il me chargerait des travaux d'impression du Gouvernement et me rendrait tous les services qui dépendraient de lui. Mon beau-frère Holmes me rapporta ces détails par la suite à Boston. Je ne les connaissais pas encore quand un jour, Keimer et moi étant à travailler près de la fenêtre, nous vîmes le gouverneur accompagné d'un militaire, qui se trouva être le colonel French de New-Castle, dans le Delaware, tous deux en grand costume, traverser la rue en face de notre maison et frapper à la porte. Keimer descendit à l'instant, croyant que c'était une visite pour lui ; mais le gouverneur me demanda, entra, et, avec une condescendance et une politesse à laquelle j'avais été peu accoutumé, me fit force compliments, me témoigna le désir de faire ma connaissance, me gronda avec bonté de ne pas m'être fait connaître à lui lors de mon arrivée à Philadelphie, et m'invita à l'accompagner dans une taverne où il allait, avec le colonel French, goûter, à ce qu'il me dit, d'excellent madère. Je ne fus pas peu surpris de ce discours ; Keimer était immobile d'étonnement. Je suivis le gouverneur et le colonel dans une taverne, au coin de Third-Street ; et, en buvant le madère, le gouverneur me proposa de m'établir à Philadelphie.

Il me fit voir la probabilité du succès ; le colonel French et lui m'assurèrent que j'aurais l'impression des papiers publics des deux Gouvernements [1]. Comme je lui exprimai quelques doutes que mon père voulût m'aider dans ce projet, sir Wiliam me dit qu'il me donnerait une lettre pour lui en démontrer les avantages, et qu'il ne doutait pas qu'il ne se rendît à ses raisons. Il fut donc résolu que je partirais pour Boston sur le premier bâtiment qui ferait voile pour cette ville, avec la lettre du gouverneur pour mon père, mais que jusque-là ce secret resterait entre nous ; je retournai travailler chez Keimer comme de coutume ; et, de temps en temps, le gouverneur m'envoyait inviter à dîner chez lui, ce que je regardais comme un honneur d'autant plus grand qu'il causait avec moi de la manière la plus affable, sur le ton de l'amitié et de la familiarité.

Vers la fin d'avril 1724, un petit bâtiment partit pour Boston ; je pris congé de Keimer, comme pour aller voir ma famille ; et le gouverneur me donna une longue lettre pour mon père, à qui il disait de moi les choses les plus flatteuses, et à qui il recommandait le projet de mon établissement à Philadel-

[1] C'est-à-dire du Gouvernement de la métropole et du Gouvernement particulier à chaque province.

phie comme une chose qui devait assurer ma fortune.

Le navire toucha sur un bas-fonds en sortant de la baie et fit une voie d'eau ; le temps était à la tempête, et nous fûmes obligés de travailler aux pompes presque continuellement, ce que je faisais à mon tour comme les autres. Nous arrivâmes cependant à Boston sans accident, après une traversée d'environ quinze jours.

J'avais été absent sept mois, et mes parents n'avaient pas eu de mes nouvelles : mon beau-frère Holmes n'était pas de retour et n'avait pas écrit. Mon retour inattendu surprit ma famille ; chacun me témoigna pourtant le plaisir de me revoir, excepté mon frère. J'allai le voir à son imprimerie. J'étais mieux vêtu que je ne l'avais jamais été quand j'étais son apprenti ; j'avais un habit complet entièrement neuf, une montre, et le gousset garni de près de cinq livres sterling en argent. Il ne me reçut pas d'un air cordial, me regarda de la tête aux pieds et se remit à son ouvrage.

Ses ouvriers me demandèrent où j'avais été, comment j'avais trouvé le pays et s'il m'avait plu. J'en fis un grand éloge, m'étendant sur le bonheur dont j'y avais joui, et j'exprimai fortement mon intention d'y retourner. L'un d'eux m'ayant demandé quelle espèce de monnaie y était en usage, je tirai de ma poche une poignée d'argent que j'étalai devant eux : c'était pour eux une sorte de curiosité. Ils n'étaient pas accoutumés à en voir, tous les paiements se faisant à Boston en papier. Je saisis ensuite l'occasion de faire voir ma montre; enfin, en les quittant, je leur donnai un dollar pour boire. Cette visite offensa beaucoup mon frère et il eut pendant tout ce temps l'air renfrogné et de mauvaise humeur, et quand peu après ma mère lui parla de réconciliation et lui témoigna le désir de nous voir vivre à l'avenir en bonne intelligence, comme doivent le faire deux frères, il lui répondit que je l'avais insulté devant ses ouvriers d'une manière qu'il ne pourrait jamais ni oublier, ni pardonner. Il se trompait en cela.

Mon père reçut avec quelque surprise la lettre du gouverneur, mais il m'en parla fort peu pendant quelque temps. Lorsque le capitaine Holmes fut de retour, il la lui montra, lui demanda s'il connaissait sir William Keith, quelle espèce d'homme c'était, et ajouta qu'il devait avoir peu de prudence, puisqu'il proposait de donner un établissement à un jeune homme à qui manquaient encore trois ans pour arriver à l'âge viril. Holmes lui dit tout ce qu'il put en faveur du projet: mais mon père y était décidément opposé et il finit par me signifier un refus formel. Il écrivit une lettre civile à sir William, le remerciant de la protection qu'il m'avait offerte avec tant de bonté ; mais il lui dit qu'il ne pouvait songer encore à m'aider dans un établissement, me trouvant trop jeune 'r me confier une entreprise si importante et qui demandait des dépenses considérables.

Mon ancien ami Collins, qui était commis à la Poste, fut charmé du tableau que je lui avais fait du nouveau pays que j'habitais: il se détermina à m'y suivre. Tandis que j'attendais la décision de mon père, il partit avant moi par terre pour Rhode-Island, me laissant le soin d'apporter à New-York, où il se proposait de m'attendre, mes livres et les siens, qui consistaient en une jolie collection d'ouvrages de mathématiques et de philosophie naturelle.

Quoique mon père n'approuvât point la proposition de sir William, il n'en fut pas moins charmé que j'eusse obtenu un témoignagne si avantageux d'un homme qui occupait un tel rang dans le pays que j'habitais, et que j'eusse eu assez de conduite et d'industrie pour m'équiper comme je l'avais fait pendant le peu de temps que j'y avais demeuré. Regardant comme peu probable une réconciliation entre mon frère et moi, il consentit à mon retour à Philadelphie, me conseilla de montrer des égards aux habitants, de chercher à me concilier l'estime générale et de ne pas me livrer au goût trop prononcé qu'il me croyait pour la satire et les libelles. Il ajouta qu'avec de la prudence et de l'économie je pourrais, jusqu'à ce que j'eusse atteint l'âge de vingt et un ans, épargner de quoi m'établir, et que, s'il me manquait quelque chose, il viendrait à mon aide pour le reste. Ce fut tout ce que j'en pus obtenir, excepté quelques petits présents que je reçus de ma mère et de lui, comme preuves d'amitié.

Je m'embarquai donc une seconde fois pour New-York; mais cette fois ce fut de leur consentement, et je reçus leur bénédiction avant mon départ. Le navire ayant touché à New-Port, dans Rhode-Island, j'allai voir mon frère John, qui s'y était marié et établi depuis quelques années. J'en fus reçu avec de grands témoignages d'affection, car il m'avait toujours aimé. Un de ses amis nommé Vernon ayant une créance en Pensylvanie (environ trente-cinq livres [1], monnaie courante) me chargea d'en faire le recouvrement et me pria de garder la somme jusqu'à ce qu'il me fît connaître ce que je devrais en faire. Il me donna donc les pouvoirs nécessaires pour toucher cet argent. Cette affaire me causa ensuite beaucoup de désagrément.

A New-Port, nous prîmes un grand nombre de passagers, parmi lesquels se trouvaient deux jeunes femmes qui voyageaient ensemble et une dame quakeresse, d'âge moyen, femme sensée et respectable. J'avais fait preuve d'obligeance à lui rendre quelques légers services, qui peut-être lui avaient fait concevoir pour moi un sentiment de bienveillance. Quand elle vit augmenter chaque jour ma familiarité avec les deux jeunes femmes qui paraissaient m'encourager, elle me prit à part et me dit : « Jeune « homme, je suis inquiète pour toi. Tu es ici sans « amis; tu ne parais pas connaître beaucoup le « monde, ni les pièges auxquels la jeunesse est exposée. Crois-moi : ces femmes sont corrompues, je le « vois à toutes leurs actions et, si tu n'es pas sur « tes gardes, elles t'entraîneront dans quelque dan- « ger. Elles te sont étrangères, et c'est par intérêt « pour toi que je te conseille de ne point te lier avec

---

[1] 840 francs, monnaie de France.

« elles. » Comme je paraissais d'abord ne point partager la mauvaise opinion qu'elle en avait conçue, elle mentionna différentes choses qu'elle avait observées et entendues et qui m'avaient échappé. Je finis par reconnaître qu'elle avait raison. Je la remerciai de son avis et je lui promis d'en profiter. Quand nous arrivâmes à New-York, les jeunes femmes me dirent où elles demeuraient et m'invitèrent à aller les voir; mais je m'en dispensai et je fis très bien. Le lendemain en effet le capitaine s'aperçut qu'il lui manquait une cuiller d'argent et quelques autres choses qui lui avaient été prises dans sa cabine. Il savait que ces deux femmes étaient de mauvaise vie : il obtint un ordre pour faire faire une recherche dans leur demeure, y retrouva les objets volés et fit punir les voleuses. Aussi, quoique pendant la traversée nous eussions touché sur un roc caché sous les eaux, je crus que je venais d'échapper à un écueil encore plus dangereux.

Je trouvai à New-York mon ami Collins qui y était arrivé quelque temps avant moi. Nous avions été amis intimes depuis notre enfance et avions lu les mêmes livres; mais il avait eu l'avantage de pouvoir donner plus de temps à la lecture et à l'étude, et d'avoir des dispositions surprenantes pour les mathématiques, science dans laquelle il me surpassa de beaucoup. Tant que je demeurai à Boston, je passai avec lui presque tous les instants de loisir que je pouvais accorder à la conversation. C'était alors un garçon sage et industrieux; son savoir lui avait concilié l'estime du clergé et de presque tous les citoyens et il semblait promettre de figurer avec distinction dans le monde. Mais pendant mon absence il avait contracté l'habitude de boire de l'eau-de-vie, et j'appris de lui-même, aussi bien que des autres, que depuis son arrivée à New-York il s'était enivré tous les jours et s'était conduit de la manière la plus extravagante. Il avait aussi joué et avait perdu tout son argent, de sorte que je fus obligé de payer son logement et de le défrayer en route jusqu'à Philadelphie : ce fut un lourd fardeau pour moi.

Le gouverneur de New-York, Burnet, fils de l'évêque Burnet, ayant appris du capitaine qu'un de ses passagers avait beaucoup de livres à bord, le pria d'engager ce passager à venir le voir. Je me rendis chez lui et j'y aurais mené Collins s'il n'eût été gris. Le gouverneur me reçut avec beaucoup de politesse, me montra sa bibliothèque qui était considérable, et nous eûmes une assez longue conversation sur la littérature et sur les auteurs. C'était le second gouverneur qui me faisait l'honneur de m'accorder quelque attention, et cela n'était pas peu flatteur pour un pauvre jeune homme comme moi.

Nous continuâmes notre route pour Philadelphie. Je reçus en chemin l'argent dû à Vernon; sans cela, je ne sais comment nous aurions fini notre voyage. Collins désirait trouver un emploi dans quelque maison de banque. Il avait des lettres de recommandation; mais peut-être découvrit-on son penchant pour la boisson, il ne put réussir à se procurer une place. Il continua donc à loger et à se nourrir dans la même maison que moi, et à mes frais. Il savait que j'avais cet argent de Vernon; il me faisait des emprunts continuels, avec promesse de me les rendre dès qu'il aurait trouvé de l'occupation. Enfin je lui en prêtai une si grande partie que je devins fort inquiet de ce que je pourrais faire si Vernon me redemandait cette somme. Il continua à boire, ce qui occasionna quelquefois des querelles entre nous : il était fort irritable quand il avait la tête un peu échauffée.

Un jour que nous étions avec d'autres jeunes gens dans une barque, sur la Delaware, il refusa de ramer à son tour. « Vous n'avez qu'à ramer, » me dit-il. « Nous ne ramerons pas pour vous, » lui répondis-je. « Vous ramerez, répliqua-t-il, à moins que vous ne « préfériez passer la nuit sur l'eau. » « Eh bien ! « ramons, dirent les autres ; qu'importe cela ? » Mais sa conduite m'avait donné de l'humeur et je refusai de ramer. Il jura que je ramerais ou qu'il me jetterait par-dessus le bord; il s'approcha de moi et me frappa. Je passai la tête entre ses jambes et, me relevant brusquement, je le jetai dans l'eau, la tête la première. Je savais qu'il était excellent nageur ; j'étais sans inquiétude. Avant qu'il pût saisir la barque, nous donnâmes quelques coups de rames pour nous éloigner de lui, et chaque fois qu'il en approchait, nous nous mettions hors de sa portée, en lui demandant s'il ramerait. Il était près d'étouffer de colère, et cependant il fut assez obstiné pour continuer à s'y refuser. Voyant qu'il commençait à se fatiguer, nous le laissâmes enfin rentrer dans la

barque et nous le reconduisîmes chez lui, bien
mouillé. A peine, depuis ce temps, nous adressâmes-
nous une seule parole. Enfin un capitaine de vaisseau marchand, qui était chargé de trouver un pré-
cepteur pour le fils d'un particulier des Barbades,
lui proposa cette place. Il l'accepta et partit en me
promettant de m'envoyer ce qu'il me devait sur le
premier argent qu'il recevrait. Mais jamais je n'entendis parler de lui depuis ce temps.

La violation du dépôt de l'argent appartenant à
Vernon fut une des premières grandes fautes de ma
vie. Elle prouva que le jugement de mon père n'était
pas trop en défaut quand il m'estimait trop jeune
pour conduire une entreprise. Mais sir William, en
lisant sa lettre, dit qu'il était trop prudent, qu'il
fallait savoir distinguer les personnes, que la dis-
crétion n'était pas toujours le partage de la vieillesse et que la jeunesse n'en était pas toujours
dépourvue. « Au surplus, ajouta-t-il, puisque votre
« père ne veut pas vous établir, je me chargerai de
« le faire. Donnez-moi un état des choses qu'il faut
« tirer d'Angleterre, je les ferai venir. Vous me paye-
« rez quand vous le pourrez. Je veux avoir ici un
« bon imprimeur et je suis sûr que vous réussirez. »
Il me parlait ainsi avec une telle apparence de cor-
dialité que je ne doutai pas un instant qu'il ne pen-
sât ce qu'il disait. J'avais gardé le secret jusqu'alors
sur la proposition qu'il m'avait faite de m'établir à
Philadelphie, et je continuai à me taire. Si l'on avait
su que je comptais sur le gouverneur, quelque ami
qui l'aurait mieux connu m'eût probablement averti

de ne pas me fier à ses promesses, car, comme je l'appris ensuite, il avait la réputation d'en être fort prodigue, sans avoir l'intention de les tenir. Mais comme je ne lui avais rien demandé, comment aurais-je pu m'imaginer que ses offres n'étaient pas sincères? Je le croyais le meilleur homme du monde.

Je lui présentai l'état des choses nécessaires pour monter une petite imprimerie. L'achat devait en coûter, suivant mon calcul, environ cent livres sterling. Il l'approuva et me demanda s'il ne serait pas plus avantageux que je me rendisse moi-même en Angleterre pour choisir les caractères et veiller à ce qu'on ne prît que des objets de bonne qualité. « D'ailleurs, ajouta-t-il, vous pourriez faire des rela- « tions et établir des correspondances avec des li- « braires et des papetiers. » Je convins que cela pourrait être utile. « Alors, me dit-il, tenez-vous « prêt à partir par *l'Annis*. » C'était le bâtiment qui faisait tous les ans le voyage de Philadelphie à Londres et à cette époque il n'y en avait ordinairement pas d'autre. Mais comme il devait se passer encore quelques mois avant que *l'Annis* mît à la voile, je continuai à travailler avec Keimer. J'étais fort inquiet de l'argent que j'avais prêté à Collins et je tremblais que Vernon ne me le redemandât, ce qui n'arriva pourtant que quelques années après.

Je crois avoir oublié de mentionner, lors de mon premier voyage de Boston à Philadelphie, une circonstance insignifiante qui ne sera peut-être pas déplacée ici. Le bâtiment sur lequel j'étais ayant été surpris par le calme, près de Block-Island, l'équipage s'occupa à pêcher des morues et en prit une grande .quantité. Jusque-là j'avais persisté fermement dans ma résolution de ne rien manger qui eût été vivant, et en cette occasion, d'après les principes de mon oracle de Tryon, je regardais la prise de chaque morue comme une espèce de meurtre commis de propos délibéré, puisqu'aucune d'elles ne nous avait fait, ni n'avait pu nous faire rien qui dût justifier ce massacre. Tous ces raisonnements me semblaient fort justes, mais j'avais été autrefois grand amateur de poisson, et quand on servit la morue sur la table, l'odeur en aiguisa merveilleusement mon appétit. Je balançai quelque temps entre mes goûts et mes principes. Enfin, je me rappelai que lorsqu'on avait vidé ces poissons j'en avais vu tirer d'autres plus petits de leur estomac. « Puisque vous « vous mangez les uns les autres, pensai-je, je ne « vois pas pourquoi nous ne vous mangerions pas. » J'en fis donc mon dîner, et de grand cœur. Depuis ce temps, je ne conservai aucun scrupule sur ma nourriture et je ne me condamnai plus exclusivement à un régime végétal. Tant il est commode d'être *une créature raisonnable*, puisque cela vous met en état de pouvoir trouver ou inventer des raisons pour justifier tout ce que vous avez envie de faire !

Keimer et moi, nous vivions donc sur le pied de la familiarité et en assez bonne intelligence, car il ne soupçonnait rien de mon projet d'établissement. Il conservait cependant en grande partie son ancien enthousiasme; il aimait la discussion : aussi argu-

mentions-nous assez souvent. J'employais si bien
avec lui ma méthode socratique, par des questions
en apparence étrangères au sujet qui nous occupait,
et qui cependant, y arrivant par degrés, semaient les
difficultés autour de lui et le jetaient dans des con-
tradictions, je l'avais si souvent conduit bien loin,
qu'il finit par devenir méfiant à un point ridicule.
A peine voulait-il me répondre sur la question la
plus ordinaire avant de m'avoir demandé : « Qu'en
prétendez-vous conclure? » Je lui donnai pourtant
par là une si haute idée de mes talents pour la dialec-
tique qu'il me proposa sérieusement de m'associer
avec lui dans le projet qu'il avait de fonder une nouvelle secte. Il devait prêcher sa doctrine, et moi j'aurais répondu à toutes les objections. Quand il en
vint à m'expliquer ses principes, j'y trouvai plusieurs idées bizarres auxquelles je m'opposais, à
moins qu'il ne me permît d'y placer quelques-unes
des miennes. Keimer portait sa barbe dans toute sa
longueur, parce qu'il est dit quelque part dans la loi
de Moïse : *Tu ne raccourciras pas les bouts de ta
barbe*. Il observait aussi le repos du septième jour,
du sabbat. C'étaient deux points fondamentaux de
sa doctrine. Je n'aimais ni l'un ni l'autre.

Je promis cependant de les adopter s'il voulait se
conformer à mon système de nourriture végétale. Il
me dit qu'il craignait que cette nourriture ne convînt
pas à sa constitution; je l'assurai que, bien loin de
lui être contraire, cette nourriture ne ferait que
rendre sa constitution meilleure. Il était grand man-
geur et je voulais m'amuser en l'affamant à demi.

Il consentit à en essayer si je voulais lui faire compagnie. J'acceptai la proposition, et nous y persistâmes pendant trois mois. Une femme du voisinage achetait, préparait et nous apportait régulièrement nos provisions. Je lui avais donné une liste de quarante mets qu'elle nous apprêtait alternativement, et dans lesquels il n'entrait ni chair ni poisson. Ce régime me convenait d'autant mieux alors qu'il était fort économique, car il ne nous coûtait pas plus de dix-huit sols sterling à chacun par semaine (trente-six sols de France). J'ai observé ainsi plusieurs carêmes très strictement, quittant tout à coup la nourriture ordinaire pour celle-ci, et y revenant de même, sans en éprouver le moindre inconvénient. Je crois donc que c'est à tort que l'on conseille de ne faire ces changements que par des gradations insensibles. Je me trouvais à merveille de ce régime ; mais le pauvre Keimer en souffrait beaucoup. Il soupirait pour les viandes d'Égypte et s'ennuyait enfin de notre projet ; il ordonna qu'on lui fît rôtir un cochon de lait. Il m'invita à dîner avec deux dames de ses amies ; mais le rôti ayant été placé trop tôt sur la table, il ne put résister à la tentation et le mangea tout entier avant que nous y fussions arrivés.

J'avais un peu fait la cour à miss Read pendant ce temps. J'avais pour elle beaucoup de respect et d'affection et j'avais quelques raisons de croire qu'elle partageait mes sentiments. Mais comme j'étais sur le point de faire un grand voyage et que nous étions tous deux fort jeunes (je venais seulement d'achever ma dix-huitième année), sa mère jugea prudent d'empêcher que cela n'allât trop loin pour le moment. Elle pensait que si je devais épouser sa fille, il convenait d'attendre, pour y songer, mon retour et l'établissement que j'espérais. Peut-être aussi pensait-elle que mes espérances à cet égard n'étaient pas aussi bien fondées que je m'en flattais.

Ma principale liaison à cette époque était avec trois jeunes gens, grands amateurs de lecture, Charles Osborne, Joseph Watson et James Ralph. Les deux premiers étaient clercs d'un des premiers notaires ou tabellions de la ville, Charles Brogden ; l'autre était commis chez un négociant. Watson était plein de bon sens et de piété, et d'une intégrité à toute épreuve ; les deux autres étaient un peu plus relâchés dans leurs principes de religion, surtout Ralph qui, de même que Collins, avait changé de pays à cause de moi, ce dont ils m'ont tous deux suffisamment puni. Osborne était sensé, ouvert, franc, sincère et affectionné pour ses amis, mais trop porté à la critique en littérature. Ralph avait de l'esprit, des manières agréables, une éloquence irrésistible ; et je crois n'avoir jamais connu personne qui possédât mieux l'art de la conversation. Tous deux étaient grands admirateurs de la poésie et commençaient à s'exercer à de petites pièces. Nous fîmes ensemble bien des promenades agréables, les dimanches, dans les bois qui couvrent les bords de Schuykill. Nous lisions tour à tour, et nous faisions ensuite des observations sur ce que nous avions lu. Ralph était tenté de se consacrer entièrement à la poésie ; il ne doutait pas qu'il n'y fît de grands pro-

grès et que ce ne fût pour lui un chemin à la fortune. Il prétendait que les plus grands poètes, en
commençant à écrire, devaient avoir commis autant
de fautes qu'il en faisait. Osborne tâchait de l'en
détourner, l'assurait qu'il n'avait pas le génie de la
poésie et lui conseillait de ne songer qu'à l'état qu'il
avait embrassé ; il lui remontrait que, quoiqu'il n'eût
pas de fonds à mettre dans le commerce, il pouvait,
à force de soins et d'exactitude, parvenir à trouver
de l'occupation comme facteur de marchandises, et,
avec le temps, faire le négoce pour son propre
compte. Quant à moi, j'approuvais fort qu'on s'a-
musât de poésie de temps en temps pour se perfectionner le style ; mais je ne voulais pas qu'on allât
plus loin.

Quoi qu'il en soit, il fut proposé qu'à notre première réunion chacun de nous apporterait une
pièce de vers de sa composition, afin de profiter des
observations et des critiques que nous ferions réciproquement sur nos ouvrages. Le style et l'expression étant ce que nous avions principalement en
vue, nous écartâmes toutes considérations relatives
à l'invention du sujet, en convenant de faire une ver-
sion du dix-huitième psaume, qui contient la description de la descente d'une divinité. Lorsque l'é-
poque de notre réunion approcha, Ralph vint me
trouver et me dit qu'il avait terminé sa pièce de
vers. Je lui dis que j'avais été fort occupé, que j'avais
d'ailleurs peu d'inclination pour la poésie et que je
n'avais pas commencé la mienne. Il me montra son
ouvrage afin de savoir ce que j'en penserais. Je le

trouvai fort bien et je lui donnai des éloges. « Eh
« bien ! me dit-il, Osborne n'accordera jamais le
« moindre mérite à quoi que je puisse faire ; il en
« fera mille critiques, uniquement par jalousie. Il est
« moins jaloux de vous : je voudrais donc que vous
« prissiez ma pièce et que vous la lussiez comme
« étant la vôtre. Quant à moi, je dirai que je n'ai
« pas eu le temps de m'en occuper ; nous verrons
« ce qu'il en dira. » J'y consentis et je la copiai
sur-le-champ afin qu'elle fût de mon écriture.

Lorsque nous fûmes réunis, Watson lut d'abord
sa composition : il s'y trouvait quelques beautés,
mais encore plus de défauts. Osborne lut ensuite la
sienne : elle était beaucoup meilleure. Ralph lui rendit justice, en fit remarquer quelques défauts et en
applaudit les beautés. Il ajouta qu'il n'avait rien à
nous lire. C'était mon tour. J'hésitai quelques instants ; je parus désirer qu'on m'excusât : je n'avais
pas eu le temps de faire des corrections. On ne voulut
pas écouter mes excuses, il fallut lire ma prétendue
production ; elle fut lue, et l'on en demanda une
seconde lecture. Watson et Osborne renoncèrent à
la palme et se réunirent pour en faire éloge. Ralph
en fit la critique et y proposa quelques changements.
Osborne critiqua la critique de Ralph et lui dit qu'il
n'était pas plus en état de critiquer des vers que d'en
faire lui-même. Puis, s'en retournant avec lui, Osborne se déclara avec encore plus d'énergie en faveur de ce qu'il croyait mon ouvrage, disant qu'il
n'avait pas dit en ma présence tout ce qu'il en pensait, de peur que je ne le soupçonnasse de flatterie.

« Qui eût jamais cru, dit-il, que Franklin fût capable
« d'écrire ainsi! Quel coloris! quelle force! quel feu!
« Il a renchéri sur l'original. Dans la conversation
« il semble chercher ses expressions ; il hésite, il
« balbutie ; et cependant comme il écrit, grand
« Dieu! » Lors de notre réunion suivante, Ralph leur
apprit le tour que nous leur avions joué, et l'on rit
sans merci aux dépens d'Osborne.

Cette aventure affermit Ralph dans sa résolution
de devenir poète. Je fis en vain tous mes efforts pour
l'en dissuader ; il continua à versifier : il était réservé à Pope de le guérir de cette manie[1]. Il devint
cependant un assez bon écrivain en prose. Nous en
parlerons davantage dans la suite. Mais comme je
n'aurai peut-être plus occasion de revenir sur les
deux autres, je dirai ici que Watson mourut entre
mes bras, quelques années après. Nous le regret-
tâmes beaucoup : c'était la perle de notre société.
Osborne partit pour les Indes occidentales, où il
devint un légiste distingué, gagna de l'argent et mourut jeune. Nous étions convenus ensemble que celui
des deux qui mourrait le premier viendrait, si la
chose était possible, faire une visite amicale au sur-
vivant et l'informer de la manière dont les choses
se passent dans l'autre monde. Mais il n'exécuta
jamais sa promesse.

Le gouverneur paraissait aimer ma compagnie. Il

---

[1]
    Lorsque, hurlant son amoureux ennui,
    Ralph de la nuit redouble l'épouvante,
    Silence, loup! hiboux, répondez-lui.

POPE, Dunciade.

m'invitait souvent à aller chez lui et me parlait toujours de mon établissement comme d'une chose décidée : il devait me donner des lettres de recommandation pour plusieurs de ses amis, indépendamment de la lettre de crédit qui devait me procurer la somme nécessaire pour acheter une presse, des caractères, du papier, etc. Il m'indiqua plusieurs rendez-vous pour me donner ces lettres, me promettant qu'elles seraient prêtes et les remettant toujours à une autre date. Nous arrivâmes ainsi au moment où le vaisseau, dont le départ avait été retardé plusieurs fois, fut à la veille de mettre à la voile. Lorsque je me présentai pour prendre congé de lui et en recevoir ces lettres, son secrétaire, le Dr Bard, me dit que le gouverneur était très occupé à écrire, mais qu'il serait à New-Castle avant que le vaisseau y fût arrivé, et qu'il m'y remettrait les lettres.

Ralph, quoique marié et ayant un enfant, avait résolu de faire ce voyage avec moi. On croyait qu'il voulait établir une correspondance et obtenir des marchandises pour les vendre à la commission ; mais j'appris ensuite qu'il avait des motifs de mécontentement contre les parents de sa femme, qu'il se proposait de la leur laisser sur les bras et de ne jamais retourner en Amérique. Après avoir fait mes adieux à mes amis et échangé d'affectueuses promesses avec miss Read, je quittai Philadelphie. Le vaisseau mit à la voile et ne tarda pas à jeter l'ancre à New-Castle. Le gouverneur y était ; mais quand je me présentai chez lui, son secrétaire vint à moi, chargé de m'exprimer tout son regret de ne pouvoir me voir

parce qu'il avait des affaires de la plus haute importance ; « il m'enverrait bien certainement les lettres à
bord, me souhaitait un heureux voyage et un prompt
retour, etc. » Je retournai à bord un peu intrigué ;
mais je ne doutais pas encore qu'il n'exécutât ses
promesses.

<hr>

III

M. Andrew-Hamilton, avocat célèbre de Philadelphie, était passager sur le même navire
avec son fils, ainsi que M. Denham, négociant quaker,
et MM. Oniam et Russel, maîtres de forges dans le
Maryland. Ils avaient retenu la grande cabine, de
sorte que Ralph et moi nous fûmes obligés de nous
loger comme nous le pûmes. Personne ne nous connaissait à bord et l'on ne fit à nous aucune attention.
Mais M. Hamilton nous quitta à New-Castle et retourna à Philadelphie avec son fils James. Il y était
rappelé pour plaider contre la saisie d'un bâtiment.
Comme nous allions mettre à la voile, le colonel
French arriva, et les égards qu'il me montra firent
qu'on nous accorda plus de considération. Il y avait
alors place dans la cabine : on nous engagea à nous
y loger et nous acceptâmes cette proposition.

Je savais que le colonel French avait apporté à bord les dépêches du gouverneur. Je demandai au capitaine celles qui devaient m'être remises : il me répondit que toutes les lettres avaient été placées dans le sac, qu'il ne pouvait actuellement s'occuper de les chercher, mais qu'avant notre arrivée en Angleterre il me fournirait l'occasion de les retirer. Je me tranquillisai donc pour le moment et nous continuâmes notre voyage. Nous avions dans la cabine une agréable société, et nous vivions dans une abondance peu ordinaire : M. Hamilton nous avait abandonné toutes les provisions qu'il avait faites. M. Denham contracta pour moi, pendant cette traversée, une amitié qui dura autant que sa vie ; le voyage, malheureusement, ne fut pas très agréable, car nous eûmes presque toujours du mauvais temps.

Quand nous entrâmes dans la Manche, le capitaine me tint parole ; il me remit le sac aux lettres et j'y cherchai celles qui m'étaient destinées. J'en trouvai quelques-unes sur l'enveloppe desquelles on avait écrit : *confié aux soins de M. Franklin*, et d'autres, dont l'écriture me fit croire que c'étaient celles qui m'avaient été promises ; une d'elles était adressée à Basket, imprimeur du roi ; une autre, à un marchand de papier.

Nous arrivâmes à Londres le 24 décembre 1724, et je me rendis d'abord chez le marchand papetier, qui se trouva le premier sur mon chemin. Je lui remis la lettre comme lui étant adressée par le gouverneur Keith. « Je ne le connais pas, » me dit-il ; et, l'ayant ouverte : « Oh ! s'écria-t-il, c'est de Rid-

« dlesten ! J'ai reconnu depuis peu que c'est un
« fripon : je ne veux rien avoir à démêler avec lui,
« ni recevoir ses lettres ; » et me l'ayant rendue,
il me tourna les talons et s'occupa de servir quelque
pratique. Je compris que je n'avais point de lettres
du gouverneur et en réfléchissant à toutes les circonstances, je commençai à douter de sa sincérité.
J'allai trouver mon ami Denham et je lui contai
toute l'affaire. Il me dévoila le caractère de Keith et
me dit qu'en effet il n'y avait pas la moindre probabilité qu'il eût écrit des lettres de recommandation
pour moi, puisque de tous ceux qui le connaissaient
personne n'avait confiance en lui. Il rit beaucoup de
l'idée que le gouverneur m'aurait donné une lettre
de crédit, lui qui n'avait aucun crédit lui-même...
Comme je témoignais à M. Denham quelque inquiétude sur le parti que je devais prendre, il me conseilla de chercher un emploi dans ma profession.
« Vous vous perfectionnerez chez les imprimeurs
« anglais, me dit-il, et à votre retour en Amérique
« vous trouverez plus d'avantage à vous établir. »
Nous savions tous deux, aussi bien que le papetier, que le procureur Riddlesten était un fripon : il
avait à demi ruiné le père de miss Read en lui per-
suadant de le cautionner. Il semblait d'après sa
lettre qu'il y avait un projet secret pour nuire à
M. Hamilton, qu'on supposait en chemin pour
Londres avec son fils, et que Keith avait trempé dans
le projet, ainsi que Riddlesten. Denham, qui était
ami d'Hamilton, pensa qu'il fallait informer celui-ci.
Aussi. dès qu'il fut arrivé en Angleterre, ce qui ne

tarda pas, je me rendis chez lui ; et, partie par ressentiment contre Keith et Riddlesten, partie par intérêt pour lui, je lui remis la lettre dont j'avais été porteur. Il me remercia beaucoup, car cet avis lui était important. Il fut mon ami depuis ce temps et me fut fort utile en différentes occasions.

Mais que penser d'un gouverneur qui abuse de la crédulité d'un pauvre jeune homme qui ne connaît pas le monde, et à qui il joue un tour si misérable ? C'était une habitude chez lui : il voulait plaire à tout le monde et, n'ayant que peu de chose à donner, il donnait des espérances. C'était d'ailleurs un homme d'esprit et de bon sens, un écrivain passable, un bon gouverneur, quoiqu'il ne le fût pas pour les Propriétaires qui le chargeaient de leurs pouvoirs et qu'il s'écartât souvent de ses instructions. Un grand nombre de nos meilleures lois furent proposées par lui et promulguées sous son administration.

Ralph et moi étions inséparables. Nous prîmes ensemble un logement dans Little-Britain, à trois shillings et demi par semaine ; nous ne pouvions pas en prendre un plus cher. Ralph trouva quelques parents, mais ils étaient pauvres et hors d'état de l'assister. Ce fut alors qu'il m'apprit son intention de rester à Londres et de ne jamais retourner à Philadelphie. Il n'avait pas apporté d'argent avec lui, tout ce dont il pouvait disposer ayant servi à payer son passage. J'avais quinze pistoles ; il m'emprunta de quoi subsister, tandis qu'il chercherait de l'occupation.

Il songea d'abord au théâtre : il se croyait les

talents nécessaires à un comédien ; mais Wilkes,
acteur distingué à qui il s'adressa, lui conseilla franchement de n'y pas songer, attendu qu'il lui serait
impossible de réussir. Il proposa alors à Roberts,
libraire dans Pater-Noster-Row, de rédiger pour lui
une feuille hebdomadaire, dans le genre du *Spectateur*, à des conditions que celui-ci n'accepta point ;
enfin, il tâcha d'obtenir de l'ouvrage comme écrivain public, et s'offrit à faire des copies pour les
hommes de loi, dans les environs du Temple ; mais
il ne trouva pas de place vacante.

Quant à moi, je trouvai sur-le-champ de l'occupation chez Palmer, célèbre imprimeur dans l'enclos
de Saint-Barthélemi ; j'y travaillai près d'un an.
J'étais laborieux, mais je dépensais avec Ralph une
bonne partie de ce que je gagnais : je courais avec
lui les spectacles et autres lieux d'amusement public.
Nous avions vu à peu près la fin de mes pistoles et
nous vivions alors au jour le jour : il semblait avoir
tout à fait oublié sa femme et son enfant et j'oubliais
aussi par degrés mes engagements avec miss Read,
à qui je n'écrivis qu'une seule fois pour lui annoncer
que, probablement, je ne retournerais pas de sitôt à
Philadelphie. C'est encore là un des *errata* de ma
vie que je voudrais corriger si je recommençais à
vivre. Dans le fait, les dépenses que nous faisions me
mettaient dans l'impossibilité de payer mon passage.

J'étais employé chez Palmer, comme compositeur,
à la seconde édition de *la Religion de la Nature* de
Woollarton. Quelques-uns de ses raisonnements ne
me paraissant pas bien fondés, j'écrivis une petite

Je la trouvai polie et enjouée... (Page 81.)

brochure métaphysique contenant des observations sur cet ouvrage, et je l'intitulai: *Dissertation sur la liberté, la nécessité, le plaisir et la peine.* Je la dédiai à mon ami Ralph et je n'en tirai qu'un petit nombre d'exemplaires. Je dus à cet ouvrage d'obtenir plus de considération de M. Palmer, qui me regarda comme un jeune homme ayant quelque talent, quoiqu'il me fît des reproches très sérieux sur les principes contenus dans cet ouvrage, principes qui lui paraissaient très condamnables. L'impression de ce pamphlet est encore une des fautes de ma vie. Tandis que je logeais dans Little-Britain, je fis connaissance avec un libraire nommé Wilcox; sa boutique et la mienne étaient porte à porte. Il avait une immense collection de livres de hasard. On ne connaissait pas encore les cabinets de lecture; mais nous convînmes d'un prix raisonnable, dont je ne me souviens pas, moyennant lequel je pourrais prendre, pour les lire, tels de ses livres qu'il me plairait. C'était un avantage que je regardais comme considérable et j'en profitai autant que je le pouvais.

Mon pamphlet étant tombé par hasard entre les mains d'un chirurgien nommé Lyons, auteur d'un livre intitulé: *de l'Infaillibilité du jugement humain,* cette circonstance me procura sa connaissance. Il me témoigna beaucoup d'intérêt, vint souvent me voir, pour causer de sujets analogues à nos ouvrages, et me conduisit dans une taverne, dans une petite rue voisine de Cheapside, où il me présenta au Dr Mandeville, auteur de *la Fable des Abeilles,* qui y tenait un club dont il était l'âme. C'était un homme facétieux et amusant. Lyons me présenta aussi au Dr Pemberton, membre de la Société royale et auteur d'un *Aperçu de la Philosophie de sir Isaac Newton* et d'un *Traité sur la chimie*. Ce fut au café de Batson qu'il m'en fit faire la connaissance, et le docteur me promit de me procurer quelque jour l'occasion de voir sir Isaac Newton, ce que je désirais bien vivement. Mais ce jour n'arriva jamais.

J'avais apporté quelques curiosités, dont la plus remarquable était une bourse d'amiante, espèce de lin incombustible que le feu ne fait que purifier. Sir Hans Sloane en entendit parler, vint me voir, m'engagea à aller chez lui dans Blooms, Bury-Square, me montra toutes les choses rares qu'il avait recueillies, me sollicita d'y ajouter ma bourse et me la paya généreusement.

Ralph n'avait pas de moyens suffisants pour subvenir à ses besoins : il résolut de quitter Londres et d'essayer d'établir une école à la campagne ; il écrivait très bien et possédait parfaitement la science des calculs ; mais, regardant cette situation comme au-dessous de lui, comptant sur une meilleure fortune et ne voulant pas qu'on sût un jour qu'il avait à ce point abaissé son talent, il changea de nom et me fit l'honneur de prendre le mien.

Je ne tardai pas à recevoir de lui une lettre où il m'annonçait qu'il s'était établi dans un petit village du comté de Berks. Il me priait de lui écrire et me disait d'adresser mes lettres à *M. Franklin*, maître d'école, à tel endroit. Il continua à m'écrire souvent, m'envoya des fragments d'un poème épique qu'il composait alors et me pria d'y faire des observations et des corrections. Je lui en envoyai quelques-unes, mais je tâchai surtout de lui persuader de renoncer à cet ouvrage, et comme Young venait de publier une de ses satires, j'en copiai un assez long morceau où ce poète démontre la folie de se consacrer au culte des muses, et je le lui envoyai. Tout fut inutile, et chaque courrier m'apportait une nouvelle feuille du poème.

Ralph avait laissé à Londres une amie qui se trouvait souvent dans le besoin, m'envoyait chercher et m'empruntait tout l'argent que je pouvais épargner. Je pris goût à sa compagnie et voulus me prévaloir des services que je lui rendais : elle écrivit à Ralph et l'informa de ma conduite : il en résulta une rupture entre Ralph et moi. Quand il revint à Londres, il me donna à entendre qu'il regardait comme annulées toutes les obligations qu'il m'avait : d'où je conclus que je ne devais pas espérer qu'il me rendît jamais l'argent que je lui avais prêté ou que j'avais avancé pour lui. Cette circonstance était peu importante, puisqu'il était absolument hors d'état de me le rendre : en perdant son amitié, je me trouvais soulagé d'un pesant fardeau.

Je commençai alors à penser à faire quelques épargnes ; et dans l'espérance d'être occupé plus avantageusement, je quittai Palmer pour aller chez Watts, autre imprimeur encore plus célèbre, qui demeurait dans Lincolns-ins-Fields. C'est chez lui que je restai tout le temps que je passai encore à Londres.

En entrant dans son imprimerie, je commençai

par travailler à la presse, m'imaginant que j'avais
besoin de l'exercice de corps auquel j'étais habitué
en Amérique, où le travail de la presse était joint à
celui de la composition. Je ne buvais que de l'eau ;
les autres ouvriers, dont le nombre était d'environ
cinquante, étaient au contraire grands buveurs de
bière. Dans certaines occasions pourtant je montais
et descendais en portant de chaque main une grande
forme de caractères, tandis que les autres employaient
les deux mains pour en porter une seule. Ils voyaient
avec surprise, d'après cette preuve et plusieurs
autres, que le buveur d'eau américain, comme ils
m'appelaient, était *plus fort* qu'eux, qui buvaient la
bière *la plus forte*. Le garçon du marchand de bière
était toujours dans l'atelier pour en fournir aux
ouvriers. Celui qui travaillait avec moi à la presse
en buvait régulièrement tous les jours un pot avant
de déjeuner, un second en déjeunant avec du pain
et du fromage, un autre entre le déjeuner et le
dîner, un quatrième en dînant, un cinquième dans
l'après-midi, vers les six heures, et un dernier quand
il avait fini sa journée. Je regardais cette habitude
comme détestable; mais il prétendait que pour se
donner *des forces* pour travailler, la *forte bière* lui
était indispensable. Je m'efforçai de le convaincre
que la force que donnait la bière ne pouvait être
qu'en proportion de l'orge qui entrait dans sa composition ; que dans un petit pain d'un sou qu'il
arroserait d'une pinte d'eau il se trouvait plus de
particules nutritives que dans quatre pintes de bière
et qu'il y puiserait plus de forces. Il n'en continua

pas moins à boire et il avait tous les samedis soir quatre à cinq shillings à payer sur ses gages pour cette misérable boisson, dépense dont je me trouvais exempt. C'est ainsi que ces pauvres diables étaient toujours gênés et malheureux.

Quelques semaines après mon arrivée, Watts me fit passer dans la salle de composition. Là les compositeurs me demandèrent de payer ma bienvenue. Je regardai cette demande comme une exaction, attendu que j'avais déjà payé une bienvenue aux travailleurs à la presse. Le maître pensa de même et m'engagea à ne pas me soumettre. Je résistai donc pendant quinze jours ou trois semaines. J'étais regardé comme un excommunié : si je quittais la salle un instant, on me jouait tous les mauvais tours possibles, on mêlait mes caractères, on rompait mes planches, etc. Tous ces désordres s'attribuaient à *l'esprit* qui *revenait* dans l'atelier pour tourmenter ceux qui n'y étaient pas entrés d'une manière régulière. Enfin, malgré la protection du maître, je pris le parti de payer, convaincu que c'est une folie que de vivre en mauvaise intelligence avec des gens qu'on doit avoir tous les jours pour compagnons. Je fus alors bien accueilli parmi eux et j'y obtins bientôt une certaine influence. Je proposai quelques changements raisonnables à leurs règlements d'atelier, et je les fis adopter en dépit de l'opposition. D'après mon exemple, un grand nombre d'entre eux renoncèrent à leur misérable déjeuner de pain, de fromage et de bière, voyant qu'ils pouvaient se procurer dans une maison voisine une grande écuelle de gruau bien garnie de pain et assaisonnée d'un morceau de beurre pour le prix d'une pinte de bière, c'est-à-dire pour trois demi-sous : déjeuner qui avait l'avantage d'être plus nourrissant, plus économique, et de conserver la tête plus fraîche. Ceux qui persistaient à se gorger de bière toute la journée étaient quelquefois sans crédit chez le marchand, à défaut de paiement de ce qu'ils avaient déjà pris ; alors ils me priaient de répondre pour eux, *leur lumière étant éteinte*, pour me servir de leur expression. Et le samedi soir je surveillais la paie pour retenir le montant des engagements que j'avais contractés pour eux, et qui allaient quelquefois jusqu'à trente shillings par semaine. Ce petit service et la réputation que j'avais d'être un bon plaisant et de savoir manier la raillerie maintinrent ma prééminence parmi eux; mon exactitude n'était pas moins agréable au maître, car jamais je ne fêtais *Saint-Lundi;* et la promptitude avec laquelle je composais faisait qu'il me chargeait toujours des ouvrages pressés, qui sont ordinairement les mieux payés. J'avais donc lieu alors d'être assez content de ma position.

Mon logement dans Little-Britain étant trop éloigné, j'en pris un autre dans Duke-Street, en face de la chapelle catholique. C'était au troisième étage, par derrière, dans un magasin de comestibles qui était tenu par une veuve. Elle avait une fille, une servante et un garçon de magasin, mais ce dernier ne logeait pas chez elle. Après avoir fait prendre des renseignements chez les personnes où je demeurais auparavant, elle consentit à me loger au prix de trois shillings et demi par semaine, ce qu'elle ne faisait à si bon marché, me dit-elle, que parce que la présence d'un homme serait une sorte de protection pour sa maison. Elle était entre deux âges. Fille d'un ministre protestant, elle avait été élevée dans la religion réformée ; mais elle avait été convertie au catholicisme par son mari, pour la mémoire duquel elle conservait beaucoup de respect. Elle avait vécu parmi des personnes de distinction et elle en pouvait citer mille anecdotes, à remonter jusqu'au règne de Charles II. Elle avait les genoux perclus par la goutte, ce qui faisait qu'elle ne sortait jamais de sa chambre ; aussi aimait-elle qu'on vînt lui tenir compagnie, et sa conversation me paraissait si agréable que j'étais toujours prêt à passer la soirée avec elle toutes les fois qu'elle le désirait. Notre souper ne consistait qu'en un demi-anchois chacun, une petite tranche de pain et de beurre, et une demi-pinte d'ale que nous partagions : mais sa conversation en faisait tout le charme. Comme je ne rentrais jamais tard et que je ne causais aucun embarras dans sa maison, elle désirait me conserver pour locataire, de sorte que, lorsque je lui parlai d'un logement qu'on me proposait plus près de mon imprimerie à raison de deux shillings par semaine, ce qui, dans mes projets d'économie, faisait quelque différence pour moi, elle me demanda de ne pas la quitter, et m'accorda d'elle-même une diminution de deux shillings par semaine. Je demeurai donc chez elle, à raison d'un shilling et demi, pendant le reste de mon séjour à Londres.

Dans un grenier de sa maison, vivait une vieille

fille de soixante-dix ans, de la manière la plus reti-
rée. J'appris de mon hôtesse qu'elle était catholique
romaine. Elle avait été envoyée sur le continent
dans sa jeunesse ; elle était entrée dans un couvent
avec le dessein de se faire religieuse. Mais le climat
ne lui convenant point, elle était revenue en Angleterre ; et comme il ne s'y trouve pas de couvent, elle
avait fait vœu de vivre en religieuse autant que la
chose était possible. En conséquence, elle avait disposé de tout son bien pour des œuvres de charité et
ne s'était réservé pour vivre que douze livres sterling de rente (deux cent quatre-vingt-huit francs).
Encore donnait-elle aux pauvres une partie de cette
somme. Elle ne vivait que d'eau de gruau et ne
faisait de feu que pour la faire bouillir. Elle avait
passé bien des années dans ce grenier, car ceux qui
avaient successivement occupé la maison étaient ca-
tholiques, et lui avaient permis d'y rester sans payer
de loyer, persuadés que sa présence attirerait sur
eux la bénédiction du ciel. Un prêtre venait la voir
tous les jours, et tous les jours elle se confessait.
« Je lui demandai une fois, me dit mon hôtesse,
« comment, en vivant comme elle le faisait, elle
« pouvait trouver quelque chose à lui dire. » « Oh !
« répondit-elle, on ne peut pas toujours éviter les
« pensées vaines. »

J'obtins un jour la permission de la voir. Je la
trouvai polie et enjouée ; elle causait agréablement.
Sa chambre était propre ; mais il ne s'y trouvait
d'autre meuble qu'un matelas, une table avec un
crucifix, un livre, un tabouret sur lequel elle me fit

asseoir, et un tableau sur la cheminée, représentant sainte Véronique déployant le voile miraculeux sur lequel était empreinte la figure sanglante de Jésus-Christ. Elle était pâle, mais n'était jamais malade. Je cite cet exemple comme une nouvelle preuve qu'un revenu bien modique peut suffire pour conserver la vie et la santé.

Dans l'imprimerie de Watts, je fis la connaissance d'un jeune homme nommé Wygate. Ses parents qui étaient riches lui avaient donné une éducation plus soignée que celle que reçoivent ordinairement les imprimeurs. Il savait passablement le latin, parlait français, aimait la lecture. Je lui appris à nager, ainsi qu'à un de ses amis, en deux leçons et ils devinrent bientôt d'excellents nageurs. Ils me présentèrent à quelques personnes de province, avec qui nous allâmes par eau à Chelsea pour y voir l'hôpital militaire et le cabinet de don Saltero. En revenant, à la demande de la compagnie dont Wygate avait excité la curiosité, je me déshabillai, sautai dans la Tamise et revins à la nage presque de Chelsea au pont de Blackfriars, faisant pendant le trajet, sur l'eau et entre deux eaux, des tours d'adresse et d'agilité qui surprirent et amusèrent beaucoup ceux qui ne les connaissaient pas encore. J'avais beaucoup aimé cet exercice et dès mon enfance j'avais étudié et pratiqué les mouvements et les positions de Thévenot; j'avais même renchéri sur lui en ajoutant mes idées aux siennes et en cherchant l'aisance et la grâce autant que l'utilité.

Je saisis cette occasion de montrer mon savoir-faire et je ne fus pas peu flatté de l'admiration qu'il fit naître. Wygate, qui désirait se perfectionner dans cet exercice, s'attacha de plus en plus à moi, autant par ce motif que par la ressemblance de nos goûts. Il me proposa enfin de parcourir ensemble toute l'Europe, en travaillant partout dans notre profession pour nous défrayer. Ce projet me souriait assez. Quand j'en parlai à mon bon ami, M. Denham, avec qui je passais souvent une heure quand j'en avais le loisir, il m'en dissuada et me conseilla de ne songer qu'à retourner à Philadelphie, ce qu'il était sur le point de faire lui-même.

Je dois rapporter ici un trait du caractère de ce digne homme. Il avait été autrefois dans le commerce à Bristol; mais, y ayant contracté des dettes, il composa avec ses créanciers et partit pour l'Amérique. Après avoir repris le négoce en ce pays, il y acquit à force de travail une grande fortune en peu d'années. Lorsqu'il arriva en Angleterre avec moi, il invita ses anciens créanciers à dîner et, quand ils furent réunis, il les remercia de la composition favorable qu'il en avait obtenue, et, tandis qu'ils ne s'attendaient qu'à un dîner, chacun d'eux trouva sous son assiette une traite sur un banquier pour le montant de ce qui lui restait dû en principal et en intérêts.

Il m'apprit qu'il était sur le point d'emporter avec lui à Philadelphie une quantité considérable de marchandises pour y ouvrir un magasin; il me proposa de me prendre en qualité de commis pour tenir ses livres (ce qu'il se chargea de m'apprendre),

copier ses lettres et garder le magasin. Il ajouta
qu'aussitôt que j'aurais quelque connaissance des
affaires commerciales, il m'enverrait aux Indes occidentales avec une cargaison de pain et de farine, qu'il
me procurerait d'autres commissions qui me seraient
avantageuses, et qu'avec de la conduite je pourrais
former un bon établissement. Cette proposition me
plut. J'étais ennuyé de Londres ; je me rappelais avec
plaisir les jours heureux que j'avais passés en Pensylvanie, et je désirais revoir ce pays. Il fut donc convenu entre nous que je gagnerais chez lui cinquante
livres par an, monnaie de Pensylvanie. C'était moins
que ce que je gagnais comme compositeur ; mais
j'avais une perspective plus avantageuse.

Je dis donc adieu à l'imprimerie, pour toujours à
ce que je croyais, et j'entrai sur-le-champ dans mes
nouvelles fonctions. J'accompagnais M. Denham
chez tous les marchands pour y faire les achats, je
veillais à l'emballage des objets achetés, je portais
ses messages, je pressais les ouvriers, etc. Lorsque
tout fut transporté à bord, il ne me resta que
quelques jours de loisirs. Dans l'intervalle, un gentilhomme que je ne connaissais que de nom, sir William Wyndham, me fit prier de passer chez lui. A
ma grande surprise, il avait entendu parler, je ne
sais trop comment, de mon voyage à la nage de
Chelsea au pont de Blackfriars, et il savait qu'en
quelques heures j'avais montré l'art de nager à
Wygate et à un autre jeune homme. Il avait deux
fils, prêts à partir en voyage, et il désirait qu'ils
apprissent à nager avant leur départ : il me pro-

posa une récompense généreuse si je voulais leur donner des leçons. Mais ses fils n'étaient pas encore arrivés à Londres, le temps de mon séjour dans cette ville était incertain : je ne pus donc m'en charger. Cet incident me fit néanmoins penser que, si je restais en Angleterre, et que j'y ouvrisse une école de natation, je pourrais y gagner beaucoup d'argent. Cette idée me frappa si vivement que si cette proposition m'eût été faite plus tôt, il est probable que je ne serais pas encore retourné en Amérique. Bien des années après, nous eûmes une affaire plus importante avec un de ces fils de sir William Wyndham, devenu comte d'Egremont. J'en parlerai quand il en sera temps.

Ce fut ainsi que je passai dix-huit mois à Londres. Pendant la plus grande partie de ce temps, je travaillai laborieusement dans ma profession et je dépensai fort peu moi-même, si ce n'est en spectacles et en livres. Mon ami Ralph m'avait longtemps empêché de rien amasser. Il me devait environ vingt-sept livres sterling (six cent quarante-huit francs), somme considérable à déduire de mes petites économies, et il était fort vraisemblable qu'il ne me les rendrait jamais. Je lui étais pourtant sincèrement attaché, car il avait des qualités aimables. Mais si je n'avais pas amélioré ma fortune, j'avais acquis quelques connaissances, grâce à mes lectures nombreuses et aux personnes d'esprit avec qui je m'étais lié et dont la conversation m'avait été très utile.

IV

Partis de Gravesend le 23 juillet, nous débarquâmes à Philadelphie le 11 octobre. J'y trouvai divers changements. Keith n'était plus gouverneur; il avait été remplacé par le major Gordon. Je le rencontrai dans la rue, en simple particulier. Il parut un peu honteux de me voir et passa sans m'adresser la parole. Je n'aurais pas été moins honteux moi-même de reparaître devant miss Read, si ses parents, désespérant de mon retour, ne l'avaient engagée à se marier. Elle avait épousé pendant mon absence un potier nommé Rogers, mais il ne la rendit jamais heureuse et elle fut bientôt obligée de s'en séparer. Elle ne voulut plus ni demeurer avec lui, ni même porter son nom. C'était un misérable, dont le seul mérite était d'être excellent ouvrier, ce qui avait décidé la famille de miss Read à ce mariage. Il fit des dettes, prit la fuite en 1727 ou 1728 et passa aux Indes occidentales où il mourut.

Pendant mon absence, l'imprimerie de Keimer s'était développée et il y avait joint un commerce de papeterie. Il avait un assortiment de caractères neufs, employait des ouvriers nombreux, quoique médiocres, et paraissait avoir beaucoup d'ouvrage.

M. Denham prit un magasin dans Water-Street et nous y plaçames nos marchandises. Je m'appliquai au commerce, j'étudiai les comptes et je devins en peu de temps habile à la vente. Nous logions et nous mangions ensemble; il me donnait les conseils d'un père, et il en avait pour moi la tendresse. De mon côté, j'avais pour lui autant de respect que d'affection, et nous aurions vécu fort heureux ensemble. Mais au commencement de février 1727, comme je venais d'achever ma vingt-unième année, nous tombâmes tous deux malades. Je fus attaqué d'une pleurésie qui faillit m'emporter : je souffris beaucoup, je me regardais comme sans ressource; et lorsque je commençai à être hors de danger, j'en éprouvai presque une sorte de regret, en voyant qu'il me faudrait encore subir les travaux et les vicissitudes de la vie. J'ai oublié quelle était la maladie de M. Denham. Elle fut très longue, et il finit par y succomber. Il me laissa un petit legs comme preuve d'amitié; et je me trouvai encore une fois seul dans le monde, car son magasin fut confié aux soins de ses exécuteurs testamentaires et l'emploi que j'y occupais se trouva supprimé.

Mon beau-frère Holmes était alors à Philadelphie. Il m'engagea à reprendre mon ancien métier, et Keimer me tenta en m'offrant des appointements considérables, tant par année, pour me mettre à la tête de son imprimerie, ce qui lui permettrait

de s'occuper davantage de son magasin de papier.
J'avais rapporté de Londres une mauvaise opinion de
Keimer, d'après ce que m'en avaient dit sa femme
et ses parents, et je ne me souciais pas de me lier
davantage en affaires avec lui. Je désirais trouver de
l'occupation comme commis-marchand; mais, n'y
réussissant pas, je dus accepter les propositions de
Keimer.

Je trouvai chez lui pour ouvriers Hugues Meredith, Pensylvanien d'origine irlandaise, âgé de trente
ans, élevé dans les travaux de la campagne, honnête, sensé, ne manquant pas d'expérience, aimant
la lecture, mais adonné à la boisson; et Étienne
Potts, jeune campagnard qui venait de compléter
ses vingt et un ans, avait des talents naturels peu
communs, beaucoup d'esprit et de gaieté, mais était
un peu paresseux. Keimer leur donnait des gages
extrêmement faibles par semaine, sous la condition
de les augmenter d'un shilling tous les trois mois,
s'ils le méritaient en se perfectionnant dans leur
travail. L'espoir de cette augmentation future était
ce qui les avait attirés chez lui. Meredith devait travailler à la presse, et Potts à la reliure. Keimer
s'était chargé de leur apprendre ces deux métiers,
quoiqu'il ne sût ni l'un ni l'autre. Enfin, il y avait
encore chez lui un nommé John, Irlandais grossier,
complètement ignorant, dont un capitaine de vaisseau lui avait vendu les services pour quatre ans, et
qui devait aussi travailler à la presse; George Webb,
qui avait étudié à Oxford, dont il avait aussi acheté
le service pour quatre ans, qu'il comptait employer

comme compositeur, et dont je parlerai davantage
tout à l'heure; enfin un jeune garçon de la campagne, Davidharry, qu'il avait pris en qualité d'apprenti.

Je m'aperçus bientôt que le but de Keimer, en
m'accordant des appointements beaucoup plus forts
qu'il n'avait l'habitude d'en donner, était de faire
instruire par mes soins ces ouvriers inhabiles et peu
coûteux, qui ne pouvaient le quitter avant quelques
années, pour pouvoir ensuite se passer de mes services. Je m'acquittai pourtant de ma besogne en
conscience; je mis mon imprimerie en bon ordre,
je fis cesser la confusion qui y régnait et j'amenai
par degrés ses ouvriers à s'occuper de leur travail
et à le faire plus convenablement.

Il était assez singulier de trouver un jeune homme
élevé à l'université d'Oxford, réduit à Philadelphie
à la condition de serviteur acheté : il n'avait que
dix-huit ans, et voici ce qu'il me conta de son histoire. Il était né à Glocester; il avait passé ses premières années dans une école de grammaire, et s'était
distingué parmi ses compagnons par la manière dont
il s'acquittait de son rôle quand ils représentaient
quelque pièce de théâtre. Il était membre du club
des beaux esprits de cette ville et les journaux im-
primèrent de la prose et des vers de sa façon. On
l'envoya de là à Oxford; il y resta environ un an,
peu content de sa position, et n'ayant pas de plus
grand désir que de voir Londres et de se faire comédien. Enfin, après avoir reçu les quinze guinées qu'il
touchait tous les trois mois, au lieu de payer les

dettes qu'il avait contractées, il quitta la ville, cacha sa robe d'écolier dans un buisson d'épines, et fit à pied le voyage de Londres. Comme il n'avait pas d'ami pour lui donner des conseils, il tomba en mauvaise compagnie, dépensa ses guinées, ne trouva aucun moyen de se faire connaître des comédiens, manqua de tout, mit ses vêtements en gage et finit par se trouver sans pain. Un jour qu'il se promenait dans la rue, affamé et ne sachant que devenir, on lui mit en main une affiche rédigée en style de charlatan, où l'on offrait les plus belles espérances à ceux qui voudraient passer en Amérique, sous la condition d'y servir quelques années. Il se rendit à l'instant même à l'endroit indiqué, signa l'engagement, s'embarqua, fit la traversée, et tout cela sans écrire une ligne à ses parents pour les informer de ce qu'il était devenu. C'était un compagnon agréable, plein d'esprit et de vivacité, d'un excellent caractère, mais paresseux, insouciant et imprudent au dernier degré.

L'Irlandais, John, ne tarda pas à s'enfuir, et je vécus fort agréablement avec les autres, qui me respectaient d'autant plus qu'ils voyaient que Keimer était incapable de les instruire, et que je leur apprenais quelque chose tous les jours. Je formai des liaisons plus nombreuses avec les gens d'esprit de la ville. Jamais nous ne travaillions le samedi, parce que c'était le sabbat de Keimer, de manière que j'avais deux jours par semaine à donner à la lecture. Keimer lui-même me traitait avec civilité et avec une apparence d'égards. Enfin je n'avais d'autre inquiétude que celle de l'argent que je devais à Vernon et que j'étais encore hors d'état de lui rendre, n'ayant pas fait jusque-là de grandes économies ; heureusement il fut assez complaisant pour ne pas m'en faire la demande.

Notre imprimerie manquait souvent de caractères, et l'on n'en fondait pas encore en Amérique. J'en avais vu fondre à Londres, chez James, mais sans faire grande attention aux procédés employés ; je parvins pourtant à faire un moule ; je me servis des caractères que nous avions comme de poinçons ; je coulai du plomb dans mes matrices et par ce moyen je suppléai passablement à ce qui nous manquait. A l'occasion, je fabriquais l'encre, je gravais, j'étais garçon de magasin ; en un mot, j'étais une espèce de *factotum*. Mais, de quelque utilité que je pusse être, je vis que les services que je rendais à Keimer diminuaient d'importance à mesure que ses autres ouvriers devenaient plus habiles. En me payant le second quartier de mes appointements, il me fit sentir qu'il les trouvait bien pesants, et que je devais consentir à une réduction. Il devint par degrés moins civil, prit davantage les airs d'un maître, trouva souvent des reproches à me faire, employa un ton querelleur et parut disposé à une rupture.

Je continuai cependant à supporter tout avec patience, attribuant en grande partie cette conduite au mauvais état de ses affaires. Enfin, une vétille rompit notre liaison. Un grand bruit s'étant fait entendre près de notre maison, je mis la tête à la fenêtre pour voir ce dont il s'agissait. Keimer était

dans la rue ; il leva les yeux, m'aperçut, m'appela à
haute voix, me dit d'un ton de colère de songer à
ma besogne, et y ajouta quelques mots de reproche
dont la publicité fut ce qui m'aigrit davantage : tout
le voisinage, attiré par le même bruit, fut témoin de
la manière dont il me traitait. Il monta sur-le-champ
dans l'imprimerie, continua à me quereller ; les gros
mots s'ensuivirent de part et d'autre ; enfin il me
signifia mon congé pour la fin du quartier suivant,
comme nous en étions convenus, et il me témoigna son regret de ne pouvoir me renvoyer plus tôt.
Je lui répondis que ses regrets étaient inutiles,
attendu que je le quitterais à l'instant même. Et
prenant mon chapeau, je sortis de chez lui, après
avoir prié Meredith, que je trouvai en bas, d'avoir
soin de quelques objets que je laissais et de me les
apporter où je logeais.

Meredith exécuta ma commission dans la soirée,
et nous causâmes de cet événement. Il avait conçu
pour moi beaucoup d'affection et regrettait infiniment que je quittasse la maison, tant qu'il y demeurerait. Il me dissuada de retourner à Boston, comme je
commençais à y penser, et me rappela que Keimer
devait tout ce qu'il possédait, que ses créanciers
commençaient à s'inquiéter et qu'il n'entendait rien à
son commerce, qu'il vendait souvent sans aucun
profit, pour argent comptant, qu'il vendait même à
crédit, sans en tenir aucun compte, bref, qu'il était
impossible qu'il ne fît pas faillite, et que j'aurais une
belle occasion de m'établir. Je lui objectai mon
manque d'argent ; à quoi il répondit que son père

avait une grande opinion de moi, et que, d'après
quelques conversations qu'il avait eues avec lui
il était sûr qu'il m'avancerait la somme nécessaire
pour mon établissement si je voulais former une
société avec son fils. « Le temps pendant lequel je
« dois travailler avec Keimer, ajouta-t-il, finira au
« printemps prochain ; d'ici à cette époque nous pou-
« vons faire venir de Londres une presse et des
« caractères. Je sens que je ne suis pas bon ouvrier ;
« mais, si vous le voulez, vous apporterez votre
« savoir-faire dans la société, pour compensation
« des fonds que j'y fournirai, et nous partagerons
« les bénéfices par moitié. » La proposition me plut
et je l'acceptai. Son père était alors dans la ville
et donna son consentement, en me disant qu'il en
était d'autant plus charmé qu'il voyait que j'avais eu
assez d'influence sur son fils pour combattre son penchant pour la boisson, et qu'il espérait que, lorsque
nous serions si intimement unis, il se guérirait radi-
calement de cette détestable habitude. Je donnai au
père un état des objets qui nous étaient nécessaires ;
il chargea un négociant de les faire venir d'Angleterre, et l'on convint de garder un profond secret
jusqu'à ce que tout fût arrivé. En attendant, je cherchai à me procurer de l'ouvrage à l'autre imprimerie ;
mais toutes les places étaient occupées, et je restai
quelques jours sans occupation.

Cependant Keimer avait l'espérance d'être chargé
de l'impression d'un papier-monnaie pour New-
Jersey. Mais cet ouvrage exigeait des gravures et des
caractères pour lesquels je lui étais indispensable, et

il craignait que Bradford ne me prît dans son imprimerie et ne lui enlevât cette entreprise. Il m'écrivit
donc une lettre fort civile, me disant que d'anciens
amis ne devaient pas se séparer pour quelques mots
qui n'étaient l'effet que d'un moment de colère, et
m'invitant à retourner chez lui. Meredith m'y engagea, les leçons que je pourrais par ce moyen lui
donner chaque jour devant contribuer à son instruction. Je rentrai donc chez Keimer, et j'en fus traité
avec beaucoup plus d'égards que je ne l'avais été
depuis un certain temps. Il obtint l'impression du
papier-monnaie pour New-Jersey et je gravai une
planche en cuivre pour les billets, avec des vignettes
et divers ornements : c'était la première qu'on eût
vue en ce pays. Nous allâmes ensemble à Burlington
où j'exécutai ce travail à la satisfaction générale,
et il reçut pour cet ouvrage une somme qui retarda
l'époque de sa ruine.

Pendant mon séjour à Burlington, je fis connaissance avec plusieurs des gens les plus distingués de
la province. Quelques-uns d'entre eux composaient
un comité qui avait été chargé par l'Assemblée de
surveiller nos travaux et d'avoir soin qu'on ne tirât
pas un plus grand nombre de billets que celui qui
avait été déterminé : ils étaient donc constamment
avec nous tour à tour, et celui qui s'y trouvait
amenait souvent un ami ou deux pour lui tenir
compagnie. Mon esprit, grâce à la lecture, était
plus cultivé que celui de Keimer ; ce fut sans doute
pour cette raison que ma conversation parut leur
plaire plus que la sienne. Ils m'invitèrent à aller chez

eux, me présentèrent à leurs amis et me firent toutes
sortes de politesses, tandis qu'ils négligeaient un
peu Keimer, quoi qu'il fût le maître. Il est vrai que
Keimer était une étrange créature, d'une ignorance
profonde sur les usages du monde, se plaisant à
contrecarrer toutes les idées reçues, négligé dans
sa mise jusqu'à la saleté, enfin ayant sur certains
points un enthousiasme religieux qui allait jusqu'au
fanatisme, quoiqu'il fût un peu vaurien au fond du
cœur.

Nous y restâmes près de trois mois et je pus alors
compter parmi mes amis le juge Allen, Samuel
Bustill, secrétaire de la province ; Isaac Decow, inspecteur général ; Isaac Pearson, Joseph Cooper, et
plusieurs Smiths, membres de l'Assemblée. Decow
était un vieillard plein d'adresse et de sagacité. Il
me dit qu'il avait commencé, dans sa jeunesse, par
brouetter de l'argile pour les faiseurs de briques ;
qu'il n'avait appris à écrire qu'à l'âge de vingt et un
ans ; qu'il avait porté la chaîne pour les arpenteurs
qui lui avaient appris leur métier, et qu'il avait
maintenant, par son industrie, acquis une fortune
honnête. « Je prévois, me dit-il, que vous ne tarde-
« rez pas à supplanter cet homme, et que vous ferez
« votre fortune à Philadelphie. » Il n'avait pourtant
pas la moindre idée du projet que j'avais de m'établir
dans cette ville ou ailleurs. Ces amis me furent par
la suite d'une grande utilité, et je trouvai aussi
l'occasion de rendre service à quelques-uns d'entre
eux : ils me conservèrent leur estime pendant toute
leur vie.

Peu de temps après notre retour à Philadelphie, les caractères commandés à Londres arrivèrent. Je réglai mes comptes avec Keimer et je le quittai, de son consentement, avant qu'il connût notre intention à Meredith et à moi. Puis nous louâmes une maison près du marché. Le loyer n'était que de vingt-quatre livres par an (cinq cent soixante-seize francs), quoique je l'aie vu louer, depuis, soixante-dix (seize cent quatre-vingts francs). Cependant, pour alléger ce fardeau, nous cédâmes une partie des bâtiments à un vitrier, nommé Thomas Godfrey, qui fut chargé d'une portion assez considérable de ce loyer, et nous nous mîmes en pension dans sa famille, pour la nourriture. A peine avions-nous monté notre presse et mis en ordre nos caractères que Georges House, un de mes amis, nous amena un campagnard qu'il avait rencontré dans la rue et qui demandait un imprimeur. Nous avions dépensé tout notre argent à acheter une multitude de choses dont nous ne pouvions nous passer, et les cinq shillings du campagnard, étant notre premier gain et venant si à propos, me firent plus de plaisir que toutes les couronnes que j'ai gagnées depuis ce temps. Le souvenir de la gratitude que j'en eus à House m'a rendu plus disposé que je ne l'aurais peut-être été, sans cette circonstance, à donner de l'encouragement aux jeunes gens qui commencent une carrière.

On voit dans tous les pays des frondeurs qui en prédisent la ruine. Il s'en trouvait un à Philadelphie: c'était un homme considérable, un vieillard à l'air grave et prudent, et qui ne parlait que par sentences.

Il se nommait Samuel Mickle. Il s'arrêta un jour à
ma porte, quoique je ne le connusse point : il me
demanda si j'étais le jeune homme qui venait d'établir une imprimerie. Et, lui ayant répondu affirma-
tivement, il me dit qu'il en était fâché pour moi,
attendu que c'était une entreprise coûteuse et que j'en

serais pour mes
frais ; que Phila-
delphie marchait
à sa perte ; que la
moitié des mar-
chands y étaient
déjà en banque-
route, ou à la
veille d'y être ;
que toutes les ap-
parences du con-
traire, comme la
construction de
nouveaux édifi-
ces et l'augmen-
tation des loyers,
étaient trompeu-
ses, et que c'était

Presse dont se servait Franklin.

cela même qui en occasionnerait la ruine. Il me fit alors
un tableau si affligeant des malheurs existants, et de
ceux qui devaient bientôt arriver, qu'il me jeta dans
l'abattement. Si je l'avais connu avant de m'établir,
il est probable que je ne l'aurais pas fait. Il continua
pourtant à rester dans cette ville qui marchait à sa
ruine, déclamant toujours sur le même ton, refusant

pendant bien des années d'acheter une maison,
parce que tout tendait à la destruction. Enfin j'eus
le plaisir de le voir acheter une maison vingt-cinq
fois plus cher qu'elle ne lui aurait coûté quand il
avait commencé ses prédictions.

V

J'AURAIS dû dire plus tôt que l'automne précédent
j'avais formé un club composé de la plupart des
gens instruits de ma connaissance. Notre but était
de chercher à nous instruire mutuellement. Nous le
nommions la junte, et nous nous assemblions tous
les vendredis soirs. Les règles que je rédigeai pres-
crivaient à chaque membre de proposer à son tour
une ou plusieurs questions sur quelque point de
morale, de politique ou de philosophie naturelle,
pour en faire l'objet de la discussion, et de lire une
fois tous les trois mois un essai de sa composition
sur tel sujet que bon lui semblerait. Nos discussions
devaient avoir lieu sous la direction d'un président,
et ne devaient être inspirées que d'un désir sincère
de vérité; l'amour de la controverse et la vanité du
triomphe ne devaient y avoir aucune part et pour
en écarter une ardeur déplacée, toute expression
impliquant une obstination trop vive dans une opi-

nion et toute contradiction directe étaient passibles d'une amende.

Les premiers membres de ce club furent : Joseph Brientnal, copiste, homme d'âge moyen, d'excellent caractère, passionné pour la poésie, lisant tout ce qu'il trouvait, faisant quelques vers passables, d'une conversation sensée, aimant à faire de petites malices ;

Thomas Godfrey, qui avait appris les mathématiques sans le secours d'aucun maître, et qui y avait fait de grands progrès. Il inventa ensuite ce qu'on nomme aujourd'hui *le quart de cercle d'Adley* ; mais, à part cette science, il ne savait rien. De même que la plupart des grands mathématiciens que j'ai connus, il exigeait en toutes choses une précision rigoureuse, niait à tout propos, faisait des distinctions sur la moindre bagatelle et se rendait ainsi le fléau de la conversation. Il ne resta pas longtemps avec nous ;

Nicolas Scull, arpenteur, puis inspecteur général, aimant les livres et faisant quelques vers, à l'occasion ;

William Parsons, qui avait été élevé pour être cordonnier, mais qui, ayant un goût très vif pour la lecture, avait acquis des connaissances assez approfondies dans les mathématiques ; il les avait étudiées dans le dessein de se livrer à l'astrologie, ce dont il fut ensuite le premier à rire. Il devint aussi inspecteur général ;

William Maudridje, menuisier, excellent mécanicien ; d'ailleurs homme de grand sens ;

Hugues Meredith, Étienne Potts et Georges Webb, dont j'ai déjà parlé ;

Robert Grace, jeune homme bien né, jouissant de

quelque fortune, généreux, vif, spirituel, aimant les épigrammes, mais aimant encore plus ses amis ;

Enfin William Coleman, alors commis d'un négociant. Il était à peu près de mon âge ; il avait la tête la plus froide et la plus saine, le cœur le meilleur et les principes de morale les plus justes que j'aie jamais rencontrés dans qui que ce soit. Il devint ensuite un négociant distingué et l'un de nos juges provinciaux. Notre amitié dura sans interruption jusqu'à sa mort, pendant plus de quarante ans, et l'existence du club se prolongea presque aussi longtemps.

C'était la meilleure école de philosophie, de morale et de politique qui existât alors dans la province, car nos questions, qui étaient lues huit jours avant l'ouverture de la discussion, nous forçaient à parcourir avec attention les ouvrages qui avaient rapport aux sujets dont il s'agissait, afin de nous mettre en état d'en mieux parler. Nous y acquérions aussi une plus grande habitude de conversation, tout étant calculé dans nos règlements pour empêcher que nous ne puissions perdre le goût pour nos réunions. C'est cette raison qui fit durer si longtemps ce club, dont j'aurai occasion de parler encore bien des fois. J'en fais mention ici parce que j'y trouvais aussi mon intérêt, car chacun de ceux qui le composaient s'évertuait à nous procurer de l'ouvrage. Brientnal, entre autres, nous obtint des quakers l'impression de quarante feuilles de leur histoire : le surplus avait été imprimé par Keimer. C'était un travail fort dur, car on ne nous le payait qu'un prix fort modique ; c'était un *in-folio*, grand format, imprimé en *cicéro*, avec des notes en *petit-romain*. J'en composais une feuille par jour, et Meredith la mettait à la presse. Il était souvent onze heures du soir, et quelquefois plus tard, avant que j'eusse fini ma distribution pour le lendemain, car les petits ouvrages que nos autres amis nous procuraient de temps en temps retardaient quelquefois celui-ci. Mais j'avais bien résolu de composer tous les jours une feuille de l'*in-folio*. Un soir, j'avais terminé ma forme et je croyais avoir fini ma journée; un accident rompit la forme et dérangea deux pages complètes. Je remis immédiatement les caractères en ordre, et je ne me couchai pas avant d'avoir terminé ma composition.

Cette ardeur au travail, dont tous nos voisins étaient témoins, commença à nous donner de la réputation et du crédit. On m'assura que dans le club des négociants qui se réunissaient tous les soirs, quelqu'un parlant un jour de notre nouvelle imprimerie, l'opinion générale fut qu'elle ne pourrait se soutenir parce qu'il y avait déjà deux imprimeurs dans la ville, Keimer et Bradford. Mais le docteur Bard fut d'un avis contraire: « Ce Franklin, « dit-il, travaille avec une ardeur à laquelle je n'ai « jamais rien vu d'égal. Il est à l'ouvrage avant « qu'aucun de ses voisins soit levé, et je l'y vois « encore tous les soirs quand je sors du club pour « rentrer chez moi. » Cette observation frappa les autres, et l'un d'eux nous offrit peu après de nous monter une boutique de papeterie ; mais nous n'avions pas encore le projet d'en ouvrir une.

En entrant dans des détails si étendus sur mon

ardeur pour le travail, je puis paraître vouloir me
donner des éloges ; mais mon but est de faire reconnaître à ceux de mes descendants qui pourront lire
ces pages combien cette qualité est utile. Ils verront
dans la suite de ce récit les effets que j'en ressentis.

Georges Webb avait trouvé un ami qui lui avait
prêté de quoi racheter le temps qu'il devait encore
passer chez Keimer. Il vint alors nous offrir ses services. Nous ne pouvions lui donner d'occupation ;
mais je fis la sottise de lui confier, sous le sceau du
secret, que j'avais le projet de publier prochainement un journal, et qu'alors nous pourrions l'employer. Je lui appris que mon espoir de succès était
fondé sur ce que le seul journal qui parût alors, imprimé par Bradford, était mal conçu, pitoyablement
rédigé, sans intérêt, et cependant que Bradford
y trouvait du profit ; je me flattais donc qu'un meilleur journal ne pourrait manquer de réussir. Je lui
recommandai le secret ; mais il en parla à Keimer,
qui, sur-le-champ, publia un *Prospectus* pour un
journal qu'il devait publier lui-même et auquel Webb
devait travailler. Je fus piqué de ce procédé ; et
n'étant pas encore prêt à faire paraître une feuille
périodique, j'écrivis pour parer ce coup quelques
morceaux amusants pour le journal de Bradford, sous
le titre de *l'Empressé*, et Brientnal les continua pendant quelque temps. Par ce moyen l'attention publique se fixa sur cette feuille, et le *Prospectus* de
Keimer, que nous tournâmes en ridicule, tomba dans
l'oubli. Keimer commença pourtant son journal et,
après l'avoir continué pendant trois trimestres avec

soixante-dix souscripteurs tout au plus, il m'offrit de me le céder pour une bagatelle. Comme j'avais fait depuis quelque temps tous les préparatifs pour cette entreprise, j'acceptai sa proposition et en peu d'années elle devint très lucrative pour moi.

Je m'aperçois que je m'habitue à parler au nombre singulier. Notre association continuait pourtant d'exister; mais, en fait, j'étais chargé de tout le travail. Meredith n'était pas compositeur, travaillait médiocrement à la presse et avait souvent la tête échauffée par la boisson. Mes amis regrettaient de me voir lié avec lui; mais il fallait bien en tirer le meilleur parti possible.

Nos premiers numéros furent tels qu'on n'en avait jamais vus dans la province. De meilleurs caractères, une belle impression, mais surtout quelques observations que je rédigeai sur le différend qui existait alors entre le gouverneur Burnet[1] et l'Assemblée des Massa-

[1] « Son Excellence, le gouverneur Burnet, mourut subitement deux jours après la date de cette réplique à son dernier message. On pensait que le différend aurait pris fin avec lui, ou du moins qu'il aurait dormi jusqu'à l'arrivée d'Angleterre d'un nouveau gouverneur qui pourrait être plus ou moins porté à adopter trop rigoureusement les mesures de son prédécesseur; mais les dernières nouvelles reçues par la poste annoncent que le lieutenant-gouverneur, qui, en cas de mort ou d'absence du gouverneur, se trouve chargé du gouvernement, a pris sur lui de faire revivre la querelle, et l'on en verra les détails dans notre prochain numéro.

« Peut-être quelques-uns de nos lecteurs ne connaissent point parfaitement la cause originaire de cette vive contestation entre le gouverneur et l'Assemblée. Il paraît que le peuple jouissait depuis un siècle du privilège de récompenser le gouverneur, année par année, *d'après le sentiment qu'on avait* des services qu'il avait rendus. Peu de gouverneurs, pas un peut-être, ne s'étaient plaints, ou n'avaient eu à se plaindre de la parcimonie de la Chambre; mais le feu gouverneur Burnet avait apporté, en arrivant, des instructions pour demander *un salaire fixe* de mille livres par an (24,000 fr.) pour lui et ses successeurs, et il requit l'Assemblée d'y consentir sur-le-champ. Elle mit autant de fermeté à s'y refuser qu'il apporta d'opiniâtreté à l'exiger. Il paraît,

chusets frappèrent les principaux habitants, les firent parler du journal et de celui qui le dirigeait et les engagèrent en peu de semaines à devenir nos souscripteurs.

Ils furent suivis de beaucoup d'autres, et leur nombre augmenta de jour en jour. Ce fut un des premiers et des heureux effets des peines que j'avais prises pour me mettre en état d'écrire passablement : un autre fut que les principaux personnages de l'État, voyant alors un journal entre les mains de

d'après les votes et les procédés de l'Assemblée, qu'elle regarda cette demande comme une exaction contraire aux droits de l'État et à la grande charte : elle pensa qu'il devait y avoir une dépendance réciproque entre les gouverneurs et les gouvernés ; que rendre le gouverneur indépendant, ce serait courir le risque d'anéantir les privilèges de la province, et ouvrir le chemin à la tyrannie. Elle crut aussi que la province n'était pas moins soumise à la Grande-Bretagne pour vouloir que le gouverneur dépendît d'elle et de sa bonne conduite pour la fixation d'un traitement libéral, parce que tous les actes, toutes les lois qu'il peut juger à propos de promulguer doivent obtenir l'approbation de la mère-patrie, pour être exécutoires. Dans le cours de la querelle, on mit en avant bien d'autres raisons, et l'on employa bien des arguments qu'il est inutile de rapporter ici, parce que tout le matériel de cette affaire a déjà été mis sous les yeux du public dans nos nouvelles.

« Le son gouverneur a reçu des éloges mérités pour la fermeté et l'intégrité dont il a fait preuve en suivant ses instructions, malgré les difficultés qu'il a éprouvées, l'opposition qu'il a rencontrée, et les tentations auxquelles il a été exposé de temps en temps pour l'engager à renoncer à sa prétention ; et cependant on doit peut-être savoir quelque gré à l'Assemblée (le zèle et l'attachement de ce pays à l'ordre de choses actuel étant trop bien connus pour qu'on puisse la soupçonner de manquer de loyauté) pour avoir déployé tant de courage à soutenir ce qu'elle regarde comme ses droits et ceux du peuple qu'elle représente, malgré les efforts d'un gouverneur connu par son adresse et par sa politique, fort des instructions qu'il avait reçues et puissamment aidé par l'avantage qu'un homme trouve toujours dans un pareil poste, de pouvoir attirer dans son parti les hommes les plus importants d'une ville, en leur accordant des places lucratives et honorifiques. L'heureuse mère-patrie verra peut-être avec plaisir que, quoique ses vaillants coqs et ses chiens sans égal perdent quelque chose de leur feu et de leur intrépidité naturelle quand on les transporte dans un climat étranger (ce qui est arrivé pour cette nation), cependant ses enfants, dans les parties du globe les plus éloignées, même à la troisième et quatrième génération, conservent encore cet ardent esprit de liberté, ce courage indomptable, qui, dans tous les siècles, ont distingué si glorieusement LES BRETONS, LES ANGLAIS du reste des hommes. »

gens capables de manier la plume, crurent devoir chercher à m'être utiles et me donnèrent des encouragements. Bradford était encore chargé de l'impression des votes, des lois et de tout ce qui avait rapport à l'administration. Il avait imprimé un jour une adresse de la Chambre au gouverneur de la manière la plus négligente : elle était pleine de fautes. Nous la réimprimâmes avec élégance et correction, et nous en envoyâmes un exemplaire à chaque membre. On vit la différence. Nos amis, dans la Chambre, se sentirent plus forts pour parler en notre faveur ; et l'année suivante, nous fûmes nommés imprimeurs de l'Assemblée.

Parmi ces amis, je ne dois pas oublier M. Hamilton, dont j'ai déjà parlé. Il était membre de la Chambre. De retour d'Angleterre, il s'intéressa vivement à moi en cette occasion, comme il le fit encore plusieurs fois dans la suite, et son zèle ne se démentit pas jusqu'à sa mort [1].

M. Vernon, vers cette époque, me rappela la somme dont je lui étais redevable, mais sans me presser de la lui rendre. Je lui écrivis ingénument à ce sujet, le priant d'avoir encore un peu de patience. Il y consentit, et je lui payai le principal et les intérêts aussitôt que la chose me fut possible, réparant ainsi cet *erratum* jusqu'à un certain point.

Survint alors une nouvelle difficulté, à laquelle je n'avais pas la moindre raison de m'attendre. Le père de M. Meredith qui, d'après les promesses qui m'avaient été faites, devait payer notre imprimerie,

[1] J'obtins, dans la suite, 500 livres pour son fils (12,000 fr.).

n'avait pu avancer que cent livres (deux mille quatre
cents francs), et il en était dû encore cent au marchand, qui s'impatienta et nous poursuivit. Nous
donnâmes caution ; mais nous vîmes que, si nous
ne pouvions nous procurer cette somme à temps, le
procès finirait par un jugement et par une saisie-
exécution, que la presse et les caractères seraient
vendus peut-être à moitié prix, et qu'il en résulterait
la perte de nos espérances et notre ruine complète.
Dans cette extrémité, deux véritables amis dont je
n'ai jamais oublié l'obligeance, et que je me rappel-
lerai toujours, tant que ma mémoire conservera un
souvenir, vinrent me trouver séparément, à l'insu
l'un de l'autre, et sans que je leur eusse rien demandé. Chacun d'eux m'offrit tout l'argent qui me serait nécessaire pour que l'entreprise n'appartînt plus
qu'à moi seul, si la chose était possible. Ils n'approu-
vaient pas mon association avec Meredith, parce que,
me dirent-ils, on le voyait souvent ivre dans les rues,
ou jouant dans les cabarets à des jeux dont la canaille
seule s'amuse, ce qui ne nous faisait pas honneur.

Ces deux amis étaient William Coleman et Robert
Grace. Je leur dis que je ne pouvais proposer la rupture de la société tant qu'il resterait quelque apparence que les Meredith rempliraient les obligations
qu'ils avaient contractées, parce que je croyais leur
devoir de la reconnaissance de ce qu'ils avaient fait
et de ce qu'ils feraient encore, s'ils le pouvaient ;
mais que, si définitivement ils ne pouvaient exécuter
leurs engagements et qu'il fallût dissoudre notre
association, je me regarderais comme libre d'accep-

ter les offres de services de mes amis. Les choses en
restèrent là quelque temps. Enfin, je dis à mon asso-
« cié : « Votre père n'est peut-être pas content de
« la part qui vous a été attribuée dans notre entre-
« prise, et ne se soucie pas d'avancer pour vous et
« pour moi ce qu'il avancerait volontiers pour vous
« seul. Si cela est, dites-le-moi, je vous abandonnerai
« toute l'imprimerie, et je chercherai quelque autre
« occupation. — Non, me répondit-il, mon père a
« réellement été désappointé dans ses espérances :
« il lui est impossible de faire plus qu'il n'a fait, et
« je ne veux pas le mettre dans de plus grands em-
« barras. Je vois d'ailleurs que cet état ne me con-
« vient point. J'ai été élevé dans les travaux de la
« campagne, et c'était une folie à moi de vouloir, à
« trente ans, venir à la ville pour y faire l'appren-
« tissage d'un nouveau métier. Beaucoup d'Irlandais
« vont s'établir dans la Caroline du Nord, où la
« terre est à bon marché : j'ai dessein de les y
« suivre et de reprendre mon ancienne profession.
« Vous pouvez trouver des amis pour vous aider ;
« si vous voulez vous charger des dettes de la société,
« rendre à mon père les cent livres qu'il a avancées,
« payer mes petites dettes personnelles, et me don-
« ner trente livres (sept cent vingt francs) et une
« selle neuve, je vous abandonne tous mes droits à
« la société. » J'acceptai ces propositions, nous les
mîmes par écrit sur-le-champ, nous les signâmes
et nous les scellâmes de notre cachet. Lorsque je
lui eus donné ce qu'il m'avait demandé, il partit
pour la Caroline, d'où il m'envoya l'année suivante

deux longues lettres contenant les détails les plus
exacts qu'on eût encore donnés sur ce pays, sur le
climat, le sol, la culture, etc. Je les imprimai dans
mon journal, et elles furent fort goûtées du public.

Dès qu'il fut parti, j'eus recours à mes deux amis.
Je ne voulais pas donner à l'un d'eux une préférence
peu obligeante sur l'autre ; j'empruntai donc de chacun moitié de la somme dont j'avais besoin. Je payai
les dettes de l'association et je continuai l'entreprise, en mon nom seul, après avoir donné avis
dans les journaux de la dissolution de la société. Je
crois que la date de cet événement se reporte à peu
près à l'année 1729.

Vers cette époque le public formula une demande
d'augmentation de papier-monnaie. Il n'en existait,
dans cette province, que pour quinze mille livres
(trois cent soixante mille francs) ; encore devait-il
bientôt être amorti et les riches s'opposaient à toute
augmentation et se déclaraient tous contre le papier-
monnaie, dans la crainte qu'il ne se dépréciât,
comme cela était arrivé dans la Nouvelle-Angleterre,
au détriment de ceux qui en étaient porteurs. Nous
avions discuté cette question dans notre club, et
j'avais été de l'avis d'une augmentation, persuadé
que la première somme émise en 1723, toute modique qu'elle eût été, avait fait le plus grand bien
en augmentant le commerce, l'industrie et le nombre
des habitants de la province ; la preuve en était que
je voyais alors toutes les maisons habitées et qu'on
en bâtissait tous les jours de nouvelles ; au lieu que
je me rappelais fort bien qu'à mon arrivée à Phila-

delphie, lorsque je me promenais dans les rues en mangeant mon pain, je voyais une foule de maisons dans Walnut-Street, entre Second-Street et Frond-Street, ayant sur leurs portes un écriteau annonçant qu'elles étaient à louer : ce qui me faisait croire que les habitants désertaient la ville les uns après les autres. La discussion qui eut lieu à notre club me pénétra si bien de ce sujet que je composai et imprimai un pamphlet anonyme intitulé : *De la Nature et de la Nécessité d'un papier-monnaie*. Il fut goûté du public, en général ; mais il ne plut pas aux riches, car il venait encore à l'appui des demandes pour une augmentation de papier-monnaie. Mais comme il n'y avait point parmi eux d'écrivain capable de répondre, leurs efforts pour s'y opposer furent impuissants : l'augmentation passa, à la majorité, dans la Chambre. Les amis que j'y avais, considérant que j'avais rendu quelque service par l'adoption de cette mesure, crurent devoir m'en récompenser en me chargeant de l'impression des billets. C'était une affaire lucrative et qui me fut d'un grand secours, et j'en fus encore redevable aux soins que j'avais pris pour me mettre en état d'écrire.

Le temps et l'expérience démontrèrent si bien l'utilité de cette espèce de monnaie qu'on n'éleva plus aucun doute sur les principes qui l'établissaient. On porta bientôt la quantité du papier-monnaie à cinquante-cinq mille livres (un million trois cent mille francs) ; et, en 1739, elle monta à quatre-vingts mille (un million neuf cent vingt mille francs). Tout avait augmenté pendant cet intervalle : commerce, édifices, habitants. Je crois pourtant maintenant qu'il existe des bornes, au-delà desquelles le papier-monnaie deviendrait nuisible

J'obtins bientôt, grâce à mon ami Hamilton, l'impression du papier-monnaie de New-Castle, entreprise très avantageuse, comme je l'envisageai alors, les plus petits profits paraissant considérables à ceux qui n'ont qu'une petite fortune ; et ils l'étaient réellement pour moi, par l'encouragement qu'ils me donnaient. M. Hamilton me procura aussi l'impression des lois et des votes de ce gouvernement, et je la conservai tant que j'exerçai ma profession.

J'ouvris alors une petite boutique de papeterie. J'y tenais des écrits en blanc, de toute espèce : on n'avait plus qu'à les remplir, et c'étaient les mieux faits qu'on eût encore vus. Mon ami Brientnal me fut d'une grande utilité en cela. Je vendais aussi papier, parchemin, livres de comptes, etc. Un compositeur que j'avais connu à Londres, nommé Whitemash, excellent ouvrier, vint se proposer à moi à cette époque, et travailla avec moi constamment et avec zèle. Je pris aussi un apprenti.

Je commençai alors graduellement à acquitter les dettes que j'avais contractées pour mon imprimerie. Afin d'assurer mon crédit et ma réputation comme commerçant, j'eus grand soin, non seulement d'être en réalité industrieux et économe, mais d'éviter toute apparence contraire. Mes vêtements étaient toujours simples, et jamais on ne me voyait dans les lieux de réunion des oisifs. Je ne faisais jamais de parties ni de pêche ni de chasse. Un livre seul

J'apportais chez moi, sur une brouette... (Page 112.)

pouvait quelquefois me distraire de mon ouvrage,
mais rarement; et le public n'en sachant rien n'en
était pas scandalisé. J'apportais quelquefois chez moi,
sur une brouette, à travers les rues, le papier que
j'allais acheter dans les magasins. Ainsi, j'étais regardé comme un jeune homme industrieux et laborieux ; payant régulièrement tout ce que j'achetais, les
négociants qui importaient des articles de papeterie,
sollicitaient ma pratique ; d'autres me proposaient
de me fournir des livres ; je voyais ainsi mon commerce prospérer. Le crédit et les affaires de Keimer
déclinant, au contraire, tous les jours, il fut enfin forcé
de vendre son imprimerie pour satisfaire ses créanciers. Il passa aux Barbades et y vécut quelques années dans une position qui était loin d'être heureuse.

Son apprenti, David Harvy, que j'avais instruit,
lui succéda dans son commerce, dont il avait acheté
le fonds. Je craignis d'abord de trouver en lui un
rival formidable; il avait des amis en état de le
bien servir, et qui prenaient à lui un vif intérêt. Je
lui proposai donc une association. Heureusement
pour moi, il rejeta ma proposition avec dédain. Il
était fier, s'habillait en homme de condition, dépensait considérablement et s'adonnait au plaisir. Il
négligea ses affaires, fit des dettes, perdit toutes ses
pratiques et, n'ayant plus d'ouvrage, il alla rejoindre
Keimer aux Barbades, en emportant son imprimerie
avec lui. Là, l'ancien apprenti employa son ancien
maître en qualité d'ouvrier. Ils ne cessaient de se quereller et Harvy, se trouvant toujours au-dessous de
ses affaires, fut enfin obligé de vendre ses caractères

et retourna cultiver la terre dans la Pensylvanie. La personne qui avait acheté son imprimerie employa aussi Keimer, pour y travailler; mais celui-ci mourut peu d'années après.

Il ne restait plus alors d'autre imprimerie à Philadelphie que la mienne et celle de Bradford, la première qui eût été établie. Mais Bradford était riche, il aimait ses aises; il faisait encore quelques affaires, en employant des ouvriers de passage. Cependant, comme il tenait le bureau de la poste aux lettres, on s'imaginait qu'il avait de meilleures occasions d'obtenir les nouvelles, et l'on croyait que son journal donnait aux annonces et avis divers plus de publicité que le mien. Cette opinion lui était aussi utile qu'elle m'était nuisible. Je recevais bien les journaux, et j'envoyais mes feuilles, par la poste; mais cela ne changeait rien à l'opinion publique, parce que je ne pouvais les faire distribuer qu'en gagnant les facteurs, qui ne se chargeaient de mes paquets qu'en cachette. Bradford eut la mesquinerie de le leur défendre; cela fit naître en moi quelque ressentiment et cette conduite me parut si basse que, lorsque je me trouvai ensuite dans la même position, j'eus grand soin d'adopter une manière d'agir toute différente.

J'avais jusque-là continué de vivre avec Godfrey, qui occupait une partie de ma maison avec sa femme et ses enfants. Il avait un côté de la boutique pour son état de vitrier, mais il travaillait peu et ne s'occupait que de mathématiques. Mistress Godfrey forma le projet de me marier avec a fille d'une de ses parentes. Elle saisit les occasions de nous faire

trouver souvent ensemble, et je fis sérieusement la
cour à la jeune personne, qui avait réellement tout
ce qu'il faut pour plaire. Les parents m'encoura-
gèrent; mistress Godfrey se chargea de négocier
notre mariage. Je désirais que la jeune fille m'ap-
portât de quoi payer ce que je devais encore sur
mon imprimerie : ce qui, je crois, n'excédait pas
cent livres (2,400 francs). Après quelques jours de
délibération, on me répondit que la famille n'approuvait pas ce mariage. On avait demandé des
informations à Bradford; on pensait que l'imprimerie n'était pas une profession lucrative, que mes
caractères seraient bientôt usés, qu'il m'en faudrait
un plus grand nombre, que Keimer et Harvy avaient
fait faillite l'un après l'autre, et que probablement
je ne tarderais pas à les suivre : bref, on me défendit
la maison. Avaient-ils véritablement changé d'avis,
croyaient-ils que j'étais trop avancé pour pouvoir
reculer ? C'est ce que je n'entreprendrai pas de déci-
der; mais je fus piqué, et je ne songeai plus à ce
mariage. Mistress Godfrey m'engagea à retourner
chez eux; mais je lui annonçai ma résolution bien
positive de ne rien avoir à démêler avec cette famille. Les Godfrey en prirent de l'humeur; nous
nous querellâmes; ils quittèrent ma maison, et je
me décidai à la garder tout entière, sans prendre
d'autres locataires. Cette affaire ayant tourné mes
pensées du côté du mariage, je jetai les yeux de part
et d'autre, et fis des ouvertures en divers endroits ;
mais je m'aperçus bientôt qu'on regardait en général l'état d'imprimeur comme peu profitable, et que

je ne devais pas m'attendre à trouver une femme qui m'apporterait une dot, à moins que je n'en voulusse faire un mariage qui ne me conviendrait pas sous d'autres rapports.

J'avais continué à entretenir une liaison de voisinage et d'amitié avec la famille de miss Read, où j'avais toujours été accueilli avec égards depuis le premier instant que j'y avais logé. Ses parents m'invitaient souvent à aller les voir, me consultaient sur leurs affaires, et je leur étais parfois de quelque utilité. J'avais compassion de la situation malheureuse de la pauvre miss Read : elle avait perdu son enjouement, était généralement mélancolique et fuyait la compagnie. Je regardais mon inconstance et ma légèreté, pendant mon séjour à Londres, comme la principale cause de son malheur, quoique sa mère fût assez bonne pour se charger elle-même de cette faute, plutôt que de m'en accuser, alléguant qu'elle s'était opposée à ce que je l'épousasse avant mon départ, et qu'elle l'avait engagée à conclure son mariage en mon absence. Notre ancienne tendresse se ranima ; mais il y avait de grands obstacles à notre union. Son mariage était, à la vérité, regardé comme nul, puisqu'on assurait que Rogers avait une autre femme vivant en Angleterre; mais c'est ce qu'il n'était pas aisé de prouver, à cause de la distance; et on disait aussi que Rogers était mort, mais cela n'était pas certain. D'ailleurs, si cela était vrai, il avait laissé quelques dettes dont on pouvait réclamer le payement à celui qui épouserait sa veuve. Nous passâmes pourtant par-dessus toutes ces diffi-

cultés, et j'épousai miss Read, le 1ᵉʳ septembre 1730 ;
aucun des inconvénients que je craignais n'arriva :
ma femme fut pour moi une tendre compagne, elle
m'aida beaucoup en tenant la boutique ; nous réussîmes ensemble et nous tâchâmes toujours de nous
rendre mutuellement heureux : c'est ainsi que je
corrigeai de mon mieux ce grand *erratum*.

Vers ce temps, comme notre club ne se réunissait
pas dans une taverne, mais chez M. Grace dans une
petite pièce réservée, je proposai, puisque nous
citions souvent nos livres dans nos discussions, de
les réunir dans notre salle d'assemblée, pour les consulter au besoin. En réunissant ainsi nos livres dans
une commune bibliothèque, chacun de nous aurait
l'avantage de se servir des livres d'autrui comme
s'il en était propriétaire. Mon projet plut à mes
amis, on l'agréa, et le fond de la salle fut rempli
des livres que chacun put apporter ; le nombre n'en
fut pas aussi grand que nous l'avions espéré ; et
quoique leur réunion nous fût d'une grande utilité,
le manque de soins entraîna quelques inconvénients ;
au bout de l'année, la collection fut démembrée, et
chacun remporta ses livres chez soi.

Ce fut alors que je mis au jour mon premier
projet d'utilité publique, celui d'une bibliothèque
par souscription, j'en rédigeai le plan, je le fis
mettre en forme par notre grand *scrivener* Brock-
den, et avec l'aide de mes amis de la *junte*, je me
procurai cinquante souscripteurs qui payèrent chacun quarante shillings pour commencer, et qui
s'obligèrent à payer dix shillings par an pendant

cinquante ans, durée de notre société. Plus tard, le nombre des souscripteurs s'étant élevé à cent, nous obtînmes une charte[1] : notre bibliothèque par souscription fut ainsi la mère de toutes celles qui existent dans l'Amérique septentrionale, et qui sont aujourd'hui si nombreuses. C'est maintenant une grande institution, et qui va toujours en croissant. Ces bibliothèques ont amélioré l'esprit général en Amérique ; elles ont rendu les marchands et les fermiers aussi intelligents que les gentlemen en d'autres pays ; peut-être ont-elles contribué en quelque degré à la vigueur avec laquelle toutes nos colonies ont défendu leurs droits.

VI

CONTINUATION DES MÉMOIRES DE MA VIE

*Commencée à Passy, près Paris, en 1784
à soixante-dix-neuf ans*

IL y a déjà quelque temps que j'ai reçu de mon ami Abel James et de M. Benjamin Vaughan des lettres m'exhortant vivement à la continuation de mes Mémoires ; mais j'ai été trop occupé pour y songer. Il vaudrait mieux que je fisse ce travail chez moi ; j'y

---

[1] C'est-à-dire l'autorisation de former une corporation.

trouverais des papiers qui aideraient ma mémoire, et qui me donneraient le moyen de fixer les dates. Mais l'instant de mon retour est incertain et puisque je jouis en ce moment de quelque loisir, je vais essayer de recueillir mes souvenirs et de les mettre par écrit. Si je vis assez pour retourner chez moi, j'en serai quitte pour faire les changements et les corrections qui se trouveraient nécessaires.

Je n'ai pas ici de copie de ce que j'ai déjà écrit ; je pense avoir raconté les moyens que j'ai employés pour établir à Philadelphie une bibliothèque publique qui, si modeste à son origine, est devenue maintenant si considérable. Les démarches que je dus faire pour arriver à ce but me donnèrent l'expérience que je veux relater ici.

Les objections et les refus que j'éprouvai en sollicitant des souscriptions me firent bientôt sentir l'inconvénient de se présenter comme auteur d'un projet utile, quand on peut supposer qu'il élèvera votre réputation d'un seul degré au-dessus de celle des voisins dont le secours vous est nécessaire. Je mis donc ma personne à l'écart autant que la chose fut possible, et je présentai mon projet comme l'œuvre de plusieurs amis qui m'avaient chargé de le proposer aux amateurs de lecture. Mon affaire marcha toute seule grâce à cet expédient que je ne manquai jamais d'employer en pareilles occasions. Le succès dont il fut toujours suivi m'autorise à le recommander : le petit sacrifice qu'il exige de la vanité, pour le moment, se trouve amplement payé par la suite. En effet, si l'on est quelque temps sans savoir à qui est dû le mérite du projet, quelqu'un de plus vaniteux que vous ne manquera pas de se l'attribuer ; et alors l'envie, disposée en ces conditions à vous rendre justice, s'empressera d'arracher à l'imposteur les plumes dont il veut se couvrir et de les rendre à celui à qui elles appartiennent légitimement.

Cette bibliothèque me fournit le moyen d'augmenter mes connaissances par une étude constante, à laquelle je consacrai habituellement une heure ou deux par jour. J'acquis ainsi ce qui me manquait du côté de l'éducation scientifique que mon père avait eu autrefois dessein de me donner. La lecture était la seule distraction que je me permisse ; je ne passais pas mon temps dans des tavernes à des jeux et des folies d'aucune espèce, et je continuais à donner à mon commerce tous les soins qu'il exigeait. Je devais encore pour mon imprimerie ; j'avais une petite famille à l'éducation de laquelle il faudrait bientôt penser, et il me fallait disputer le terrain à deux rivaux qui étaient établis dans la ville avant moi. Je commençai pourtant à acquérir tous les jours plus d'aisance. J'avais conservé mes anciennes habitudes d'économie, et je me rappelais un proverbe de Salomon que mon père me répétait souvent parmi les instructions qu'il me donnait pendant mon enfance : *Vidisti virum velocem in opere suo? Coram regibus stabit, nec erit ante ignobiles*[1]. Je regardais donc l'industrie comme un moyen d'acquérir de la fortune et

---

[1] As-tu vu un homme actif à ses travaux ? Il pourra lever la tête devant les rois et ne sera pas devant les mauvais.

de me faire distinguer : et cette idée me donnait un nouveau courage, mais j'étais bien loin de penser alors que je dusse jamais paraître en réalité en présence des rois. Cela arriva pourtant, car je me suis trouvé devant cinq têtes couronnées ; et j'ai eu l'honneur de dîner avec un roi, le souverain du Danemark.

Nous avons un proverbe anglais qui dit :

« Voulez-vous réussir ? Consultez votre femme. »

Il fut heureux pour moi d'en avoir une dont les dispositions pour le travail et l'économie s'accordassent avec les miennes. Elle m'aidait de tout son pouvoir dans mon commerce, pliait et cousait mes volumes, arrangeait la boutique, achetait de vieux chiffons pour les revendre aux fabricants de papier, etc. Nous n'avions pas de domestiques fainéants ; notre table était simple et frugale, notre mobilier très peu dispendieux. Par exemple, j'usai longtemps, pour déjeuner, de lait sans thé que je prenais dans une écuelle de terre de deux sols, en me servant d'une cuiller d'étain. Mais voyez comme le luxe s'introduit dans les familles et y fait des progrès en dépit des principes ! Un matin, comme ma femme m'appelait pour déjeuner, je trouvai mon lait préparé dans une tasse de porcelaine, avec une cuiller d'argent : c'était ma femme qui en avait fait l'emplette pour moi à mon insu, et cette acquisition lui avait coûté la somme énorme de vingt-trois shillings. Elle ne put s'excuser qu'en disant

que son mari méritait une cuiller d'argent et une
tasse de porcelaine tout aussi bien qu'aucun de ses
voisins. Ce fut la première fois que la porcelaine et
l'argenterie parurent dans ma maison ; mais avec
les années, et à mesure que ma fortune augmenta,
nous en eûmes pour plusieurs centaines de livres.

J'avais été élevé dans le sein de la religion presby-
térienne, mais j'avais du respect pour toutes les religions. Ce sentiment, joint à l'opinion que la plus
mauvaise avait de bons effets, m'engagea à m'abstenir
de tout discours qui aurait pu tendre à diminuer le
respect qu'un autre avait pour sa religion. Et, lorsque la population de notre province augmenta,
quand il fallut élever continuellement de nouveaux
édifices pour le culte et y pourvoir par des souscriptions volontaires, jamais je ne me refusai à y contribuer de mes faibles moyens, quelle que fût la
secte dont il s'agît.

Bien qu'assistant rarement aux exercices publics
d'aucun culte, je les regardais pourtant comme
utiles et nécessaires et je payais régulièrement mon
tribut annuel au seul ministre presbytérien que nous
eussions alors à Philadelphie. Il venait quelquefois
me voir en ami, m'engageait à aller entendre ses
instructions, et je m'y laissais déterminer de temps
en temps. J'y assistai une fois cinq dimanches suc-
cessifs. S'il eût été bon prédicateur, à mon avis, peut-
être aurais-je continué ; mais ses discours roulaient
principalement sur des sujets de polémique, sur
l'explication des dogmes particuliers à notre secte,
et tout cela était pour moi sec, sans intérêt, sans

objet d'édification. Pas un seul principe de morale n'était développé ni discuté. Son but était de faire plutôt des presbytériens que de bons citoyens.

Ce fut vers cette époque que je conçus le projet hardi et difficile d'arriver à une perfection morale. Je désirais vivre sans commettre aucune faute dans aucun temps, et me corriger de toutes celles dans lesquelles un penchant naturel, l'habitude ou la société pouvaient m'entraîner. Comme je sais, ou du moins que je croyais savoir ce qui est le bien et le mal, je ne voyais pas pourquoi je ne pourrais pas toujours faire l'un et éviter l'autre. Mais je trouvai bientôt cette tâche plus difficile que je ne l'avais pensé. Tandis que je donnais tous mes soins, toute mon attention à me préserver d'une faute, je tombais dans une autre; l'habitude mettait à profit la plus légère distraction et le penchant l'emportait quelquefois sur la raison. Je conclus enfin que la conviction qu'il est de notre intérêt d'être complètement vertueux ne suffit pas seule à nous préserver de toute chute, et qu'il faut rompre avec nos anciennes habitudes et en acquérir de nouvelles avant de pouvoir nous flatter d'une rectitude de conduite uniforme et inébranlable. Ce fut dans ce dessein que j'essayai la méthode suivante.

Dans les diverses classifications des vertus que j'avais trouvées dans les livres, la liste en était plus ou moins longue, suivant le plus ou le moins d'extension que chaque écrivain donnait à l'idée exprimée par leur nom. Par exemple, les uns n'attachaient au mot *tempérance* que l'idée de la modération dans le boire et le manger, tandis que les autres l'étendaient à tout autre plaisir : aux inclinations, aux passions du corps et de l'âme, même à l'avarice et à l'ambition. Par amour pour la clarté, je préférai employer plus de noms en y attachant moins d'idées, plutôt que de ranger un plus grand nombre d'idées sous moins de noms. Je réunis donc sous treize noms de vertus tout ce qui, à cette époque, me paraissait nécessaire ou désirable, et j'ajoutai à chacun un précepte conçu en peu de mots pour exprimer l'étendue de l'idée que j'y attachais.

Voici les noms de ces vertus, et les préceptes qui y étaient joints :

I. Tempérance. Ne mangez pas jusqu'à vous abrutir; ne buvez pas jusqu'à vous échauffer la tête.

II. Silence. Ne parlez que de ce qui peut être utile à vous ou aux autres. Évitez les conversations oiseuses.

III. Ordre. Que chaque chose ait sa place fixe. Assignez à chacune de vos affaires une partie de votre temps.

IV. Résolution. Formez la résolution d'exécuter ce que vous devez faire, et exécutez ce que vous aurez résolu.

V. Économie. Ne faites que des dépenses utiles pour vous ou pour les autres, c'est-à-dire ne prodiguez rien.

VI. Activité. Ne perdez pas votre temps. Occupez-vous toujours de quelque objet utile. Ne faites rien qui ne soit nécessaire.

VII. Sincérité. N'employez aucun détour : que

l'innocence et la justice président à vos pensées et dictent vos discours.

VIII. JUSTICE. Ne faites tort à personne, et rendez aux autres les services qu'ils ont droit d'attendre de vous.

IX. MODÉRATION. Évitez les extrêmes. N'ayez pas pour les injures le ressentiment que vous croyez qu'elles méritent.

X. PROPRETÉ. Ne souffrez aucune malpropreté sur vous, sur vos vêtements, ni dans votre demeure.

XI. SANG-FROID. Ne vous laissez pas émouvoir par des bagatelles, ou par des accidents ordinaires et inévitables.

XII. CHASTETÉ. Respectez votre corps, parce qu'il est le serviteur de votre âme. Ayez un corps chaste, pour n'avoir ni la tête lourde, ni vos forces abattues, pour ne compromettre ni votre paix, ni votre réputation, ni celle des autres.

XIII. HUMILITÉ. Imitez Jésus et Socrate. ·

Mon dessein était d'acquérir l'habitude de toutes ces vertus. Je jugeai qu'il valait mieux ne pas distraire mon attention en la dirigeant vers toutes en même temps, mais que je devais la fixer d'abord sur une seule, bien m'y affermir avant de passer à une autre, et en faire autant pour les treize. L'exercice des unes pouvant faciliter la pratique des autres, je les arrangeai dans ce but, suivant l'ordre observé ci-dessus. Je plaçai *la tempérance* la première, parce qu'elle tend à maintenir la tête froide et les idées nettes, ce qui est si nécessaire quand il faut tou-

jours veiller, toujours être en garde pour combattre
l'attrait des anciennes habitudes et la force des tentations qui se succèdent sans cesse. Une fois affermi
dans cette vertu, *le silence* deviendrait plus facile.
Mon désir étant d'acquérir des connaissances autant
que de me fortifier dans la pratique des vertus, je
considérais que, dans la conversation, on s'instruit
plus à l'aide de l'oreille qu'à l'aide de la langue ; et,
désirant rompre avec l'habitude que j'avais con-
tractée de parler sur des riens, de faire à tous propos des jeux de mots et des plaisanteries, ce qui ne
rendait ma compagnie agréable qu'aux gens superfi-
ciels, j'assignai le second rang *au silence*. J'espérais
que, joint à *l'ordre* qui le suivait, il me donnerait
plus de temps pour suivre mon plan et mes études.
La résolution, devenant habituelle en moi, me donnerait la persévérance nécessaire pour acquérir les
autres vertus. *L'économie* et *l'activité*, en me soula-
geant de la dette dont j'étais encore chargé et en
faisant naître chez moi l'aisance et l'indépendance,
me rendraient plus facile l'exercice de *la sincérité*,
de *la justice*, etc. Je conçus alors que, suivant l'avis
que donne Pythagore dans ses vers connus sous le
nom de vers dorés, un examen journalier me serait
nécessaire, et j'imaginai la méthode suivante pour y
procéder.

Je fis un petit livre, dont je réglai chaque page à
l'encre rouge, de manière à y établir sept colonnes :
une pour chaque jour de la semaine. Je mis en haut
de chacune la première lettre du nom d'un de ces
jours, puis je traçai treize lignes transversales, au

commencement desquelles j'écrivis les premières lettres du nom d'une des treize vertus; enfin, chaque soir, lorsque mon examen me montrait que j'avais manqué à l'une d'elles, je faisais une marque dans la case correspondante au jour de la semaine et au nom de la vertu.

TABLEAU DES TREIZE VERTUS

	Dim.	Lundi	Mardi	Mercr.	Jeudi	Vendr.	Samedi
Tempérance.							
Silence.	+	+		+		+	
Ordre.	+	+	+		+	+	+
Résolution.			+			+	
Économie.			+			+	
Activité.							
Sincérité.							
Justice.							
Modération.							
Propreté.							
Tranquillité.							
Chasteté.							
Humilité.							

Je résolus de donner une semaine d'attention sérieuse à chacune de ces vertus successivement. Ainsi mon grand soin, pendant la première, fut d'éviter la plus légère faute contre *la tempérance*. Je laissai les autres vertus courir leur chance, mais je marquai néanmoins chaque soir les fautes de la journée. Si dans la première semaine je pouvais maintenir ma première ligne sans aucune marque, je me croyais assez fortifié dans la pratique de ma première vertu, et assez dégagé de l'influence du défaut opposé, pour me hasarder à étendre mon attention sur la seconde et pour tâcher d'obtenir deux lignes exemptes de toute marque. En allant ainsi jusqu'à la dernière ligne, je pouvais faire un cours complet en treize semaines et le recommencer quatre fois par an. Un homme qui veut nettoyer un jardin ne cherche pas à en arracher toutes les mauvaises herbes en même temps, ce qui excéderait ses moyens et ses forces ; mais il commence d'abord par une plate-bande et ne passe à une autre que quand il a fini le travail de la première. Ainsi, j'espérais goûter le plaisir encourageant de voir, dans mes pages, les progrès que j'aurais faits dans la vertu, en diminuant successivement le nombre de marques dans mes lignes jusqu'à ce qu'enfin, après avoir recommencé plusieurs fois, j'eusse le bonheur de trouver mon livre sans aucune marque après un examen journalier pendant treize semaines.

J'avais mis pour épigraphe à mon livre ces lignes tirées du *Caton* d'Addisson :

.... Oui, j'y persisterai.
Au-dessus des mortels s'il est quelque puissance
(Et tout dans l'univers prouve son existence),
La vertu doit en elle avoir un protecteur,
Et nous ouvrir ainsi le chemin du bonheur.

J'y avais mis aussi ce passage de Cicéron :

> *O vitæ philosophia dux! ô virtutum indagatrix*
> *expultrixque vitiorum! unus dies bene, et ex præ-*
> *ceptis tuis actus, peccanti immortalitati est ante-*
> *ponendus*[1].

Enfin, cet autre, tiré des Proverbes de Salomon, où il parle de la sagesse ou de la vertu :

> De longs jours sont dans Sa main droite ; dans Sa gauche, les richesses et les honneurs. Ses voies sont des voies de plaisirs, et la paix est sur tous Ses sentiers.

Je regardais Dieu comme la source de la sagesse, et je pensais qu'il était juste et nécessaire de solliciter son secours pour acquérir la sagesse. Dans ce dessein, je composai la petite prière suivante que j'écrivis en tête de mes tables d'examen journalier :

« O bonté toute-puissante ! père miséricordieux ! guide indulgent ! augmente en moi cette sagesse qui peut découvrir mes véritables intérêts. Affermis-moi dans la résolution d'en suivre les conseils, et reçois les services que je puis rendre à tes autres enfants comme la seule marque de reconnaissance qu'il me soit possible de te donner pour les faveurs que tu m'accordes sans cesse. »

Je lui adressais aussi quelquefois une petite prière que j'avais prise dans les poèmes de Thomson :

> Dieu puissant, créateur du jour et de la vie,
> Écarte de mes pas le vice et la folie ;

---

[1] O philosophie, guide de la vie ! tu fais naître les vertus et tu mets en fuite les vices ! Un seul jour de bon, vécu suivant tes préceptes, est supérieur à une immortalité écoulée dans le mal.

Daigne faire à mes yeux briller ta majesté,
La bassesse du mal et du bien la beauté ;
Accorde-moi la paix, la vertu. la science !
D'un bonheur éternel c'est orner l'existence.

Maison habitée par Franklin à Passy.

Le précepte de *l'ordre* exigeant que chaque heure
de la journée eût son emploi déterminé, une page
de mon petit livre contenait la répartition suivante
des vingt-quatre heures de chaque jour:

Matin.		
Question. Que ferai-je	5	Me lever, m'habiller, m'adresser à la bonté
de bien aujourd'hui ?	6	divine, régler les affaires du jour, en
	7	tracer le plan ; m'occuper de mes affaires
		présentes, déjeûner.

B. FRANKLIN.

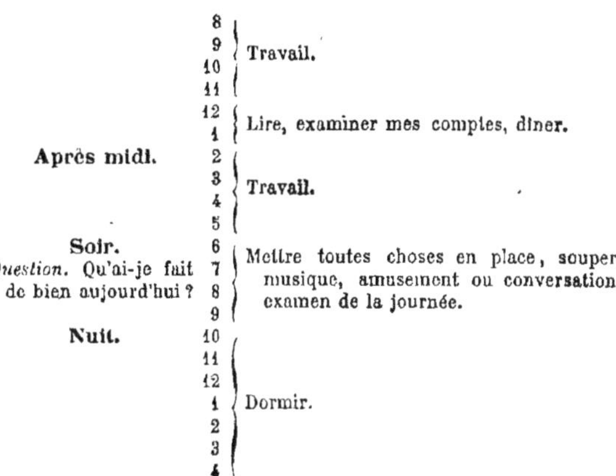

	8	
	9	Travail.
	10	
	11	
	12	
	1	Lire, examiner mes comptes, dîner.
Après midi.	2	
	3	Travail.
	4	
	5	
Soir.	6	
Question. Qu'ai-je fait	7	Mettre toutes choses en place, souper,
de bien aujourd'hui ?	8	musique, amusement ou conversation,
	9	examen de la journée.
Nuit.	10	
	11	
	12	
	1	Dormir.
	2	
	3	
	4	

J'exécutai ce plan d'examen journalier, sauf quelques interruptions de temps à autre. Je fus surpris de me reconnaître beaucoup plus de fautes que je ne pensais; mais j'eus la satisfaction d'en voir diminuer le nombre. Pour éviter l'embarras de recommencer de temps en temps mon livre, qui, à force de gratter les marques des anciennes fautes pour faire place aux nouvelles, était devenu plein de trous, je transcrivis mes tables sur un cahier dont les feuilles étaient en ivoire. J'y traçai les lignes rouges d'une manière indélébile : puis j'y marquais mes fautes avec un crayon de mine de plomb, dont il m'était facile d'enlever les marques avec une éponge humide. Après un certain temps, je ne fis ce cours de treize semaines qu'une fois par an, et ensuite une fois en plusieurs années. Enfin, j'y renonçai entièrement : des affaires multipliées et des voyages exigeaient alors tout mon temps, mais je portais toujours mon petit livre avec moi.

L'article de *l'ordre* fut celui qui me donna le plus d'embarras. En effet, ma distribution de la journée pouvait être praticable quand les affaires d'un homme étaient de nature à lui laisser la libre disposition de son temps, comme à un ouvrier imprimeur, par exemple ; mais il était impossible de l'exécuter quand on était obligé de vivre dans le monde et de recevoir pour affaires différentes personnes aux heures qui leur convenaient. Je trouvai même très difficile de m'y conformer en ce qui regardait la place que devait occuper chaque chose, chacun de mes papiers. Je n'avais pas été habitué de bonne heure à la méthode ; et, comme j'avais une excellente mémoire, je ne sentais pas l'inconvénient qui résulte du manque d'ordre.

Cet article me coûtait donc une attention si pénible et j'avais tant de dépit de me trouver si souvent en faute, d'avoir des rechutes si fréquentes et de faire si peu de progrès que je fus près d'y renoncer et de me résoudre à garder mes défauts, du moins en cette partie. Je ressemblais à un homme qui était venu acheter une hache chez un marchand, mon voisin. Il voulait que toute la surface du fer fût aussi brillante que le tranchant. Le marchand le pria de tourner la roue de sa meule pendant qu'il appuierait le fer de la hache sur la roue : mais au bout d'un moment, l'acquéreur se sentit fatigué ; il lâchait la roue de temps en temps pour regarder si la hache était bien brillante : enfin, il voulut la reprendre telle qu'elle était.

« Eh non! dit le marchand, voyez donc : il y a
« encore bien des taches, et en continuant elles dis-
« paraîtront. — N'importe, répondit l'acquéreur; je
« crois que, malgré ses taches, elle ne m'en servira
« pas moins. » Je crois qu'il en est arrivé autant
à bien des gens qui, à défaut de moyens semblables
à ceux que j'employais, trouvant trop de difficulté
à se corriger de quelque défaut, ou à acquérir quelque vertu, renonçaient à leurs efforts et finissaient
par dire que *la hache n'en servirait pas moins*. Une
idée qui me semblait assez raisonnable me suggérait
aussi quelquefois que porter l'exactitude de *l'ordre*
au point que je l'exigeais de moi, c'était en quelque sorte être petit-maître en morale et avoir un
scrupule qui aurait fait rire à mes dépens, s'il eût
été connu; que trop de perfection avait l'inconvénient de faire naître l'envie et la haine, et qu'un
homme, dans la société, devait se permettre quelques légers défauts afin de conserver ses amis. En
un mot, je me trouvai incorrigible sur l'article de
l'ordre; et aujourd'hui que je suis vieux et que ma
mémoire est mauvaise, j'éprouve d'une manière sen-
sible que cette qualité me manque. Mais au total,
quoique je ne sois jamais arrivé à la perfection que
j'étais si ambitieux d'atteindre, et que je n'en appro-
chai même pas, mes efforts contribuèrent pourtant
à mon bonheur en me rendant meilleur que je ne
l'aurais été si je ne les eusse faits. C'est ainsi que ceux
qui veulent se former une belle main en imitant des
modèles d'écritures gravés ne parviennent jamais à
les copier avec la même perfection; mais ils par-

viennent, à force de soins, à acquérir un caractère d'écriture net et lisible.

Il peut être utile que mes descendants sachent que c'est à ce petit expédient qu'un de leurs ancêtres, aidé de la grâce de Dieu, a dû le bonheur constant de toute sa vie, jusqu'à sa soixante-dix-neuvième année, dans laquelle il écrit ces pages. Les revers qui peuvent encore lui arriver sont dans la main de la Providence ; mais, s'il en éprouve, la réflexion sur le passé devra lui donner la force de les supporter avec plus de résignation. Il attribue à *la tempérance* la santé dont il a si longtemps joui, et ce qui lui reste encore d'une bonne constitution ; à *l'activité* et à *l'économie*, l'aisance qu'il a acquise de bonne heure et la fortune dont elle a été suivie, comme aussi les connaissances qui l'ont mis en état d'être un citoyen utile et d'obtenir un certain degré de réputation parmi les hommes instruits ; à *la sincérité* et à *la justice*, la confiance de son pays et les emplois honorables dont on l'a chargé ; enfin, à l'influence réunie de toutes les vertus, même avec le degré d'imperfection où il les a pratiquées, cette égalité de caractère et cet enjouement de conversation qui font encore rechercher sa compagnie et qui la rendent agréable même aux jeunes gens. J'espère donc que quelques-uns de mes descendants pourront imiter cet exemple et en recueillir le profit.

Je me proposais d'écrire un petit commentaire sur chaque vertu. J'y aurais montré l'avantage de la posséder, et les maux qui résultent du vice qui y est opposé. J'aurais intitulé cet ouvrage *l'Art de la vertu* parce que j'y aurais développé les moyens de l'acquérir, ce qui eût été bien différent de ces exhortations où l'on ne fait que vous engager à être vertueux sans vous indiquer la manière de le devenir ; c'est agir comme l'homme dont parle l'Apôtre, dont la charité ne consistait qu'en paroles, et qui, sans montrer à celui qui était nu et qui avait faim où il pouvait trouver des aliments et des habits, se contentait d'exhorter les autres à le nourrir et à le vêtir.

Je n'exécutai pourtant jamais le dessein d'écrire et de publier cet ouvrage. J'avais bien, de temps en temps, jeté par écrit quelques notes, des idées et des raisonnements que je comptais y employer, afin de m'en servir par la suite ; mais les soins continuels qu'exigeait mon commerce, dans la première partie de ma vie, et les affaires publiques dont j'ai été chargé par la suite, m'ont toujours empêché de m'en occuper. Ce projet était d'ailleurs lié dans mon esprit à un autre d'une vaste étendue, et qui, pour être mis à exécution, exigeait toutes les facultés de l'homme ; une suite de travaux que je ne pouvais prévoir me força de l'abandonner.

Mon dessein, dans cet ouvrage, était d'expliquer et de prouver cet axiome : *que les mauvaises actions ne sont pas mauvaises parce qu'elles sont défendues, mais qu'elles sont défendues parce qu'elles sont mauvaises.* En ne considérant que la nature de l'homme, j'aurais démontré que tous ceux qui désiraient être heureux, même dans ce monde, étaient intéressés à être vertueux ; et j'en aurais donné pour preuve que, comme il se trouve toujours dans le monde un grand nombre de riches négociants, de nobles, de princes et d'États qui ont besoin d'hommes honnêtes pour la conduite de leurs affaires, et que le nombre de ces hommes est toujours rare, aucunes qualités ne doivent plus probablement conduire un jeune homme à la fortune que la probité et l'intégrité.

Ma liste de vertus n'en contenait d'abord que douze; mais un Quaker de mes amis fut assez obligeant pour m'avertir qu'on me regardait généralement comme fier; que l'orgueil se montrait fréquemment dans ma conversation; que je ne me contentais pas d'avoir raison dans une discussion, mais que je devenais arrogant et presque insolent, ce dont il me convainquit en m'en citant plusieurs exemples. Je résolus donc de chercher à me guérir de ce défaut comme des autres et j'ajoutai *l'humilité* à ma liste, en donnant à ce mot un sens étendu. Je ne puis me vanter d'avoir réussi à acquérir réellement cette vertu; mais je parvins du moins à en prendre l'apparence. Je me fis une règle de ne jamais me permettre de contredire directement les opinions des autres, ni de soutenir les miennes avec trop d'assurance : je m'interdis même, suivant les anciens règlements de notre club, l'usage de toute expression comme *absolument*, *incontestablement*, etc., et j'adoptai à la place : *je présume, je m'imagine, il me semble* que telle chose est ainsi ou ainsi, ou : *cela me paraît ainsi quant à présent*. Quand un autre avançait une proposition qui me semblait une erreur, je me refusais le plaisir de le contredire sur-le-champ et d'en démontrer à l'instant l'absurdité : je com-

mençais par convenir qu'en certain cas son opinion
pouvait être juste, mais que dans la circonstance actuelle *il me semblait* que la chose était différente. etc.

J'éprouvai bientôt l'avantage de ce changement
de ton, et la conversation en devint plus agréable ;
la modestie avec laquelle j'énonçais mon opinion
lui assurait un accueil plus favorable et l'expo-
sait à moins de contradiction ; j'étais moins mortifié quand je me trouvais avoir tort et j'enga-
geais plus facilement les autres à reconnaître leurs
erreurs et à revenir à mon sentiment lorsque j'avais
raison. Je n'adoptai pas cette méthode sans faire
d'abord quelque violence à mon penchant naturel,
mais elle a fini par me devenir si facile, et même si
habituelle que depuis cinquante ans personne n'a
peut-être entendu sortir de ma bouche une expression dogmatique. C'est à cette habitude, après mon
caractère d'intégrité, que je crois devoir principalement le crédit que j'obtins sur mes concitoyens,
lorsque je proposai de nouvelles institutions ou des
changements dans celles qui existaient déjà ; j'y
attribue même l'influence que j'eus dans les conseils
publics lorsque j'en devins membre, car je n'étais
qu'un mauvais orateur, sans éloquence, hésitant
souvent sur le choix des expressions, parlant à peine
correctement, et cependant j'entraînais presque
toujours les suffrages.

Au fait, de toutes les passions que nous a données
la nature la plus difficile à vaincre est peut-être
l'orgueil. Qu'on le déguise, qu'on le batte, qu'on le
trompe, qu'on le mortifie tant qu'on voudra, il survit

à tout, et relèvera toujours la tête de temps en temps ; vous en verrez peut-être plus d'une fois la preuve dans ces Mémoires : quand même je pourrais me flatter de l'avoir complètement subjugué, je serais probablement *orgueilleux de mon humilité*.

Ici se termine ce qui a été écrit à Passy, près Paris.

VII

MEMORANDUM

C'EST chez moi, à Philadelphie, en août 1788, que je reprends la plume, mais je n'ai point trouvé ici le secours que j'attendais de mes papiers, dont un grand nombre a été perdu pendant la guerre. J'ai cependant retrouvé celui dont je vais parler.

J'ai parlé d'un projet *d'une vaste étendue* que j'avais conçu ; il me paraît convenable d'en dire ici quelques mots et d'en faire connaître l'objet. Il se présenta pour la première fois à mon esprit, lorsque je mis les idées suivantes sur un papier que le hasard a conservé.

OBSERVATIONS FAITES A LA SUITE DE MES LECTURES D'HISTOIRE, DANS LA BIBLIOTHÈQUE, LE 9 MAI 1731

Ce qui remue violemment le monde, les guerres, les révolutions, est conduit et exécuté par des partis.

Le but de ces partis est leur intérêt général au moment présent, ou ce qui leur semble tel.

' La confusion naît des différentes vues de ces différents partis.

Tandis qu'un parti suit un plan général, chaque homme a en vue son intérêt particulier.

Dès qu'un parti est arrivé à son but général, chacun de ses membres songe à son intérêt particulier, qui est en contradiction avec celui des autres, met de la division dans ce parti et accroît encore la confusion.

Peu de gens, dans les affaires publiques, n'ont que le bien de leur pays pour motif de leurs actions, quels que soient les sentiments qu'ils affichent. Si leur conduite a procuré véritablement le bien de leur pays, c'est qu'ils ont considéré d'abord que leur intérêt particulier était le même que celui de leur patrie, et, par conséquent, ils n'ont point agi par un principe de patriotisme pur.

Un nombre encore moindre, dans les affaires publiques, agit en vue de l'utilité générale du genre humain.

Il me semble donc que ce serait le cas, à présent, de former un *parti de la vertu*, en réunissant dans une association régulière les hommes sages et vertueux de toutes les nations, qui se gouverneraient d'après des règles sages et fondées sur la vertu. Il serait plus facile à des gens sages et vertueux de se soumettre à ces règles qu'il ne l'est au commun des hommes d'obéir aux lois ordinaires.

Je crois maintenant que quiconque entreprendra

convenablement ce projet, s'il a les talents requis pour l'exécuter, ne peut manquer de plaire à Dieu et de réussir.

B. F.

En réfléchissant à ce projet dans mon esprit, pour essayer de le mettre à exécution quand les circonstances m'en donneraient le loisir, je notais de temps en temps les idées qui se présentaient à mon esprit à ce sujet. La plupart de ces notes sont perdues, mais j'en retrouve une où se trouve la substance d'un projet de profession de foi contenant les principes essentiels de toutes les religions connues et ne renfermant rien qui ne puisse blesser les fervents d'aucun culte. Il est conçu en ces termes :

« Il existe un Dieu qui a créé toutes choses.

Il gouverne le monde par sa Providence.

Il doit être honoré par l'adoration, la prière et les actions de grâces.

Mais la manière de l'honorer qui lui est le plus agréable est de faire du bien aux hommes.

L'âme est immortelle.

Il est certain que Dieu récompensera la vertu et punira le vice, dans ce monde ou dans l'autre. »

Mes idées, à cette époque, étaient que cette association, en commençant, ne comprît que des jeunes gens non mariés ; qu'avant d'être initié, le candidat non seulement déclarât qu'il adoptait cette profession de foi, mais encore qu'il se fût exercé, par l'examen des treize semaines, à la pratique des vertus, conformément au modèle que j'en ai donné ; que

l'existence de cette société demeurât secrète jusqu'à
ce qu'elle fût devenue considérable, afin d'éviter les
sollicitations de gens peu propres à y être admis ;
mais que chacun de ses membres cherchât dans le
cercle de ses connaissances des jeunes gens instruits
et bien disposés, à qui l'on pût communiquer ce
projet graduellement et avec toutes les précautions
convenables; que tous les membres s'obligeassent
à employer leurs avis, leurs secours, tous leurs
moyens, pour s'aider les uns les autres et coopérer
mutuellement à leur bien-être, à leur fortune et à
leur avancement dans le monde. Enfin, et par distinction, nous devions l'appeler SOCIÉTÉ DES HOMMES
LIBRES ET INDÉPENDANTS, parce que par la pratique
générale et l'habitude des vertus nous serions libérés
de l'esclavage du vice, et particulièrement parce que
par l'exercice de l'activité et de l'économie, nous
serions libres des dettes qui exposent l'homme à
la contrainte et qui le rendent, en quelque sorte,
esclave de ses créanciers.

Voilà tout ce que je puis maintenant me rappeler
de ce projet, si ce n'est que j'en fis part à deux
jeunes gens qui l'adoptèrent avec enthousiasme.
Mais l'état borné de ma fortune, la nécessité où je
me trouvais alors de donner tous mes soins à ma
profession me forcèrent à en reculer sans cesse
l'exécution jusqu'au moment où mes occupations
multiples, publiques et particulières, m'obligèrent
à un nouveau délai, de sorte qu'il est demeuré dans
l'oubli. Et il ne me reste à présent ni la force, ni
l'activité nécessaires pour faire réussir un tel plan.

Je pense pourtant toujours que ce projet était praticable et qu'il aurait été très utile, en formant un grand nombre de bons citoyens. Ce n'est point la grandeur apparente de l'entreprise qui me découragea, car j'ai toujours cru qu'un homme qui a quelques moyens peut opérer de grands changements et venir à bout de choses importantes dans le monde, s'il forme d'abord un bon plan, s'il renonce ensuite à tous plaisirs, à toutes occupations qui pourraient distraire son attention, enfin, s'il fait de l'exécution de ce projet sa seule étude et son unique affaire.

Je commençai en 1782 à publier un almanach, sous le nom de *Richard Saunders*. Je le continuai environ vingt-cinq ans, et on l'appelait communément *l'Almanach du pauvre Richard*. Je m'efforçai de le rendre amusant et utile ; aussi obtint-il un tel débit que j'en retirai un profit considérable. J'en vendais près de dix mille exemplaires tous les ans. Voyant qu'il était généralement lu et qu'il était répandu dans toute la province, je le regardai comme pouvant servir à répandre l'instruction parmi les gens qui achetaient rarement un autre livre ; je remplis donc tous les petits espaces qui se trouvaient entre les jours remarquables du calendrier, de sentences proverbiales, choisissant celles qui étaient propres à inspirer l'amour de l'activité et de l'économie, comme étant le moyen d'arriver à la fortune et par conséquent d'assurer l'empire de la vertu, car il est plus difficile à un homme dans le besoin d'en suivre toujours les règles, et, pour me servir ici d'un de ces proverbes, *il est difficile qu'un sac vide reste debout.* Je réunis ces proverbes qui contenaient la sagesse des siècles des nations, et j'en formai un discours suivi que je mis en tête de l'almanach de 1757, comme la harangue adressée par un sage vieillard à des gens qui assistaient à une vente. La réunion en un seul article de tous ces préceptes, dispersés jusqu'alors, leur permit de produire plus d'impression. Ce morceau, ayant reçu une approbation universelle, fut copié dans tous les journaux du continent américain et réimprimé en Angleterre, sur papier grand format, de la taille d'une affiche. On en fit deux traductions en France et les curés comme les seigneurs en achetèrent un grand nombre d'exemplaires pour les distribuer à leurs paroissiens et à leurs paysans. Comme j'y invitais à ne pas faire de dépenses inutiles en objets superflus tirés de l'étranger, bien des gens pensèrent qu'il eut quelque influence en Pensylvanie pour produire l'abondance de numéraire qu'on y remarqua quelques années après sa publication.

Je regardai aussi mon journal comme un autre moyen de répandre l'instruction. Dans cette vue j'y réimprimai fréquemment des extraits du *Spectateur* et d'autres ouvrages moraux, et j'y insérai aussi de petits ouvrages que j'avais d'abord composés pour notre club. De ce nombre était un dialogue socratique, tendant à prouver qu'un homme vicieux, quels que fussent ses talents et ses moyens, ne pouvait être vraiment appelé un homme de bon sens ; puis un discours sur le renoncement à soi-même, soutenant qu'on ne pouvait être affermi dans cette pratique qu'à la condition qu'elle ne devînt une habitude et

qu'elle n'eût plus à craindre d'opposition de la part
des passions qui lui sont contraires. On peut retrouver ces deux articles dans les journaux du commencement de 1735. Je bannissais avec soin de mes
feuilles toute diffamation, toute satire personnelle,
usage qui, depuis quelques années, fait la honte de
notre pays. Quand on me sollicitait d'y insérer
quelque article de ce genre, dont l'auteur faisait
valoir, comme on le fait toujours, la liberté de la
presse, et soutenait qu'un journal est comme une diligence dans laquelle ont droit de s'asseoir tous ceux
qui payent leur place, je répondais que j'imprimerais
ce morceau séparément si on le voulait; que l'auteur
en pourrait avoir autant d'exemplaires qu'il le dési-
rerait, pour les distribuer lui-même; mais que je
ne prendrais pas sur moi de donner de la publicité
à un libelle, et qu'ayant contracté envers mes souscripteurs l'obligation de leur fournir des choses
utiles ou amusantes, je ne pouvais remplir mes
feuilles de débats particuliers qui ne les concer-
naient nullement; sinon, je me rendrais coupable
d'injustice à leur égard.

Aujourd'hui, un grand nombre de nos imprimeurs
ne se font pas scrupule de satisfaire la méchanceté
individuelle en donnant cours à des calomnies
contre les hommes qui jouissent parmi nous de la
réputation la mieux établie, et ils enveniment souvent les débats au point de causer des duels; ils
sont, en outre, assez indiscrets pour se livrer à des
réflexions satiriques sur le gouvernement des États
voisins, et même sur la conduite des plus fidèles

alliés de notre nation, ce qui peut avoir les plus
fâcheuses conséquences. Je fais ces observations à
titre d'avis aux jeunes imprimeurs, pour qu'ils ne se
laissent jamais tenter de souiller leurs presses et
de déshonorer leur profession en se prêtant à ces
infâmes manœuvres ; qu'ils aient le courage de s'y
refuser. Ils peuvent voir, par mon exemple, qu'une
telle conduite ne peut nuire à leurs intérêts.

En 1733, j'envoyai un de mes ouvriers à Charlestown, dans la Caroline du Sud, où l'on avait besoin
d'un imprimeur. Je lui fournis une presse et des
caractères, d'après un traité de société en vertu
duquel je devais supporter le tiers des dépenses et
toucher le tiers des bénéfices. C'était un homme
instruit, mais ne connaissant rien en comptabilité
et, quoiqu'il me fît quelquefois des remises d'argent,
je ne pus, pendant toute sa vie, en obtenir un seul
compte, ni même un aperçu de l'état de la société.
Après sa mort, sa veuve continua les affaires. Elle
était née en Hollande et y avait été élevée. La comptabilité faisait partie de l'éducation des femmes en
ce pays, ainsi qu'on me l'a assuré ; non seulement
elle m'envoya un état, aussi clair que possible, de la
situation des affaires, mais elle continua à m'envoyer un compte chaque trimestre avec autant de
régularité que d'exactitude, et conduisit ses affaires
avec tant de succès qu'elle put élever une famille
nombreuse et qu'à l'expiration du terme de la société
elle se trouva en état de m'acheter l'imprimerie et
d'y établir son fils. Je fais mention de cette circonstance pour recommander à nos jeunes femmes cette

branche d'éducation, comme devant être probablement, pour elles et pour leurs enfants en cas de
veuvage, plus utile que la danse et la musique ; elles
peuvent y trouver les moyens de se mettre à l'abri
des pertes que la mauvaise foi leur ferait essuyer,
et être en état, peut-être, de continuer un commerce avantageux et d'entretenir leurs correspondances jusqu'à ce qu'un fils soit en âge de se mettre
à la tête de la maison et de la diriger : avantage ines-
timable qui peut contribuer à enrichir une famille.

J'avais commencé à étudier les langues en 1733.
J'appris en peu de temps le français assez bien pour
pouvoir lire aisément les livres écrits en cette langue.
Je passai alors à l'italien. Un de mes amis qui l'ap-
prenait aussi venait souvent me tenter en me proposant une partie d'échecs. Trouvant que ce jeu me
prenait une trop grande partie du temps que je des-
tinais à l'étude, je refusai de jouer davantage, si ce
n'est à la condition, que le vainqueur aurait le droit
d'imposer une tâche au vaincu : soit une certaine quantité de pages de grammaire italienne à apprendre,
soit une traduction. Comme nous étions à peu près
de même force, ce fut à force de *mats* que nous nous
fîmes entrer l'italien dans la tête. Avec un peu de
peine, j'appris ensuite l'espagnol, assez pour le lire.
J'ai déjà dit que j'avais commencé à apprendre le
latin à l'école pendant un an, étant encore fort jeune.
Depuis ce temps, je l'avais entièrement négligé. Mais,
quand j'eus fait connaissance avec le français, l'italien,
l'espagnol, je fus surpris de remarquer, en prenant
un nouveau Testament latin, que je comprenais cette

langue mieux que je ne le croyais. Cela m'encouragea
à en reprendre l'étude, et je la trouvai d'autant plus
facile que les trois autres m'avaient aplani la voie.

Après une absence de dix ans de Boston, j'avais
enfin acquis quelque aisance. Je fis un voyage en
cette ville pour y revoir mes parents, ce qu'il m'avait
été impossible de faire plus tôt. En revenant, je passai par New-Port, pour voir mon frère James qui y
avait transporté son imprimerie. Nos anciens différends étaient oubliés, et notre entrevue fut cordiale
et affectueuse. Sa santé déclinait rapidement et il
me témoigna le désir qu'après sa mort, qu'il ne
croyait pas bien éloignée, je prisse chez moi son fils,
alors âgé de dix ans, pour lui apprendre l'état d'imprimeur, ce que je fis par la suite, après lui avoir
fait passer quelques années dans une école. Sa
mère continua le commerce, jusqu'à ce qu'il fût en
état de s'en charger ; et alors j'aidai son établissement en lui donnant un assortiment de caractères
neufs, ceux de l'imprimerie de son père étant presque
usés. Ce fut ainsi que je dédommageai amplement
mon frère du tort que j'avais pu lui faire en le quittant si promptement autrefois.

En 1736, je perdis un de mes fils, bel enfant âgé
de quatre ans. Il mourut de la petite vérole. Je le
regrettai amèrement, et je me reproche encore de ne
pas l'avoir fait inoculer. Je fais mention de cette circonstance par intérêt pour les parents qui négligent
cette précaution parce que, disent-ils, ils ne se par-
donneraient jamais si un enfant mourait par suite
de cette opération. Mon exemple doit leur montrer

que le regret peut être le même dans le cas contraire. Il s'agit donc de choisir le parti qui présente le moins de dangers.

Notre club se trouvait être si utile, et procurait tant de satisfaction à ceux qui en étaient membres que plusieurs d'entre nous désiraient y introduire leurs amis, ce qui ne pouvait se faire sans excéder le nombre de douze auquel nous nous étions fixés comme le plus convenable. Nous nous étions prescrit, dès l'origine, de tenir notre association secrète, et le secret fut assez gardé. Notre but en cela était de prévenir les demandes de personnes qui ne nous auraient pas convenu, et qu'il aurait pu nous être difficile de refuser. J'étais un de ceux qui s'opposaient à toute augmentation de ce nombre; mais je fis la proposition par écrit que chaque membre séparément tàchât de former un club subordonné, qui aurait les mêmes règlements relativement aux questions, etc., sans informer ceux qui le composeraient de sa liaison avec le nôtre. Les avantages que nous nous en proposions étaient de former le cœur et l'esprit d'un plus grand nombre de jeunes gens à l'aide de nos institutions; de mieux connaître, en toute occasion, l'opinion générale des habitants, chaque membre de notre club, que nous appelions *la junte*, ayant droit de proposer dans son club séparé telles questions qu'il jugeait convenables et devant en faire son rapport à *la junte*; enfin de pourvoir à nos intérêts particuliers en obtenant des recommandations plus étendues, et d'augmenter notre influence sur les affaires publiques et nos moyens de faire le bien, en

répandant dans les différents clubs les sentiments
du nôtre. Ce projet fut approuvé ; chaque membre
essaya de former son club ; mais tous ne réussirent
point. On n'en put établir que cinq à six, auxquels on
donna différents noms, comme *la Vigne*, *l'Union*, etc.
Outre l'utilité dont ils étaient à ceux qui les composaient, ils nous procuraient à nous-mêmes de l'amusement, des informations et de l'instruction. Ils
répondirent d'ailleurs assez bien à notre dessein de
pouvoir influencer l'esprit public en certaines occasions, et j'en citerai quelques exemples quand j'en
serai à l'époque où ils arrivèrent.

Mon premier début dans les affaires publiques fut
d'être nommé en 1736 secrétaire de l'Assemblée
générale. Ce choix eut lieu cette année sans opposition. L'année suivante, quand on me proposa de
nouveau (le choix du secrétaire étant annuel comme
celui des membres), un nouveau membre de l'Assemblée fit un long discours contre moi pour favoriser un autre candidat. Je fus pourtant nommé, ce
qui me fut d'autant plus agréable qu'indépendamment des appointements attribués au secrétaire
cette place me fournissait l'occasion d'intéresser en
ma faveur les membres de l'Assemblée, ce qui m'assurait l'impression des votes, des lois, du papier-
monnaie, et tous les autres travaux publics qui, au
total, étaient fort avantageux. Je n'étais pas très
charmé de l'opposition de ce nouveau membre, qui
était un homme jouissant d'une très belle fortune,
ayant reçu une bonne éducation et doué de talents
qui paraissaient devoir, avec le temps, obtenir à la

Chambre une influence qu'il obtint effectivement dans la suite. Je ne cherchai pourtant pas à gagner ses bonnes grâces en lui témoignant des égards serviles ; mais, au bout d'un certain temps, j'employai le moyen suivant pour y parvenir. J'avais appris qu'il possédait dans sa bibliothèque un livre rare et curieux ; je lui écrivis pour lui témoigner le désir de lire ce volume, avec prière de me le prêter pour quelques jours. Il me l'envoya sur-le-champ, et je le lui renvoyai au bout d'une semaine, en y joignant un nouveau billet pour le remercier de sa complaisance. La première fois que je le rencontrai à la Chambre, il m'adressa la parole, ce qu'il n'avait jamais fait auparavant et me témoigna beaucoup de civilité. Depuis ce temps, il se montra toujours disposé à m'être utile en toute occasion, de manière que nous devînmes grands amis, et cette amitié dura jusqu'à sa mort. C'est une nouvelle preuve de la vérité de cette maxime que j'avais apprise et qui dit : « *Celui qui vous a rendu un premier service* « *sera plus disposé que votre obligé lui-même à vous* « *être utile.* » On voit par là combien il est plus utile de chercher à apaiser l'inimitié que d'en concevoir du ressentiment, de chercher à s'en venger et de faire assaut de mauvais procédés.

En 1737, le colonel Spotswood, dernier gouverneur de la Virginie, et alors maître général des postes, mécontent de la conduite de son délégué à Philadelphie, à cause de sa négligence à rendre les comptes et du peu d'exactitude qui y régnait, lui retira sa commission et me l'offrit. Je l'acceptai avec plaisir

et j'y trouvai un grand avantage. Quoique les hono-
raires de cette place fussent modiques, elle facilitait
l'envoi de mon journal, ce qui en augmenta le débit,
ainsi que le nombre des annonces qu'on y insérait.
Le journal de mon compétiteur tomba en proportion, et je fus charmé que cela arrivât sans que je
lui rendisse la défense qu'il avait signifiée à ses
facteurs de se charger de mes feuilles. Sa négligence dans ses comptes lui fit donc grand tort et
j'en parle comme d'une leçon pour les jeunes gens
qui sont chargés des affaires des autres, d'où ils
doivent conclure qu'il faut toujours rendre ses
comptes avec clarté et faire ses remises d'argent
avec exactitude. Une telle conduite est la plus puis-
sante de toutes les recommandations pour obtenir
de nouvelles places et augmenter ses affaires.

Je commençai alors à tourner mes pensées vers
les affaires publiques ; mais je ne m'occupai d'abord
que d'objets d'un ordre inférieur. La police de la
ville fut une des premières choses que je regardai
comme ayant besoin de nouveaux règlements : elle
se faisait à tour de rôle par les constables des différents quartiers. Le constable avertissait un certain
nombre d'habitants domiciliés de faire avec lui le
service de la nuit ; ceux qui désiraient s'en dispenser
lui payaient six shillings par an (sept francs cinquante centimes) pour en être exempts. Cette somme
paraissait destinée à payer des remplaçants ; mais
c'était en réalité beaucoup plus que le constable ne
dépensait, et il y trouvait un grand profit, car, pour
un faible pourboire, il s'entourait de tels misérables

que pas un habitant respectable n'aurait voulu se
trouver en leur compagnie. On négligeait souvent
les rondes et l'on passait à boire la plupart des
nuits. J'écrivis sur cet abus quelques observations
que je lus à *la junte*, et j'y insistais sur l'inégalité
de cette taxe, relativement à la fortune de ceux
qui la payaient : une pauvre veuve, dont toutes les
propriétés qu'il s'agissait de garantir n'excédaient
peut-être pas cinquante livres (douze cents francs),
payait autant que le plus riche marchand, qui avait
en magasin des marchandises pour plusieurs mille
livres. Comme conclusion, je proposai comme une
mesure plus convenable d'entretenir une garde qui
serait chargée constamment de ce service, et pour en
asseoir le fardeau d'une manière plus équitable, de
lever une taxe qui serait proportionnée à la propriété.
Cette idée, ayant été approuvée à *la junte*, fut communi-
quée aux autres clubs, mais comme si elle eût pris
naissance dans chacun d'eux. Ce plan ne fut pas mis
sur-le-champ à exécution ; mais en disposant l'esprit
du public à ce changement, ils préparèrent la voie à
la loi qui fut rendue quelques années après, quand les
membres de notre club eurent acquis plus d'influence.

Vers cette époque, j'écrivis un essai qui fut d'abord
lu à *la junte*, et publié ensuite, sur les incendies
multipliés dus au défaut de vigilance : j'y indiquais
les moyens et les précautions à prendre pour prévenir ces accidents. On en parla comme d'un travail
fort utile, et il donna lieu à un projet qui ne tarda
pas à se réaliser : c'était de former une compagnie
pour éteindre plus promptement les incendies et

pour aider à sauver les meubles et marchandises qui
se trouvaient en danger. Il se trouva pour ce projet
des associés au nombre de trente. Nos règlements
obligeaient chaque membre à tenir toujours en état
de service un certain nombre de seaux en cuir,
comme aussi de grands sacs et des paniers pour le
transport du mobilier, et de les faire porter à chaque
incendie. Les avantages de cette institution se firent
bientôt remarquer et le nombre de ceux qui voulurent
entrer dans notre société devenant trop considérable,
nous leur conseillâmes d'en former une seconde : ce
qu'ils firent. De nouvelles compagnies s'établirent
ainsi les unes après les autres et devinrent si nombreuses qu'elles comprirent presque tous les habitants de la ville qui étaient propriétaires.

Celle que je formai la première, la compagnie
de l'*Union*, existe encore au moment où j'écris,
quoiqu'il se soit écoulé cinquante ans depuis son
établissement ; mais tous les premiers membres en
sont morts, excepté un seul, qui est mon aîné d'un
an. Les amendes que payait chaque membre qui ne
se trouvait pas à l'assemblée du mois ont été employées à acheter des pompes à feu, des échelles, des
crochets et tous les outils qui pouvaient être utiles à
chaque compagnie, de manière que je doute qu'il
existe dans tout l'univers une ville mieux pourvue
des moyens d'arrêter un incendie dès son origine.
Dans le fait, depuis cette institution, le feu n'a jamais
détruit à Philadelphie plus d'une ou deux maisons à
la fois, et bien souvent il a été éteint avant que la
maison où il avait commencé fût à demi consumée.

Expérience du cerf-volant électrique, faite à Philadelphie par Francklin
en septembre 1752.

VIII

En 1739, nous arriva d'Irlande le révérend M. Whitefield, qui s'était rendu remarquable comme prédicateur. On lui permit d'abord de prêcher dans quelques-unes de nos églises ; mais le clergé, l'ayant vu d'un mauvais œil, lui refusa bientôt ses chaires et il fut obligé de prêcher dans les champs. Ses sermons furent suivis par une immense multitude de personnes de toute secte et de toute dénomination ; je fis partie de ce nombre et je trouvai un nouveau sujet de réflexions dans l'influence que ses moyens oratoires exerçaient sur ses auditeurs, qui l'admiraient et le respectaient quoiqu'il invectivât contre eux et qu'il les assurât qu'ils étaient par nature *à demi brutes et à demi diables*. On ne pouvait voir sans surprise le changement qu'il occasionna dans les mœurs de nos habitants. Après avoir été dans un état d'insouciance et d'indifférence sur la religion, il semblait que chacun fût devenu religieux, et l'on ne pouvait traverser une rue de la ville, dans la soirée, sans entendre chanter des psaumes dans quelques maisons. Comme on trouva de l'inconvénient à s'assembler en plein champ, au risque de toutes les intempéries de l'air, on proposa de construire un édifice pour ces réunions ; on nomma des receveurs chargés de recueillir les contributions volontaires, et l'on eut bientôt trouvé la somme nécessaire pour acheter le terrain et élever le bâtiment, auquel on donna cent pieds de longueur sur soixante-dix de largeur. Les travaux furent conduits avec tant de zèle qu'ils se terminèrent beaucoup plus tôt qu'on n'aurait pu l'espérer ; l'édifice et le terrain furent confiés aux soins d'une commission et destinés à l'usage *de tout prédicateur de quelque religion qu'il fût*, qui voudrait adresser quelque discours au peuple de Philadelphie ; le but de cet établissement était d'être utile, non à une secte particulière, mais à l'universalité des habitants, de sorte que si le mufti de Constantinople voulait envoyer un missionnaire pour nous prêcher l'islamisme, il trouverait une chaire à son service.

M. Whitefield, en nous quittant, se rendit en Géorgie, prêchant, chemin faisant, dans toutes les colonies qu'il traversait. On n'avait commencé que depuis peu à s'établir dans cette province ; mais ses premiers habitants n'étaient pas des laboureurs actifs, accoutumés au travail, les seuls qui convinssent à une telle entreprise. C'étaient des marchands ruinés, des débiteurs insolvables tirés des prisons, qui, trouvant des forêts immenses, qu'ils étaient incapables de défricher, hors d'état de supporter les fatigues d'un nouvel établissement, périssaient en grand nombre et laissaient de malheureux enfants sans ressources et sans appui. Leur déplorable situation toucha vivement le cœur bienfaisant de M. Whi-

tefield et lui inspira l'idée d'établir en Géorgie un
asile dans lequel les orphelins seraient admis et élevés. En revenant du Nord, il prêcha partout en
faveur de cet établissement charitable et recueillit
des sommes considérables pour l'exécution de ce projet, car son éloquence avait un pouvoir miraculeux
pour attendrir le cœur et ouvrir la bourse de ses auditeurs ; j'en fis moi-même l'épreuve. J'étais loin de
désapprouver son plan ; mais, comme il ne se trouvait alors en Géorgie ni ouvriers ni matériaux pour
l'exécuter, et qu'on se proposait de les y envoyer à
grands frais de Philadelphie, je pensais qu'il vaudrait mieux construire l'édifice dans cette ville et y
faire venir les orphelins. Je lui en donnai l'avis ;
mais il persista dans son projet, et, en conséquence,
je refusai d'y contribuer.

Quelque temps après, assistant à un de ses sermons, je m'aperçus qu'il avait dessein de le finir
par une quête et je me promis bien tout bas qu'il
n'obtiendrait rien de moi. J'avais en poche une poignée de monnaie de cuivre, trois ou quatre dollars
en argent et cinq pistoles en or. A mesure que son
discours avançait, je sentis ma résolution s'ébranler,
et je résolus de lui donner ma monnaie de cuivre ;
un autre trait d'éloquence me rendit honteux de lui
offrir si peu de chose, et je formai le dessein de
donner aussi mes dollars ; enfin, lorsqu'il eut terminé son discours, je me trouvai si ému que je
vidai ma poche et mis dans la bourse du collecteur
tout ce qui s'y trouvait, cuivre, or et argent. Un des
membres de notre club était aussi présent à ce ser-

mon ; il partageait mon opinion sur l'établissement
d'un hospice en Géorgie, et, se doutant que M. Whitefield avait quelques projets de quête, il avait eu la
précaution de vider ses poches avant de sortir de
chez lui. Cependant, vers la fin du discours, il sentit
le vif désir de donner quelque chose et pria un de
ses voisins qui se trouvait près de lui de lui prêter
quelque argent. Heureusement pour sa bourse, il fit
cette demande au seul homme de toute l'assemblée,
dont la fermeté n'eût pas été ébranlée par le prédicateur. « Ami Hopkinson, lui répondit-il, en tout
« autre temps ma bourse te sera ouverte ; mais elle
« t'est fermée en ce moment, parce que tu ne me
« parais pas dans ton bon sens. »

Quelques ennemis de M. Whitefield affectèrent de
croire qu'il appliquerait à son usage personnel le
produit de ces donations ; mais moi qui le connaissais particulièrement, étant chargé de l'impression de ses sermons et de tous ses ouvrages, j'ai toujours été fermement convaincu que toute sa conduite
était celle d'un homme parfaitement honnête, et
mon opinion en sa faveur doit avoir d'autant plus de
poids que nous n'avions pas les mêmes idées reli-
gieuses. Il priait quelquefois pour ma conversion ;
mais il n'eut jamais la satisfaction de pouvoir se
flatter que ses prières eussent été exaucées. Notre
amitié était *de ce monde*, sincère des deux côtés, et
elle dura jusqu'à sa mort. Le trait suivant fera voir
sur quel pied nous vivions ensemble. Un jour qu'il
arrivait d'Angleterre à Boston, il m'écrivit qu'il viendrait incessamment à Philadelphie, mais qu'il ne

savait où il logerait, son ancien ami, M. Benezet, ayant quitté cette ville pour se fixer à German-Town. Je lui répondis qu'il connaissait ma maison et que s'il voulait se contenter du peu d'agrément qu'elle pouvait lui offrir, il serait le bienvenu. Il m'écrivit que si je lui faisais cette offre pour l'amour du Christ, je ne pourrais manquer d'en être récompensé. « Entendons-nous bien, lui répondis-je : ce « n'est pas pour l'amour du Christ que je vous offre « ma maison, mais pour l'amour de vous. » Un de nos amis communs me dit en plaisantant à cette occasion, que, sachant que la coutume des dévots, quand on leur rend un service, était de rejeter sur le ciel le fardeau de la reconnaissance, pour en débarrasser leurs épaules, j'avais trouvé le moyen de l'attacher sur les siennes, de manière à ce qu'il ne pût le secouer.

Ce fut à Londres que je vis M. Whitefield pour la dernière fois, et il m'y consulta sur divers objets relatifs à son établissement pour les orphelins, et sur le projet qu'il avait d'y former un collège.

Il avait l'organe clair et sonore et articulait ses mots si distinctement qu'on pouvait l'entendre intelligiblement à une très grande distance, ses auditeurs d'ailleurs gardant toujours le plus profond silence. Il prêchait un soir du haut des degrés de Court-House, qui est au milieu de Market-Street, à gauche de Second-Street, qui la traverse à angle droit. Ces deux rues étaient remplies d'auditeurs jusqu'à une distance considérable et, me trouvant sur les derniers rangs dans Market-Street, j'eus la curiosité de voir jusqu'où je continuerais à l'entendre. Je descendis donc cette rue du côté de la rivière, et je compris tout ce qu'il disait jusqu'à ce que je fusse arrivé près de Front-Street ; encore le bruit de la rue contribuait-il à couvrir sa voix. J'imaginai alors un demi-cercle, dont la distance où je me trouvais serait le rayon, et qui serait rempli d'auditeurs, à chacun desquels je donnais deux pieds carrés ; je calculai qu'il pouvait être entendu par plus de trente mille personnes. Cela me fit ajouter foi à ce que j'avais lu dans les journaux, qu'il avait prêché dans les champs devant vingt-cinq mille personnes, et à ce que j'avais vu dans l'histoire, de généraux haranguant leur armée, ce dont j'avais douté jusqu'alors [1].

A force de l'entendre, je parvins à distinguer aisément les sermons qu'il avait nouvellement composés de ceux qu'il avait souvent prononcés dans le cours de ses voyages. Son débit s'était tellement perfectionné à l'égard de ces derniers, sa voix, son ton, son accent, ses gestes étaient si parfaits, si bien adaptés à ce qu'il voulait dire qu'il était impossible de ne pas être enchanté. C'était un plaisir du même genre que celui qu'on éprouve en entendant un

---

[1] M. Whitefield, encore fort jeune, prêchait un jour en plein air ; un tambour, voulant se donner le malin plaisir d'interrompre son sermon, se mit à battre le rappel de toutes ses forces, de manière à empêcher la voix du prédicateur de se faire entendre. En vain M. Whitefield épuisait ses poumons ; l'instrument sonore l'emportait sur lui. Il appela le tambour : « Mon ami, lui dit-il, nous servons, vous et moi, les deux plus « grands maîtres qui existent. Vous battez le rappel pour le roi George « et moi pour notre Seigneur Jésus-Christ. Au nom de Dieu, ne nous « nuisons pas l'un à l'autre ; le monde est assez grand pour nous deux : « faisons donc des recrues chacun de notre côté. » Cette apostrophe mit le tambour de bonne humeur ; il se retira paisiblement, et le prédicateur resta en possession du champ de bataille.

excellent morceau de musique. C'est un avantage qu'ont les prédicateurs ambulants sur ceux qui sont stationnaires, ceux-ci ne pouvant améliorer leurs sermons en les répétant aussi souvent. L'habitude qu'il avait de faire imprimer de temps en temps les sermons qu'il écrivait donnait un grand avantage à ses ennemis, car on aurait pu expliquer des expressions peu mesurées, justifier même des opinions erronées échappées dans la chaleur du débit, en supposant d'autres choses qui auraient pu les précéder ou les suivre ; mais *littera scripta manet*. La critique se déchaîna contre ses écrits, et avec une telle apparence de raison qu'elle empêcha le nombre de ses sectateurs d'augmenter et le diminua même considérablement. Je suis donc persuadé que s'il n'avait jamais rien fait imprimer, il aurait eu des partisans plus nombreux et plus importants, et que sa réputation se serait encore accrue après sa mort, car, ne laissant après lui rien à censurer, rien qui pût nuire à sa renommée, ses prosélytes auraient été libres de lui attribuer une aussi grande variété de talents que leur enthousiasme et leur admiration auraient voulu lui accorder.

Mon commerce augmentait alors constamment, et mon aisance croissait tous les jours. Mon journal était devenu très productif, car il fut pendant quelque temps le seul qui existât dans cette province et dans celles qui l'environnaient. Je reconnus ainsi la vérité de cet adage : *Après avoir gagné le premier sac, il est plus facile de gagner le second*, l'argent étant d'une nature prolifique.

La société que j'avais formée dans la Caroline réussit; cela m'encouragea à en former d'autres. J'établis dans différentes colonies plusieurs de mes ouvriers qui s'étaient bien conduits, et je leur fournis des imprimeries aux mêmes conditions que je l'avais fait en Caroline. Plusieurs d'entre eux prospérèrent et se trouvèrent en état, au bout de six années de notre société, de m'acheter leur imprimerie et de travailler pour leur compte seul, ce qui procura l'établissement de plusieurs familles. Les sociétés finissent souvent par des querelles. Je fus assez heureux pour n'en avoir aucune, ni pendant le cours des miennes, ni lors de leur dissolution. Je crois que je dus en grande partie cet avantage à la précaution d'avoir expliqué bien clairement dans mes contrats quelles seraient les obligations de chaque associé, de sorte qu'il ne pouvait se trouver aucun sujet de contestation. Je recommande donc à tous ceux qui forment une société de m'imiter en ce point. Quelque estime que des associés puissent avoir l'un pour l'autre, quelle que puisse être leur confiance mutuelle quand ils signent leur traité, il peut survenir ensuite de petites jalousies, des dégoûts, des idées d'inégalité sur la manière dont est réparti le fardeau des soins et des affaires, et il en résulte souvent une rupture d'amitié, des procès et d'autres suites désagréables.

J'avais, au total, bien des raisons pour m'applaudir de m'être établi en Pensylvanie. Il y avait cependant bien des choses que je regrettais de n'y pas trouver : nuls moyens de défense; point de milice, point de collège, pas un seul établissement pour l'éducation complète d'un enfant. Je fis donc, en 1743, la proposition d'y établir une académie et, pensant à cette époque que le révérend Richard Peters, qui se trouvait alors sans emploi, était l'homme qui convenait pour en avoir la surintendance, je lui communiquai mon projet; mais il refusa d'y prendre part : il avait pour lui-même des vues plus avantageuses, qui lui réussirent du reste. Je ne connaissais, à cette époque, aucune autre personne à qui l'on pût confier cette fonction; je dus laisser dormir mon projet pendant quelque temps. Je fus plus heureux, l'année suivante, en proposant une société philosophique que je parvins à établir. L'écrit que je composai à ce sujet doit se trouver dans mes papiers, s'il n'est pas perdu comme bien d'autres.

Quant à la défense du pays, l'Espagne, qui fut en guerre pendant plusieurs années contre la Grande-Bretagne et qui s'était encore fortifiée de l'alliance de la France, nous mit dans de grands dangers. Notre gouverneur, Thomas, avait fait les plus grands et les plus longs efforts pour déterminer notre Assemblée de Quakers à rendre une loi pour organiser la milice et à prendre d'autres mesures pour la défense de la province, sans pouvoir y réussir : je résolus d'essayer si l'on pourrait obtenir du peuple une souscription volontaire. Dans cette vue, j'écrivis d'abord et je fis ensuite imprimer un pamphlet que j'intitulai *la Simple Vérité*. J'y exposai avec la plus grande clarté notre position déplorable; j'y démontrai combien l'union et la discipline étaient néces-

saires pour notre défense et je promis de proposer
dans quelques jours, à la signature de tous les habitants, un contrat d'association à ce sujet. Cet écrit
produisit un effet aussi soudain que surprenant. On
vint me presser de dresser l'acte d'association : je
le rédigeai de concert avec quelques amis et je con-
voquai une assemblée générale des citoyens, dans le
grand édifice dont j'ai déjà parlé. Elle fut nombreuse.
J'avais préparé un certain nombre de copies imprimées de l'acte d'association et j'avais fait placer de
l'encre et des plumes en divers endroits de la salle.
Je fis un petit discours préparatoire, je lus ensuite
l'acte, j'y ajoutai quelques explications et je distri-
buai les exemplaires imprimés, qui furent signés
avec empressement, sans qu'on y fît la moindre
objection. Quand l'assemblée se fut séparée et qu'on
eut réuni les copies, nous les trouvâmes revêtues
de plus de douze cents signatures. Enfin, d'autres
copies ayant été envoyées dans la province, les souscripteurs finirent par monter à plus de dix mille.
Tous se munirent d'armes dans le plus court délai
possible, se formèrent en compagnies et en régiments, nommèrent des officiers et se réunirent, une
fois par semaine, pour apprendre l'exercice des
armes et les autres parties du service militaire. Les
femmes firent des souscriptions entre elles pour fournir des drapeaux en soie, qu'elles présentèrent aux
diverses compagnies, et sur lesquels on peignit des
devises et des inscriptions que je donnai. Les officiers de compagnie composant le régiment de Philadelphie, me choisirent pour colonel; mais je ne me

crus pas propre à cette place, je la refusai et leur
recommandai M. Lawrence, homme d'un extérieur
imposant, qui jouissait d'une grande influence et
qui réunit alors tous les suffrages. Je proposai alors
une loterie, pour fournir aux dépenses de la construction d'une batterie sous la ville et de l'achat des
canons qu'il fallait y placer. Tous les billets furent
pris en peu de temps, et la batterie fut bientôt cons-
truite. Nous achetâmes de vieux canons à Boston ;
mais, comme ils ne nous suffisaient pas, nous écri-
vîmes à Londres pour en avoir d'autres. Le colonel
Lawrence, MM. Allen, Abraham Taylor et moi,
fûmes envoyés à New-York pour emprunter quelques
canons du gouverneur Clinton. Il nous refusa d'abord
péremptoirement ; mais à un dîner où l'on but
force vin de madère, comme c'était alors l'usage
dans cette ville, il s'adoucit par degrés et promit de
nous en prêter six. Après avoir bu quelques verres
de plus, il avança jusqu'à dix et enfin il nous en
accorda dix-huit de la meilleure grâce. C'étaient
d'excellents canons, de dix-huit livres de balles, montés sur leurs affûts, et nous nous empressâmes de les
faire partir et de les placer sur la batterie. Les associés y montèrent la garde toutes les nuits, tant
que la guerre dura, et j'y faisais régulièrement mon
service à mon tour, en qualité de simple soldat.

L'activité que je déployai dans ces diverses opérations fut agréable au gouverneur et au Conseil. Ils
m'accordèrent leur confiance et me consultèrent sur
toutes les mesures dans lesquelles leur accord pouvait être utile à l'association. J'appelai la religion à

notre aide : je leur proposai de proclamer un jeûne général, afin de travailler à la réforme des mœurs et d'appeler les bénédictions du ciel sur nos efforts. Ils adoptèrent mon avis ; mais, comme ce jeûne était le premier auquel on eût jamais songé dans cette province, le secrétaire ne savait comment rédiger leur proclamation. L'éducation que j'avais reçue dans la Nouvelle-Angleterre, où l'on proclame un jeûne tous les ans, me fut ici de quelque avantage. Je dressai cette proclamation, on la traduisit en allemand, on la fit imprimer dans les deux langues et on la fit circuler dans toute la province. Cela donna au clergé des différentes sectes l'occasion d'engager les membres de leurs congrégations à augmenter le nombre de nos associés, et les différents cultes s'y seraient probablement réunis, excepté les Quakers, si la paix n'eût été conclue.

Quelques-uns de mes amis pensaient que mon activité dans cette affaire avait offensé cette dernière secte et nuirait à mon crédit dans l'Assemblée de la province, où les Quakers étaient en grande majorité. Un jeune homme qui avait aussi quelques amis dans cette Assemblée, et qui avait envie de me succéder en qualité de secrétaire, vint m'avertir qu'on avait dessein de m'ôter cette place lors de la prochaine élection. Il me conseilla, comme par intérêt pour moi, de donner ma démission, ce qui serait plus honorable que d'être renvoyé. Je lui répondis que j'avais entendu citer, et même lu l'histoire d'un homme qui s'était fait une règle de ne jamais demander une place et de ne jamais la refuser quand on la lui offrait. « J'approuve cette détermination, ajoutai-je, et c'est aussi la mienne, avec une légère addition : c'est qu'on ne me verra jamais *demander*, *refuser*, ni *résigner* aucune place. Si l'on veut disposer, en faveur d'un autre, de celle de secrétaire, on peut me la reprendre ; mais je ne veux pas, en y renonçant volontairement, perdre le droit de pouvoir, un jour ou l'autre, user de représailles envers mes adversaires. » Je n'en entendis plus parler et, lors de l'élection suivante, je fus réélu à l'unanimité. Peut-être ne voyait-on pas de très bon œil mon intimité récente avec les membres du Conseil qui avaient pris le parti du gouverneur dans toutes les discussions relatives aux préparatifs militaires dont la Chambre avait été fatiguée : peut-être n'aurait-on pas été fâché de ma démission ; mais on ne pouvait alléguer, pour me retirer cette place, d'autre raison que le zèle que j'avais montré pour former l'association de la milice, et l'on ne voulait pas avouer ce motif. J'avais, d'ailleurs, quelques raisons pour croire que personne n'était fâché qu'on songeât à la défense de la province, pourvu qu'on ne fût pas forcé d'y prendre part. Enfin, je trouvai bien plus de gens que je ne l'aurais cru qui, quoique opposés à une guerre offensive, étaient partisans d'une guerre purement défensive. Beaucoup de pamphlets furent publiés pour et contre cette question, et quelques-uns par de bons Quakers qui se déclaraient pour la guerre défensive, ce qui, je crois, convertit un grand nombre de leurs jeunes gens.

Un événement qui arriva dans notre compagnie

contre les incendies me fit connaître l'opinion qui prévalait parmi eux à ce sujet. Il y avait été proposé que, pour favoriser le projet d'élever une batterie, nous emploierions en billets de la loterie les fonds que nous avions alors en caisse, et qui montaient à environ soixante livres (mille quatre cent quarante francs). D'après nos règlements, on ne pouvait disposer d'aucune somme avant la séance qui suivait celle où la proposition avait été faite. La compagnie était composée de trente membres, dont vingt-deux étaient Quakers, et les huit autres de différentes sectes. Nous nous trouvâmes tous huit à l'assemblée ; mais, quoique pensant que quelques Quakers adopteraient notre avis, nous étions loin de compter que nous aurions la majorité. Un seul d'entre eux, M. James Morris, parut s'opposer à cette mesure. Il nous exprima, en arrivant, beaucoup de chagrin que cette proposition eût été faite : tous *les amis*, nous dit-il, étaient d'un sentiment contraire, et cette différence d'opinion pouvait jeter la discorde dans la société. Nous lui dîmes que nous ne partagions pas cette crainte, que nous formions la minorité et que, *si tous les amis* votaient contre nous, nous devions, d'après les règles de la compagnie, nous soumettre à leur décision, et que nous nous y soumettrions. Quand l'heure de la décision fut arrivée, on demanda que la question fût mise aux voix. Il convint que nous avions le droit de le faire, mais il nous assura qu'un certain nombre de membres de la compagnie avaient dessein de se trouver à la séance pour s'opposer à cette mesure ; il ajouta que l'impartialité semblait exiger qu'on les attendît quelques instants. Tandis que nous discutions cette question, on vint m'avertir que deux personnes demandaient à me parler. Je descendis et je trouvai deux Quakers, membres de notre compagnie. Ils me dirent qu'ils étaient au nombre de huit assemblés dans une taverne voisine, qu'ils étaient décidés à venir voter en faveur de la proposition, si leurs voix étaient nécessaires, mais qu'espérant que nous aurions la majorité sans eux, ils nous priaient de ne les envoyer chercher que si leurs suffrages devenaient indispensables pour faire adopter la mesure, attendu que leur vote, en cette circonstance, pourrait leur occasionner la disgrâce de leurs *anciens* et des *amis*. J'étais sûr ainsi de la majorité. Je remontai et, après avoir feint d'hésiter un peu, je consentis à un délai d'une heure. M. Morris convint que rien n'était plus loyal. Il montra beaucoup de surprise de ne voir arriver aucun des amis ; enfin, l'heure étant expirée, la proposition fut adoptée à la majorité de huit contre un. Ainsi, comme sur vingt-deux Quakers, huit étaient disposés à voter comme nous, et que les treize autres avaient prouvé par leur absence qu'ils ne voulaient pas former d'opposition, il en résultait que la proportion des Quakers décidés sincèrement contre la guerre défensive était comme *un* est à *vingt-un :* car les treize absents assistaient très régulièrement aux séances de la société, y jouissaient de la meilleure réputation et savaient ce qui devait se passer dans cette assemblée.

L'honorable et savant M. Logan, qui avait toujours

été de cette secte, écrivit une adresse aux Quakers où il déclarait l'approbation qu'il donnait à la guerre défensive, et il appuyait son opinion sur les raisonnements les plus forts. Il me remit soixante livres (quatorze cent quarante francs), pour les employer à acheter des billets de la loterie créée pour l'établissement de la batterie, et me chargea d'employer au même objet les lots qu'ils pourraient obtenir. Il me raconta l'anecdote suivante de son ancien maître, Guillaume Penn, relativement au système de défense: M. Logan était parti d'Angleterre encore fort jeune, avec G. Penn, en qualité de secrétaire. On était en temps de guerre et un vaisseau armé, qu'on croyait ennemi, donna la chasse au bâtiment sur lequel ils se trouvaient. Le capitaine se prépara à se défendre et dit à Guillaume Penn et à sa compagnie de Quakers qu'il n'attendait d'eux aucun secours et qu'ils pouvaient se retirer entre les 'ponts : tous suivirent ce conseil, excepté Logan qui voulut rester sur le tillac et qu'on chargea du service d'un canon. L'ennemi supposé n'en était pas un ; il n'y eut donc point de combat ; mais, quand Guillaume Penn apprit cette conduite de son secrétaire, il lui fit une réprimande sévère pour être resté sur le tillac et s'être montré disposé à prendre part à la défense du bâtiment, contre les préceptes des *amis*, et quoiqu'il n'en eût pas été requis par le capitaine. Cette mercuriale, faite en présence de toute la compagnie, piqua le secrétaire qui répondit: « J'étais à tes ordres ; pour-« quoi ne m'as-tu pas commandé de te suivre ? Mais « tu n'étais pas fâché que je restasse pour aider à

« défendre le vaisseau lorsque tu croyais qu'il exis-
« tait quelque danger. »

Le nombre d'années que je passai dans l'Assemblée, dont la majorité était toujours composée de
Quakers, me donna de fréquentes occasions de voir
l'embarras que leur donnaient leurs principes contre
la guerre, toutes les fois que la Couronne s'adressait
à la Chambre pour en obtenir des subsides pour
quelque partie du service militaire : ils craignaient
d'offenser, d'un côté, le Gouvernement par un refus
positif; de l'autre, *les amis* (la corporation des Quakers), par une complaisance contraire à leurs principes. Ils étaient sans cesse occupés à chercher des
moyens échappatoires pour ne pas satisfaire à la
demande qui leur était faite, ou quelque manière de
déguiser leur complaisance quand elle devenait iné-
vitable. Le mode le plus ordinaire était d'accorder la
somme qui leur était demandée *pour l'usage du roi*,
et de ne jamais se faire rendre aucun compte de
cet argent; mais, quand la demande n'était pas faite
directement par la Couronne, cette phrase ne pouvait servir, et il fallait imaginer quelque autre tournure.

Ainsi, quand on manqua de poudre pour la
garnison de Louisbourg, à ce que je crois, le gouvernement de la Nouvelle-Angleterre sollicita des
secours de celui de la Pensylvanie, et le gouverneur
de cette dernière province, Thomas, appuya fortement cette demande auprès de la Chambre. Les *amis*
ne voulurent pas accorder d'argent pour acheter de
la poudre, parce que c'est une munition de guerre,

mais ils votèrent un secours de trois mille livres
(soixante-douze mille francs) à la Nouvelle-Angleterre, pour être employées par le gouverneur en
acquisition de pain, de farine, de blé ou de *quelque
autre grain*. Quelques membres du Conseil, voulant
jeter la Chambre dans un plus grand embarras, con-
seillaient au gouverneur de ne pas accepter ce secours, parce que ce n'était pas ce qu'il avait demandé.
« Je prendrai l'argent, répondit-il, et j'entends fort
« bien ce qu'ils veulent dire : *quelque autre grain*
« est de la poudre. » Il en acheta donc et n'en
reçut jamais le moindre reproche : c'est par allusion
à ce fait que, lorsque dans notre compagnie contre
les incendies nous craignions de ne pas réussir dans
notre proposition pour la loterie, je dis à un de mes
amis qui en était membre : « Si nous échouons dans
« notre projet, demandons à employer nos fonds à
« l'acquisition d'une pompe à feu. Les Quakers n'au-
« ront aucune objection à y faire : nous nous pro-
« poserons mutuellement pour commissaires, et
« nous achèterons un canon, qui est certainement
« une pompe à feu. — Je vois, me répondit-il, que
« votre long séjour dans l'Assemblée ne vous a pas
« été inutile, car votre équivoque est le vrai pen-
« dant de celle sur le blé ou *quelque autre grain*. »
Cet embarras qu'éprouvaient les Quakers venait
de ce qu'ils avaient établi et publié comme un de
leurs principes qu'aucune guerre n'était légitime
et ils n'y pouvaient rien changer, quoiqu'ils vinssent
à changer d'opinion. Cela me rappelle la conduite,
beaucoup plus prudente à mon avis, d'une autre

secte qui existait parmi nous, les Dunkers. Je connaissais un de ses fondateurs, Michel Welfare, dans
le temps où elle commençait seulement à se montrer.
Il se plaignait des calomnies que débitaient contre
eux les zélateurs des autres sectes, qui les accusaient
de principes et de pratiques abominables qui ne leur
appartenaient nullement. Je lui dis que tel avait
toujours été le sort de toute nouvelle secte ; mais
que pour mettre fin à toutes ces calomnies, je croyais
qu'ils feraient bien de publier leurs articles de foi.
Il me dit que la proposition en avait été faite parmi
eux, mais qu'elle n'avait pas été adoptée. « En voici
« la raison, ajouta-t-il : lorsque nous nous réunîmes
« en société, il plut à Dieu d'éclairer nos esprits de
« manière à nous faire voir que ce que nous avions
« pris pour des erreurs étaient des vérités, et que ce
« que nous avions cru des vérités n'étaient que des
« erreurs. De temps à autre, il nous a accordé de
« nouvelles lumières ; nos principes se sont amé
« liorés, et le nombre de nos erreurs a encore dimi
« nué. Nous ne sommes pas certains d'être arrivés
« à la fin de cette progression, d'avoir atteint le plus
« haut point des connaissances spirituelles et théo
« logiques: nous craignons donc que, si nous im
« primons notre profession de foi, nous ne nous y
« trouvions comme enchaînés ; que nous ne nous
« refusions à de nouvelles améliorations et surtout
« que nos successeurs n'en fassent autant, regar
« dant tout ce qu'auraient fait leurs fondateurs
« comme une chose sacrée, dont ils ne devraient
« jamais se départir. » Cette modestie dans une secte

est peut-être un exemple unique dans l'histoire du genre humain, chacune d'elles se supposant en possession de toute la vérité et regardant les autres comme ensevelies dans de profondes ténèbres. C'est ainsi que l'homme qui voyage par un épais brouillard voit ceux qui se présentent à lui à quelque distance, par devant, par derrière, ou sur les côtés, comme enveloppés d'une vapeur qu'il n'aperçoit pas autour de lui, quoiqu'il en soit environné lui-même. Mais, pour éviter ce genre d'embarras, les Quakers, depuis quelques années, se sont retirés peu à peu de l'Assemblée et de la magistrature et ont préféré renoncer à leur autorité plutôt qu'à leurs principes.

Pour suivre l'ordre des temps, j'aurais dû dire auparavant qu'en 1742, j'inventai un poêle ouvert pour mieux échauffer les chambres et pour économiser le bois, attendu que l'air froid était échauffé en y entrant. Je fis présent du modèle à M. Robert Grace, un de mes anciens amis, propriétaire d'une forge ; il trouva un grand profit à fondre des plaques pour ces poêles qui obtinrent bientôt une grande vogue. Pour augmenter encore ce succès, j'écrivis et je fis imprimer une brochure ayant pour titre : *Description des foyers nouvellement inventés en Pensylvanie, contenant une explication détaillée de leur construction et de leurs effets, où l'on démontre leur supériorité à toute autre manière de chauffer les chambres, et où l'on répond à toutes les objections qui y ont été faites*, etc. Cette brochure produisit un bon effet. Le gouverneur Thomas fut si charmé de la construction du poêle qui y était décrit qu'il m'offrit de m'accorder une patente pour leur vente exclusive pendant un certain nombre d'années. Mais je la refusai, d'après un principe qui a toujours eu beaucoup de poids sur moi en pareilles occasions : c'est que, comme nous retirons de grands avantages des inventions des autres, nous devons être charmés de trouver l'occasion de leur être utiles par les nôtres, et nous devons le faire avec générosité.

Un marchand de fer de Londres pourtant profita en grande partie de ma découverte, se l'appropria, fit à mon invention quelques changements qui ne contribuaient qu'à la détériorer, obtint une patente pour la vente de ces cheminées et gagna par ce moyen une petite fortune, à ce qu'on m'a rapporté. Ce n'est pas le seul exemple des patentes obtenues par d'autres pour mes inventions ; mais je n'ai jamais réclamé à ce sujet : je n'avais aucune envie d'en obtenir moi-même, et je n'aime pas les querelles. L'usage de mes cheminées, adopté dans un grand nombre de maisons tant en Pensylvanie que dans les États voisins, a été et est encore la source d'une grande économie de bois pour les habitants.

IX

L A paix étant conclue et l'association pour la milice ayant pris fin avec la guerre, je pensai de nouveau à l'établissement d'une académie. Le premier pas que je fis pour cet objet fut de m'associer quelques amis actifs, dont la *junte* me fournit une bonne partie. Le second fut de publier un écrit intitulé : *Propositions relatives à l'éducation de la jeunesse dans la Pensylvanie.* Je le fis distribuer gratis aux principaux habitants, et dès que je crus les esprits un peu préparés par la lecture qu'on en avait faite, je proposai une souscription pour ouvrir et entretenir une académie. Le montant devait s'en payer par cinquième, d'année en année. En divisant ainsi les payements, j'espérais obtenir une somme plus considérable, et je ne me trompai point dans mon calcul, car, si je m'en souviens bien, elle ne produisit pas moins de cinq mille livres (120,000 francs).

Dans l'avertissement qui précédait cette proposition de souscription, je n'annonçai pas ce projet comme mon ouvrage, mais comme celui de plusieurs personnes animées par l'esprit public. Suivant la règle que je m'étais prescrite, j'évitais toujours de m'annoncer comme auteur de quelque plan que ce fût tendant au bien général.

Les souscripteurs, pour mettre ce projet à exécution, choisirent parmi eux vingt-quatre administrateurs et chargèrent M. Francis, alors procureur général, et moi, de rédiger les règlements de l'académie. Dès qu'ils furent arrêtés et signés, on loua une maison, on nomma des professeurs, et les écoles s'ouvrirent. Ce fut, je crois, en 1749.

Le nombre des écoliers augmentait promptement, la maison se trouva bientôt trop petite, et nous cherchions une pièce de terre bien située pour en construire une autre, quand le hasard nous en procura une qui, moyennant quelques changements, pouvait nous convenir parfaitement. C'était l'édifice qui avait été construit pour les auditeurs de M. Whitefield.

On divisa par étages ce vaste bâtiment, on y établit les salles nécessaires pour les classes, on acheta quelques portions de terrain qui en étaient voisines ; enfin l'édifice se trouva bientôt en état de recevoir les écoliers. C'est sur moi que tomba tout l'embarras des marchés à faire avec les ouvriers, de l'acquisition des matériaux et de la surveillance des travaux. Je m'en chargeai d'autant plus volontiers qu'il n'en résultait aucun inconvénient pour mon commerce : j'avais pris, l'année précédente, un associé actif, honnête et instruit, M. David Hall, qui avait travaillé quatre ans avec moi, et dont, par conséquent, je connaissais parfaitement le caractère. Il se chargeait de tout le détail de l'imprimerie, et me payait régulièrement ma part des bénéfices : cette société dura dix-huit ans et nous fut avantageuse à tous deux.

Après un certain temps, l'administration de l'académie fut incorporée par une charte qu'accorda le gouverneur : ses fonds s'augmentèrent du produit de contributions qu'on obtint en Angleterre, et de donations de terres qui lui furent faites par les Propriétaires ; l'Assemblée y ajouta ensuite de nombreuses concessions, et telle fut l'origine de l'Université actuelle de Philadelphie. J'ai toujours continué, pendant près de quarante ans, à en être un des administrateurs, et j'ai éprouvé le plus grand

La lecture des lettres de Francklin devant la Société royale de Londres est accueillie par des marques d'incrédulité et d'ironie. (Page 228).

plaisir à voir nombre de jeunes gens qui y ont reçu
leur éducation se distinguer par leurs talents, se
rendre utiles dans des emplois publics et devenir
l'ornement de leur pays.

J'étais dégagé, comme je viens de le dire, des
affaires de mon commerce ; j'avais acquis une fortune suffisante, quoique modeste, et je me flattais
de pouvoir consacrer le reste de ma vie aux études
et aux amusements philosophiques. J'achetai tout
l'appareil du Dr Spence, qui était venu d'Angleterre ouvrir des cours à Philadelphie, et je commençai avec ardeur mes expériences sur l'électricité.
Mais le public, me regardant alors comme un homme
libre de son temps, s'empara de moi pour son service, et chaque partie de notre administration civile
m'imposa presque en même temps un nouveau
devoir. Le gouverneur me nomma juge de paix ; la
corporation de la cité me fit membre du conseil
commun et, bientôt après, *alderman*. Enfin, les
citoyens me choisirent pour les représenter à l'Assemblée. Cette dernière place me fut d'autant plus
agréable que je commençais à m'ennuyer d'assister
à toutes les séances pour écouter des débats auxquels ma qualité de secrétaire ne me permettait
pas de prendre part, et qui étaient souvent si peu in-
téressants que j'en étais réduit à faire, pour m'amuser, des cercles et des carrés magiques, ou toute
autre chose qui pût chasser l'ennui. Je concevais
aussi qu'en devenant membre de la Chambre je
trouverais plus d'occasions de faire le bien. Je ne
chercherai pourtant pas à dissimuler que mon am-

bition fût flattée de toutes ces promotions : elle l'était sans aucun doute. En considérant ma première obscurité c'étaient de grandes choses pour moi ; et ces témoignages de l'opinion publique m'étaient d'autant plus agréables qu'ils étaient spontanés et que je ne les avais nullement sollicités.

Je fis pendant quelque temps l'apprentissage des fonctions de juge de paix, en assistant aux séances des tribunaux et en y prenant place pour écouter l'instruction des causes ; mais je vis qu'il fallait, pour les bien remplir, plus de connaissances des lois que je n'en possédais et je m'en dispensai peu à peu. Je donnai pour excuse les fonctions plus importantes que j'avais à remplir à la Chambre comme législateur. Je fus réélu à cette place pendant dix ans consécutifs, sans avoir jamais ni demandé la voix d'un électeur, ni manifesté directement ou indirectement mon désir d'y être nommé. Lorsque je pris séance dans l'Assemblée, mon fils en fut élu secrétaire.

L'année suivante, il s'agissait de faire un traité avec les Indiens à Carlisle. Le gouverneur envoya un message à la Chambre pour lui proposer de nommer des commissaires pris dans son sein, qui, avec quelques membres du Conseil, seraient chargés de cette affaire. La Chambre fixa son choix sur M. Morris, son président, et sur moi. Munis de notre commission, nous nous rendîmes à Carlisle, et nous y trouvâmes les Indiens. Connaissant leur penchant à s'enivrer et leur habitude de se livrer aux querelles et au désordre quand ils sont ivres, nous défendîmes strictement qu'on leur vendît aucunes liqueurs fortes ; ils se plaignirent de cette défense, mais nous leur promîmes que, s'ils voulaient être sobres pendant que nous nous occuperions du traité, nous leur donnerions du rhum en abondance quand il serait terminé. Ils prirent l'engagement de ne pas s'enivrer, et ils tinrent leur parole, parce qu'on ne leur donna pas les moyens d'y manquer. Le traité fut discuté avec ordre et conclu à la satisfaction des deux parties ; ils réclamèrent alors, et on leur donna le rhum qui leur avait été promis.

C'était dans l'après-midi ; leur nombre pouvait monter à une centaine, hommes, femmes et enfants ; ils étaient logés dans des cabanes temporaires, construites en forme de carré, à deux pas de la ville. Dans la soirée, nous entendîmes un grand bruit. Nous allâmes voir ce qui était arrivé : ils avaient fait un grand feu de joie au milieu du carré ; les hommes et les femmes, également ivres, se querellaient et se battaient. Leurs corps basanés à demi-nus, et sur lesquels la lueur des flammes répandait une teinte encore plus sombre, les hurlements qu'ils poussaient, les tisons enflammés avec lesquels ils se poursuivaient et se battaient, offraient une scène qui répondait, mieux qu'on ne pourrait l'imaginer, aux idées que nous nous formons de l'enfer. Il était impossible d'apaiser le tumulte, et nous nous retirâmes. Pendant la nuit, plusieurs d'entre eux se présentèrent à notre porte en poussant de grands cris et en demandant encore du rhum ; nous n'y fîmes aucune attention. Le lendemain, ils sentirent que leur conduite avait été répréhensible, et ils nous envoyèrent trois de leurs anciens conseillers pour nous faire des excuses. L'orateur, tout en reconnaissant leur faute, la rejeta sur le rhum et chercha ensuite à justifier le rhum en disant : « *Le grand* « *Esprit qui a fait toutes choses a fait chaque chose* « *pour un usage, et il faut que chaque chose serve* « *à l'usage pour lequel elle a été faite; or, quand* « *il a fait le rhum, il a dit :* QUE LE RHUM SERVE A « ENIVRER LES INDIENS; *il faut donc bien que cela* « *soit.* » Et bien véritablement s'il entre dans les desseins de la Providence d'anéantir ces sauvages pour faire place aux cultivateurs de la terre, il semble possible que le rhum soit un des moyens qu'elle emploie : il a déjà fait disparaître toutes les castes qui habitaient autrefois les bords de la mer.

En 1751, le Dr Bond, mon ami particulier, conçut le projet d'établir un hôpital à Philadelphie : idée véritablement bienfaisante, qui m'a été attribuée, mais qui lui est due réellement. Cet hôpital devait être destiné à la réception et au traitement des pauvres malades, soit qu'ils appartinssent à la province, soit qu'ils fussent étrangers. Il déploya autant de zèle que d'activité pour obtenir des souscriptions, mais c'était une proposition toute nouvelle en Amérique; on ne la comprenait même pas bien, et il n'obtint que peu de succès. Enfin, il vint me trouver et commença par me faire un compliment, en me disant qu'il voyait qu'on ne pouvait réussir dans un projet d'esprit public sans que j'y prisse part. « Tous ceux à qui je propose de sous-

« crire, ajouta-t-il, me demandent : *Avez-vous con-*
« *sulté Franklin sur cette affaire? Qu'en pense-t-il?*
« Et, quand je leur dis que je ne vous en ai point
« parlé, parce que je crois ce projet hors du cercle
« ordinaire de vos occupations, ils ne veulent point
« souscrire, et me disent qu'ils y réfléchiront. » Je
pris de lui des renseignements sur la nature de
son plan et sur l'utilité qui devait probablement en
résulter; et ses explications m'ayant paru très satis-
faisantes, non seulement je souscrivis moi-même,
mais encore j'entrepris de grand cœur de lui procurer d'autres souscriptions.

Cependant, avant de faire aucune sollicitation à
cet égard, je m'efforçai d'y préparer l'esprit public,
en écrivant sur ce sujet dans les journaux, suivant
mon usage ordinaire, ce que le Dr Bond avait négligé
de faire. Nous reçûmes alors de nombreuses et de
généreuses souscriptions. Lorsque le nombre commença à en diminuer, je vis que le produit en serait
insuffisant, si nous ne recevions quelque secours de
l'Assemblée, et je proposai de lui présenter une
pétition, ce qui fut effectué. Les membres nommés
par les campagnes ne goûtèrent pas d'abord le
projet; ils objectèrent qu'il ne serait utile qu'à la
ville, que, par conséquent, c'était à la ville seule
d'en supporter les frais, et qu'ils doutaient que les
citoyens eux-mêmes l'approuvassent. Je répondis
que leur approbation était si générale que je ne doutais nullement que nous ne parvinssions à lever une
somme de deux mille livres (48,000 fr.), par des
donations volontaires. Mais ils regardèrent cette sup-

position comme extravagante et impossible. Ce fut
sur quoi je bâtis mon plan.

Je demandai à être autorisé à présenter un bill
pour incorporer en société les souscripteurs, suivant
leur demande, et pour leur accorder une somme
que je laisserais en blanc. J'obtins la permission de
présenter le bill, d'après la considération que la
Chambre pouvait le rejeter, si elle ne l'approuvait
pas. Je le rédigeai de manière à rendre la clause
importante conditionnelle : il portait que lorsque
les souscripteurs auraient choisi leurs administrateurs et leur trésorier, qu'ils auraient élevé leurs
souscriptions à une somme de deux mille livres,
dont l'intérêt annuel serait employé à maintenir
les pauvres dans l'hôpital, fournir à leur nourriture
et au traitement de leurs maladies, ce dont serait
justifié au président de l'Assemblée, ledit président
était autorisé à signer une ordonnance de deux mille
livres sur le trésorier provincial, pour être versées
en deux paiements égaux d'année en année entre
les mains du trésorier dudit hôpital, et être employées aux frais de construction des bâtiments.
Cette condition fit passer le bill. Les membres qui
s'étaient opposés à cette mesure crurent pouvoir
obtenir à bon marché une réputation de charité et
n'y firent plus d'objections. Mais alors, en sollicitant de nouvelles souscriptions, nous fîmes valoir la
promesse conditionnelle contenue en ce bill, comme
un nouveau motif pour donner, puisque son effet
devait être de doubler chaque donation. Cette clause
devint donc doublement utile ; les souscriptions excé-

dèrent bientôt la somme requise; nous demandâmes
et nous obtînmes le paiement de celle qui avait
été promise sur les fonds publics, et nous fûmes en
état de mettre à exécution notre projet. Un bâtiment
convenable s'éleva bientôt; l'expérience démontra
constamment l'utilité de cet établissement, qui existe
encore aujourd'hui. Je ne me rappelle aucune de
mes manœuvres politiques dont le succès m'ait
causé autant de plaisir, et dans laquelle, en y réfléchissant, je me trouve plus excusable de mon habi-
leté.

C'est vers cette époque qu'un autre faiseur de
projets, le révérend Gilbert Tennent, vint me prier
de l'aider à lever une souscription pour bâtir une
nouvelle chapelle. Elle était destinée à l'usage d'une
congrégation qu'il avait formée parmi les presbytériens qui avaient été originairement disciples de
M. Whitefield. Je ne voulais pas me rendre importun
à mes concitoyens en leur demandant trop souvent
des souscriptions : je refusai décidément. Il me pria
alors de lui donner la liste des personnes que je
connaissais par expérience pour être généreuses et
animées d'un esprit public. Je pensais qu'après avoir
reçu d'elles tant de marques de complaisance il
ne me convenait pas de les désigner pour être assié-
gées de nouvelles demandes, et je refusai encore. Il
se borna enfin à me demander mes avis. « Quant à
cela, lui répondis-je, fort volontiers. Je vous conseille
donc, d'abord, de vous adresser à tous ceux dont
vous croyez pouvoir obtenir quelque chose ; ensuite,
de voir ceux de la générosité desquels vous n'êtes

pas aussi sûr, et de leur montrer la liste de ceux qui auront déjà donné ; enfin de ne pas négliger ceux que vous croyez ne devoir rien donner, parce que vous pouvez vous tromper à l'égard de quelques-uns. » Il me remercia en riant et me dit qu'il suivrait mon avis. Il le fit effectivement, car il demanda à tout le monde, et il obtint une somme plus forte qu'il ne l'espérait, somme qui servit à élever la belle et spacieuse chapelle qui se trouve dans Arch-Street.

Notre ville, percée avec une belle régularité, avec des rues larges, droites, se coupant à angles droits, présentait pourtant l'inconvénient de n'être point pavée. Dans les temps pluvieux les roues des voitures pesantes les labouraient de manière à en faire un bourbier qu'il était impossible de traverser et pendant la sécheresse la poussière était fort incommode. J'avais demeuré près de l'endroit appelé le marché de Jersey, et je voyais avec peine les habitants s'enfoncer dans la boue pour aller acheter leurs provisions. On pava enfin en briques un emplacement au milieu du marché, de manière que là on se trouvait au moins sur la terre ferme ; mais il fallait souvent se mettre dans la boue jusqu'à la cheville pour y parvenir. A force de parler et d'écrire sur ce sujet, j'obtins qu'on pavât la rue en pierres, depuis le marché jusqu'au trottoir en briques qui régnait le long des maisons. Mais le reste de la rue n'était point pavé : les voitures en y passant ébranlaient le passage pavé, le couvraient de boue et, comme la ville n'avait point alors de balayeurs, personne ne s'occupait de le nettoyer. Après quelques

recherches, je découvris un pauvre homme laborieux
qui se chargea de nettoyer ce passage et les trottoirs
qui bordent chaque maison, en les balayant deux
fois par semaine et en enlevant la boue, moyennant
une rétribution de six sous par mois et par maison.
Je fis imprimer sur-le-champ une note pour démontrer les avantages qui résulteraient de cette petite
dépense : plus de facilité à entretenir la propreté
dans nos maisons, ceux qui y entreraient n'y appor-
tant plus de boue ; plus d'aisance aux acheteurs pour
arriver dans les boutiques, et partant, plus de débit
pour les marchands ; plus de propreté, la poussière
ne couvrant plus les marchandises dans les grands
vents, etc. etc. J'envoyai cet écrit dans chaque
maison, et j'y passai le lendemain ou le surlende-
main pour voir quels étaient ceux qui voudraient
signer l'obligation de payer les six sous par mois.
Pas un habitant ne s'y refusa et la promesse fut
fidèlement exécutée pendant un certain temps. Tous
les habitants de la ville furent enchantés de la propreté des trottoirs qui entouraient le marché, propreté qui était d'utilité générale. Il en résulta que
chacun éprouva le désir de voir paver toutes les rues,
et que le public se trouva disposé à se soumettre à
une taxe pour effectuer ce projet.

Quelque temps après, j'établis un bill pour faire
paver la ville et je le présentai à l'Assemblée. C'était
avant mon voyage en Angleterre, en 1757, et il ne
passa qu'à mon retour, avec un changement dans le
mode de répartition, mais avec un article additionnel
pour l'éclairage de la ville, ce qui était important. Ce

fut un particulier, feu M. John Clifton, qui, en plaçant une lanterne à sa porte, en fit reconnaître l'utilité et donna la première idée d'éclairer ainsi toute
la ville. On m'a fait honneur de ce service rendu au
public, mais c'est à M. Clifton qu'il appartient véritablement. Je ne fis que suivre son exemple, et je n'ai
d'autre mérite à réclamer que d'avoir donné à nos
lampes une nouvelle forme, différente de celles en
globe qu'on nous avait d'abord envoyées de Londres.
On reconnut à celles-ci plusieurs inconvénients. L'air
n'y pénétrant point par dessous, la fumée ne s'en
échappait pas facilement ; elle circulait dans l'inté-
rieur du globe, s'attachait au verre et empêchait le
passage de la lumière qui devait être produite. Elles
occasionnaient d'ailleurs l'embarras de les nettoyer
tous les jours, et un coup donné par accident les
brisait entièrement et les mettait hors de service. Je
donnai donc l'idée de les former de quatre morceaux
de verre plat, surmontés d'un long tuyau pour livrer
passage à la fumée, et ayant par le bas quelques
ouvertures pour que l'air pût y pénétrer. Par ce
moyen, elles ne se salissaient point, ne s'obscurcis-
saient pas au bout de quelques heures, comme les
lampes de Londres, et continuaient à briller jusqu'au
matin ; enfin, un accident ne brisait qu'un des côtés
et pouvait aisément se réparer. J'ai été souvent étonné
que les habitants de Londres, voyant les lampes en
globe, mais percées par le bas, usitées au Vauxhall,
et toujours propres, ne les aient pas adoptées pour
l'éclairage de leurs rues. Mais le trou qui existe au
bas des lampes du Vauxhall n'a été imaginé que pour

les allumer plus promptement par le moyen d'une petite mèche qui y passe, et il paraît qu'on n'a pas réfléchi au second avantage qu'on en retire par la circulation de l'air.

Aussi, quand les lampes ont été quelques heures allumées, les rues de Londres sont-elles misérablement éclairées.

Puis, je m'occupai du balayage des rues.

On peut regarder de semblables matières comme indignes d'occuper nos pensées et nos discours. Il est certain qu'un peu de poussière qui tombe dans les yeux d'un individu, ou qui s'introduit dans une boutique un jour de grand vent, est une chose de bien peu d'importance; mais la fréquente répétition de ces petits accidents dans une grande ville les rendait dignes de quelque attention. C'est donc un motif pour ne pas blâmer trop sévèrement ceux qui s'occupent d'objets en apparence peu dignes de nos réflexions. Le bonheur des hommes est plus rarement le résultat de faveurs éclatantes de la fortune (elle ne les accorde pas fréquemment) que de petits événements qui peuvent arriver tous les jours. Si vous apprenez à un pauvre homme à se raser, à tenir son rasoir en bon état, vous contribuerez plus au bonheur de sa vie qu'en lui donnant mille guinées. Cette somme pourrait être bientôt dépensée ; il ne lui en resterait que le regret de l'avoir mal employée : mais, dans l'autre cas, il échappe au désagrément d'attendre un barbier ; de sentir une main, quelquefois malpropre, se promener sur son visage ; de respirer une mauvaise haleine ; d'être écorché par des rasoirs émoussés. Il se rase à l'instant qui lui convient, il jouit du plaisir de se servir, tous les jours, d'un bon rasoir. Tel est le sentiment qui m'a dicté les pages qui précèdent. Elles m'ont été inspirées par l'espoir qu'il pourra s'y trouver quelques idées qui, un jour ou l'autre, pourront être utiles.

J'avais été employé quelque temps par le Directeur général des postes, en Amérique, comme contrôleur, pour mettre l'ordre dans différents bureaux et en rendre compte aux titulaires ; je fus, lors de sa mort, nommé pour lui succéder, conjointement avec M. William Hu..., en vertu d'une commission du maître général des postes d'Angleterre. Le bureau des postes d'Amérique n'avait jusqu'alors rien payé à celui d'Angleterre ; nous devions avoir six cents livres (14,400 francs) à partager entre nous, si les bénéfices de cette administration s'élevaient à cette somme. Pour y parvenir, il fallait faire un grand nombre de changements, dont quelques-uns furent d'abord inévitablement très coûteux, de sorte que pendant les premiers quatre ans, la place nous fut redevable de plus de neuf cents livres (21,600 francs) ; mais elle commença bientôt à nous en dédommager et avant que je fusse déplacé par une bourrasque ministérielle dont je parlerai ci-après, nous avions amené les Postes à produire à la Couronne un revenu net trois fois plus considérable que ne lui rapportèrent jamais les postes d'Irlande.

Qu'en retira-t-elle depuis cette affaire imprudente ? Pas une obole.

Les affaires des Postes m'obligèrent à faire cette

année un voyage dans la Nouvelle-Angleterre, où le collège de Cambridge, de son propre mouvement, m'offrit le grade de maître ès art. Celui d'Yale, dans le Connecticut, m'avait déjà accordé la même distinction. Ainsi, sans avoir jamais étudié dans aucun collège, j'en obtins les honneurs. Ils me furent accordés en considération de mes progrès et de mes découvertes dans la branche électrique de la philosophie naturelle.

X

En 1754, on craignit de nouveau la guerre avec la France, et un congrès de commissaires des différentes colonies devait s'assembler à Albany, par ordre du Conseil de commerce, pour conférer, avec les chefs des six provinces, sur les moyens de défendre leur pays et le nôtre. Le gouverneur Hamilton reçut cet ordre et en informa la Chambre : il l'engageait à fournir des présents convenables pour les Indiens, auxquels il fallait en offrir en cette occasion ; et il nommait M. le président Morris et moi pour nous joindre à M. John Penn et au secrétaire Peters, en qualité de commissaires pour la Pensylvanie. La Chambre approuva cette nomination, pourvut aux

présents nécessaires, quoiqu'elle n'aimât pas beaucoup à traiter hors de la province, et nous nous
réunîmes à Albany vers la mi-juin avec les autres
commissaires. Je dressai en chemin un projet d'union
de toutes les colonies sous un seul gouvernement,
en tant que cela pouvait être nécessaire pour leur
défense et pour d'autres objets importants d'intérêt
général. En passant par New-York, j'y montrai mon
projet à MM. James Alexandre et Kennedy, hommes
très expérimentés dans les affaires publiques; je
me sentis plus fort après leur approbation et je me
hasardai à le mettre sous les yeux du Congrès. Il
apparut alors que plusieurs commissaires avaient
préparé des projets du même genre. On posa d'abord
une première question, à savoir s'il serait établi une
union. La réponse fut affirmative à l'unanimité. On
nomma alors un comité composé d'un membre de
chaque colonie pour examiner les différents plans
et en faire un rapport. Il arriva que le mien obtint
la préférence, et l'on en proposa l'adoption avec
quelques amendements. D'après ce projet, le gouvernement général devait être confié à un président
nommé et payé par la Couronne, et un grand Conseil
devait être choisi par les représentants des habitants des différentes colonies, réunis dans leurs
assemblées respectives. Les débats sur ce plan eurent
lieu tous les jours dans le Congrès, concurremment
avec les affaires relatives aux Indiens. On fit bien des
objections, on souleva bien des difficultés; mais on
répondit aux unes, on écarta les autres et, le projet
ayant été adopté à l'unanimité, on ordonna d'en

envoyer copie au Conseil du commerce et aux Assemblées des différentes provinces.

Sa destinée fut singulière. Les Assemblées ne l'approuvèrent point, parce qu'elles trouvèrent qu'il accordait trop à la prérogative royale, et l'on jugea en Angleterre qu'il donnait trop à la démocratie. Le Conseil du commerce ne l'approuva point et ne le recommanda pas à l'approbation de Sa Majesté; mais on proposa un autre projet qu'on supposa tendre au même but par une marche plus convenable : les gouverneurs des provinces devaient s'assembler avec quelques membres de leurs Conseils, ordonner la levée de troupes, la construction de forts, etc., et tirer sur le Trésor public de la Grande-Bretagne pour cette dépense dont il devait être remboursé par une taxe qui serait imposée sur l'Amérique, en vertu d'un acte du Parlement. Mon projet et les raisons sur lesquelles je l'appuyais se trouvent dans mes papiers politiques imprimés. L'hiver suivant, à Boston, je causai beaucoup de ces deux projets avec le gouverneur Shirley. Une partie de ce qui se passa entre nous à cette occasion peut se voir aussi dans les mêmes papiers. Les raisons différentes qui firent désapprouver mon projet me portent à croire qu'il était réellement un moyen terme entre deux extrêmes, et je pense encore qu'il aurait été heureux pour les deux partis qu'il eût été adopté. Les colonies ainsi réunies auraient été assez fortes pour se défendre elles-mêmes; on n'aurait pas eu besoin d'y envoyer des troupes d'Angleterre, par conséquent on n'aurait pas eu de prétexte pour imposer une taxe sur l'Amé-

rique, et l'on aurait évité une contestation sanglante.
Mais de telles erreurs ne sont pas nouvelles : l'histoire est pleine de fautes commises par les princes
et par les États.

> Combien dans l'univers trouve-t-on de mortels
> De ce qui leur convient vivant dans l'ignorance,
> Ou n'agissant pas mieux, s'ils en ont connaissance !

Ceux qui gouvernent ont à s'occuper de beaucoup
d'affaires; ils n'aiment pas, en général, à se donner
la peine d'examiner de nouveaux projets et de les
mettre à exécution. Les meilleures mesures d'intérêt
public sont donc *rarement adoptées par une sagesse
de prévision; elles sont forcées par les circonstances.*

Le gouverneur de Pensylvanie envoya à l'Assemblée le projet arrêté par le Congrès et en exprima son
approbation en disant « qu'il lui paraissait conçu
avec autant de clarté que de force de jugement et
qu'il le recommandait comme méritant la plus grande
et la plus sérieuse attention ». La Chambre, cependant, grâce à l'adresse d'un de ses membres, s'occupa
de cette affaire pendant que je ne m'y trouvais pas,
ce que je ne regardai pas comme très loyal, et le
rejeta sans y donner la moindre attention, à ma
grande mortification.

En me rendant à Boston, cette année-là, je rencontrai à New-York notre nouveau gouverneur,
M. Morris, qui arrivait d'Angleterre. J'avais été intimement lié avec lui. Il apportait une commission pour
remplacer M. Hamilton, qui, fatigué des querelles
auxquelles l'exposaient les instructions des Proprié-

taires, avait donné sa démission. M. Morris me demanda si je pensais qu'il dût avoir une administration aussi désagréable. « Non, lui répondis-je ; « vous pouvez, au contraire, en avoir une très satis « faisante, si vous voulez seulement éviter les que « relles avec l'Assemblée. — Mon cher ami, reprit « il en plaisantant, comment pouvez-vous me con « seiller d'éviter les querelles? Vous savez que j'aime « à disputer; c'est un de mes plus grands plaisirs. « Cependant, pour vous montrer ma déférence à « vos conseils, je vous promets d'éviter les discus « sions, s'il est possible. » Il avait quelque raison pour aimer discuter, car il était éloquent, adroit, sophiste, et ses raisonnements avaient du succès presque toujours dans la conversation : il y avait été rompu dès son enfance. Son père, à ce qu'on m'a dit, accoutumait ses enfants à discuter entre eux, pour s'amuser après avoir dîné. Je crois pourtant que cette conduite n'était pas sage. Mes observations m'ont appris que ces discuteurs, ces amis des controverses et des répliques sont généralement malheureux dans leurs entreprises : ils remportent quelquefois la victoire, mais ils ne gagnent jamais l'amitié, ce qui leur serait souvent plus utile.

Nous nous séparâmes ; il allait à Philadelphie, et je me rendais à Boston. A mon retour, je pris connaissance à New-York des votes de l'Assemblée de la Pensylvanie, et j'y vis que, malgré sa promesse, le gouverneur se trouvait déjà en guerre ouverte avec la Chambre. Et cette guerre dura aussi longtemps qu'il resta en place. J'eus ma part du combat, car dès que j'eus repris ma place dans l'Assemblée, on me nomma de tous les comités pour répondre à ses discours et à ses messages, et chaque comité me chargeait de préparer les réponses. Elles étaient souvent aussi aigres que ses messages, et conçues quelquefois en des termes peu modérés. Comme il savait que j'en étais le rédacteur, on pourrait croire que lorsque nous nous rencontrions nous étions prêts à nous couper la gorge ; mais il avait un si bon caractère que cette contestation ne causa aucune animosité personnelle entre lui et moi, et nous dînions souvent ensemble. Dans le plus grand feu de cette querelle publique, nous nous rencontrâmes un soir. « Franklin, me dit-il, il faut que vous veniez passer « la soirée chez moi : vous y trouverez compagnie « qui vous plaira. » Après le souper, on se livra à la gaieté en vidant quelques bouteilles ; il nous dit en plaisantant qu'il aimait beaucoup l'idée de Sancho Pança qui, lorsqu'on lui proposa un gouvernement, demanda que ce fût un gouvernement de nègres, afin de pouvoir vendre ses administrés s'il ne s'accordait pas avec eux. Un de ses amis, qui était près de moi à table, me dit : « Eh bien ! Franklin, « pourquoi continuez-vous à prendre parti pour ces « maudits Quakers ? Ne feriez-vous pas mieux de les « vendre ? On vous en donnerait un bon prix. — Le « gouverneur, lui répondis-je, ne les a pas encore « rendus assez noirs. » Il avait pourtant bien travaillé à noircir l'Assemblée dans tous ses messages ; mais elle savait se débarrasser de ce coloris et l'en couvrir tout entier. Enfin, comme M. Hamilton, il se trouva fatigué de ces contestations continuelles et renonça au gouvernement.

Au fond, ces querelles publiques étaient la faute des Propriétaires, nos gouverneurs héréditaires, qui, toutes les fois qu'il fallait faire quelque dépense pour la défense de leur province, donnaient, avec une bassesse incroyable, comme instructions à leurs agents de ne laisser passer aucun acte pour lever les taxes nécessaires, à moins que leurs vastes domaines n'en fussent expressément exemptés. Ils avaient même exigé de ces agents des garanties pour s'assurer qu'ils exécuteraient ces instructions. Les Assemblées tinrent bon pendant trois ans contre cette injustice; mais elles furent obligées de céder.

La guerre était, en quelque sorte, commencée contre la France. Le gouvernement de Massachusets projeta une attaque sur Crown-Point, et envoya M. Quincy en Pensylvanie, et M. Pownal, qui fut ensuite gouverneur, à New-York, pour solliciter des secours. Comme j'étais membre de l'Assemblée, que j'en connaissais l'esprit et que j'étais compatriote de M. Quincy, il vint me prier de l'aider au succès de sa demande. Je rédigeai donc l'adresse qu'il devait présenter, et qui fut favorablement accueillie.

M. Quincy, dans un mémoire très bien fait, adressa ses remerciements à l'Assemblée, et partit fort content du succès de sa mission. Il conserva toujours pour moi l'amitié la plus franche et la plus cordiale.

Le Gouvernement anglais ne voulait pas permettre l'union des colonies, comme elle avait été proposée à Albany, ni se fier à cette union pour leur défense, de peur qu'elles ne prissent un esprit trop militaire et qu'elles ne sentissent leur propre force. Par jalousie et par défiance contre elles, on envoya le général Braddock avec deux régiments anglais de troupes régulières. Il débarqua à Alexandrie, dans la Virginie, et s'avança jusqu'à Frédéric-Town, dans le Maryland, où il s'arrêta, faute de voitures de transport. Notre Assemblée avait reçu avis qu'on avait inspiré à ce général de violentes préventions contre elle, et qu'on l'avait présentée comme mal disposée pour le service public. Elle m'engagea à me rendre près de lui, non comme chargé d'une mission de sa part, mais en ma qualité de directeur général des postes, sous prétexte de régler avec lui la manière de transmettre avec certitude et célérité la correspondance entre lui et les gouverneurs des différentes provinces. Mon fils m'accompagna dans ce voyage.

Nous trouvâmes le général à Frédéric-Town; il attendait avec impatience le retour des messagers qu'il avait envoyés sur ses derrières dans le Maryland et la Virginie pour y rassembler des chariots. Je passai plusieurs jours avec lui, dînai chez lui tous les jours et ne manquai pas d'occasions de dissiper ses préventions en lui rendant compte de ce que l'Assemblée avait fait avant son arrivée, et de ce qu'elle voulait encore faire pour faciliter ses opérations. Presque à l'instant de mon départ, il apprit le nombre des chariots qu'on avait pu se procurer : ils ne montaient qu'à vingt-cinq, encore

tous n'étaient-ils pas en état de servir. Le général
et tous ses officiers furent très surpris et dirent
que l'expédition était manquée, puisqu'il leur était
impossible d'aller plus loin sans transports. Ils se
plaignirent des ministres, dont l'ignorance les envoyait dans un pays où ils ne pouvaient trouver les
moyens de faire marcher leurs provisions, leurs bagages, etc., et déclarèrent que cent cinquante chariots
au moins leur étaient nécessaires. Je leur dis qu'il
était malheureux qu'ils n'eussent pas débarqué en
Pensylvanie, attendu qu'en ce pays presque chaque
cultivateur avait un chariot. Le général ne laissa pas
tomber ces paroles et me dit vivement : « Alors,
« Monsieur, vous qui y avez du crédit, vous pourrez
« sans doute nous en procurer, et je vous prie de
« vous en charger. » Je lui demandai quel prix il
offrait aux propriétaires des chariots. Il m'engagea à
mettre par écrit les conditions qui me paraîtraient
nécessaires. Je le fis sur-le-champ, il consentit à
tout, et l'on me prépara de suite une commission et
des instructions. On verra, dans l'avis que je fis publier aussitôt que je fus arrivé à Lancastre, quelles
étaient ces conditions. J'insère ici cette pièce en
entier, parce qu'elle est curieuse, à cause de l'effet
soudain qu'elle produisit.

AVIS

Lancastre, 26 avril 1753.

« Attendu qu'on a besoin de cent cinquante chariots attelés de quatre chevaux, et de mille cinq cents

chevaux de selle ou de transport pour le service des troupes de Sa Majesté, maintenant réunies à Wills-Creek, et qu'il a plu à S. E. le général Braddock de me confier ses pouvoirs pour faire des marchés à ce sujet, je donne avis, par ces présentes, que je resterai pour cet objet à Lancastre, depuis ce jour jusqu'à mercredi soir, et à York depuis jeudi matin jusqu'à vendredi soir, où je serai prêt à recevoir les soumissions pour la fourniture des chariots et des chevaux aux conditions suivantes :

1° Il sera payé pour chaque chariot attelé de quatre bons chevaux, avec un conducteur, 15 shillings par jour (18 fr. 75 c.) ; pour chaque cheval sellé et harnaché, 2 shillings (2 fr. 40 c.), et pour chaque cheval sans selle 18 pence (1 fr. 80 c.) ;

2° Cette paye commencera à partir du jour de leur arrivée à Wills-Creek, qui doit avoir lieu au plus tard le 20 mai prochain, et on payera une indemnité raisonnable pour le voyage à Wills-Creek, et pour le retour chez eux, quand leur service ne sera plus nécessaire ;

3° Les voitures, les chevaux et les selles devront être évalués par des experts choisis par le propriétaire et par moi ; et, en cas de perte de quelques chariots ou chevaux pendant le temps du service, le montant de cette évaluation sera payé ;

4° Tout propriétaire de chariot ou de cheval recevra de moi, comptant, s'il le désire, sept jours d'avance de cette paye, à l'instant de la signature du marché ; le surplus lui sera payé par le général Braddock ou par le payeur de l'armée, à la fin du service ou à différents termes, comme il le voudra;

5° Sous quelque prétexte que ce soit, on ne pourra exiger d'aucun conducteur de chariots ou de chevaux qu'ils remplissent les fonctions de soldats ou qu'ils fassent autre chose que conduire les voitures et soigner les chevaux;

6° L'avoine, le blé d'Inde, et tous les fourrages que les chariots porteront au camp au-delà de ce qui est nécessaire pour la nourriture des chevaux, seront achetés pour le service de l'armée à un prix raisonnable.

« Nota : Mon fils William Franklin est autorisé à passer de semblables marchés avec tout habitant du comté de Cumberland.

B. FRANKLIN. »

Aux habitants des comtés de Lancastre, d'Yorck et de Cumberland

AMIS ET CONCITOYENS,

« J'étais par hasard au camp de Frédéric-Town, il y a quelques jours; je trouvai le général et les officiers forts mécontents de n'avoir pu obtenir les voitures et les chevaux qu'ils attendaient de cette province comme étant le plus en état d'en fournir. Mais, attendu les différends entre notre gouverneur et l'Assemblée, on n'avait ni disposé de fonds, ni pris aucune mesure pour cet objet.

« Il avait été proposé d'envoyer sur-le-champ une

force armée dans ces comtés, de s'emparer des meilleurs chariots et chevaux qu'on y trouverait, et de forcer à les suivre le nombre d'hommes nécessaires pour conduire les uns et prendre soin des autres.

« Je craignis que la marche des soldats anglais dans ces comtés en une telle occasion, et dans un instant où ils ont conçu de l'humeur et du ressentiment contre nous, ne fût suivie de grands inconvénients pour les habitants, et je m'empressai de chercher ce qu'on pourrait faire par des moyens justes et équitables.

Puisque ces comtés se sont plaints dernièrement à l'Assemblée qu'il ne s'y trouvait pas assez d'argent en circulation, voici l'occasion d'y attirer une somme considérable, car, si le service de cette expédition dure cent vingt jours, comme cela est plus que probable, le loyer des chevaux et chariots produira plus de trente mille livres (720,000 fr.) qui vous seront payés en or et en argent au coin du roi.

« Le service ne sera ni pénible ni difficile, car l'armée ne fera guère de marche au-dessus de douze milles par jour, et les chariots et chevaux, transportant des objets absolument nécessaires à l'armée, doivent nécessairement l'accompagner et non la précéder; et l'intérêt même de l'armée exige qu'ils soient toujours placés dans l'endroit le plus en sûreté, soit pendant les marches, soit dans les camps.

« Si vous êtes réellement, comme je le crois, de bons et fidèles sujets de S. M., vous pouvez en ce moment vous charger d'un service qui lui sera utile,

et qui vous sera profitable : trois ou quatre personnes, qui ne pourraient se passer d'un chariot
de quatre chevaux et d'un conducteur, peuvent se
réunir ; l'un fournira le chariot, l'autre le conducteur, les autres les chevaux, et ils en parta-
geront le loyer proportionnellement. Mais si vous
refusez de vous rendre utiles à votre roi et à votre
pays, quand on vous offre des conditions si raisonnables, votre loyauté deviendra fort suspecte ; et
comme il faut que le service du roi se fasse, tant de
braves soldats venus de si loin pour vous défendre
ne resteront pas dans l'inaction par votre faute et
parce que vous ne voudriez pas faire ce qu'on a droit
d'attendre raisonnablement de vous. Il faut absolument des chariots et des chevaux : on aura donc
recours à des mesures violentes pour s'en procurer ;
vous chercherez une indemnité où vous pourrez la
trouver, et vous n'inspirerez ni intérêt ni compassion.

« Je n'ai d'autre motif pour vous parler ainsi que
le désir de votre avantage. Les peines que je prends
sont tout ce que j'ai à en attendre ; mais, si ce moyen
d'obtenir des chevaux et des voitures ne réussit pas,
je suis obligé d'en donner avis au général dans
quatorze jours, et je suppose que sir John Saint-
Clair, le hussard, entrera sur-le-champ dans la province pour s'en procurer. Je serai très fâché de
l'apprendre, parce que je désire véritablement votre
bien, et que je suis sincèrement

« Votre ami,

« B. FRANKLIN. »

Je reçus du général environ huit cents livres
(19,200 fr.) pour payer une avance aux propriétaires
de voitures et de chevaux ; mais, cette somme étant
insuffisante, j'avançai plus de deux cents livres en sus
(4,800 fr.), et en quinze jours, cent cinquante chariots
et deux cent cinquante-neuf chevaux de transport
étaient en marche pour le camp. Mon avis contenait
la promesse qu'en cas de perte des voitures et des chevaux le paiement en serait fait suivant l'évaluation,
mais les propriétaires alléguant qu'ils ne connaissaient pas le général Braddock, et qu'ils ne savaient
pas jusqu'à quel point ils pourraient compter sur
ses promesses, exigèrent mon cautionnement que je
consentis à leur donner.

Tandis que j'étais au camp, comme je soupais un
soir avec le colonel Dunbar et ses officiers, il me
témoigna son regret que les officiers subalternes,
qui, en général, n'étaient pas riches, ne pussent se
procurer diverses provisions qui leur seraient bien
utiles dans les pays inhabités qu'ils avaient à traverser, et où ils ne pourraient rien se procurer. Je par-
tageai le même sentiment et je résolus de tâcher de
leur fournir quelques secours. Je ne lui dis pourtant
rien de mon intention ; mais j'écrivis le lendemain
matin au comité de l'Assemblée, qui avait quelques
fonds à sa disposition, et l'engageai à prendre en
sérieuse considération la situation de ces officiers :
je proposai de leur envoyer quelques provisions en
présent. Mon fils, qui connaissait un peu la vie d'un
camp et ce qui peut y être utile, me donna la liste
des objets à envoyer et je la joignis à ma lettre. Le

comité fit droit à ma demande avec tant de diligence
que les provisions conduites par mon fils arrivèrent
au camp en même temps que les chariots. Elles
furent apportées sur vingt chevaux destinés aussi
à être offerts aux officiers; elles étaient réparties en
vingt lots, dont chacun contenait :

Six livres de sucre en pain.
Six de cassonnade.
Une de thé vert.
Une de thé Bohea.
Six de café moulu.
Six de chocolat.
Six de riz.
Six de raisins secs.
Une demi-livre de poivre.
Une demi-livre du meilleur biscuit blanc.
Un quart de vinaigre blanc.
Une caisse de vingt livres de beurre.
Deux douzaines de bouteilles de vieux vin de Madère.
Deux gallons de rhum de la Jamaïque.
Un fromage de Glocester.
Une bouteille de fleur de moutarde.
Deux jambons.
Une demi-douzaine de langues.

Ce présent fut reçu avec grand plaisir et les colo-
nels des deux régiments en témoignèrent leur reconnaissance par des lettres qu'ils m'écrivirent dans les
termes les plus flatteurs. Le général ne fut pas moins
satisfait de la manière dont je lui avais procuré des
voitures et des chevaux et me remboursa sur-le-
champ mille livres sur le payeur de l'armée, laissant
le surplus des avances que j'avais faites. Il me pria de
lui continuer mon aide en lui envoyant des provisions; je m'en chargeai, et je m'en occupai jusqu'à
ce que j'apprisse sa défaite. J'avançai de mes propres
fonds pour ce service plus de mille livres (24,000 fr.),
et je lui en envoyai le compte. Heureusement pour
moi, il le reçut quelques jours avant la bataille,
et me fit passer sur-le-champ une ordonnance de
plus pour le compte suivant. Je regarde ce paiement

comme un grand bonheur, car jamais je ne pus obtenir d'être payé de ce surplus.

Ce général était, je crois, un homme brave, et dans une guerre en Europe il aurait probablement figuré en excellent officier ; mais il avait trop de confiance en lui-même, trop d'opinion des troupes régulières, pas assez des Américains ni des Indiens. Georges Grohan, notre interprète, alla le rejoindre pendant sa marche avec cent Indiens qui lui auraient été très utiles comme guides, éclaireurs, etc., s'il les avait traités avec bonté ; mais il les dédaigna, les méprisa, et ils finirent par l'abandonner. En causant un jour avec moi, il me parlait de ses projets de campagne : « Après avoir pris le fort Duquesne, me « dit-il, je marcherai vers Niagara et, après m'en « être emparé, j'avancerai vers Frontenac, si la « saison me le permet, comme je le pense, car le « fort Duquesne me retiendra à peine trois à quatre « jours, et alors je ne vois rien qui puisse arrêter « ma marche vers Niagara. »

Je repassai dans mon esprit la longue ligne que devait suivre son armée dans sa marche, par une route étroite qu'il fallait se frayer à travers bois ; j'avais lu la défaite de quinze cents Français qui avaient pénétré dans le pays des Illinois ; et je concevais quelques doutes et quelques craintes sur le succès de la campagne. Je ne me permis pourtant que de lui dire : « Certainement, Monsieur, si vous arrivez devant le fort Duquesne avec une armée en bon état, de si belles troupes, et une si bonne artillerie, il est probable que, malgré les fortifications

et la défense, une garnison nombreuse, il ne pourra
faire une longue résistance. Le seul danger que j'ap-
préhende vient des obstacles que pourront mettre à
votre marche les embuscades des Indiens, que l'expérience a rendus habiles à en dresser ; et la route
étroite que votre armée doit s'ouvrir, sur la longueur de près de quatre milles, peut l'exposer à être
attaquée par surprise sur les flancs, à être coupée,
comme un fil, en différents morceaux, avant que la
distance permette à une troupe d'en secourir une
autre. » Il sourit de mon ignorance et me répondit : « Ces sauvages peuvent être des ennemis for-
« midables pour votre milice américaine inexpéri-
« mentée ; mais il est impossible, Monsieur, qu'ils
« obtiennent le moindre avantage sur les troupes
« régulières et disciplinées du roi. » Je sentis qu'il
ne me convenait pas de disputer avec un militaire
sur des affaires de sa profession, et je n'en dis pas
davantage.

L'ennemi ne prit pourtant pas sur l'armée du général Braddock l'avantage que je craignais que sa
marche ne lui donnât ; il la laissa avancer sans interruption jusqu'à neuf milles du fort. Là, l'armée venait de passer une rivière, sur le bord de laquelle
on avait fait halte pour donner à tous les soldats le
temps de la traverser, et l'on se trouvait dans un
endroit du bois plus ouvert que ceux par où l'on avait
passé, quand l'avant-garde fut attaquée par une vive
fusillade qui partit de derrière des buissons, et ce
fut la première nouvelle que le général reçut de
l'approche de l'ennemi. Le désordre se mit dans les

rangs. Le général fit marcher ses troupes pour secourir son avant-garde, mais ce mouvement s'effectua avec quelque confusion, au milieu des chariots, des bagages et des bestiaux qui suivaient l'armée. Le feu des ennemis fut alors dirigé sur les flancs; les officiers étant à cheval se distinguaient plus aisément, servaient de but aux tirailleurs et tombaient en grand nombre. Les soldats, serrés les uns contre les autres, ne recevant pas d'ordre, ou ne les entendant point, restèrent exposés au feu jusqu'à ce que les deux tiers fussent tués ; et le reste, saisi d'une terreur panique, prit la fuite avec précipitation. Les voituriers détachèrent chacun un cheval de leur attelage et le montèrent pour s'enfuir ; cet exemple fut suivi par d'autres : enfin chariots, magasins, provisions, artillerie, tout resta au pouvoir de l'ennemi.

Le général fut blessé, et ce ne fut pas sans difficultés qu'on parvint à le sauver. Son secrétaire, M. Shirley, fut tué à ses côtés. Sur quatre-vingt-six officiers, soixante-trois furent tués ou blessés ; et l'on perdit sept cent quatorze soldats sur onze cents. Ces onze cents hommes avaient été choisis dans toute l'armée; les autres étaient restés avec le colonel Dunbar, qui devait suivre avec la partie la plus pesante des bagages et des provisions. Les fuyards, n'étant pas poursuivis, arrivèrent au camp de Dunbar, et l'épouvante qu'ils y apportaient s'empara de lui et de ses soldats. Quoiqu'il eût encore plus de mille hommes, et que les forces qui avaient battu Braddock n'excédassent pas quatre cents hommes, Français et Indiens, au lieu de marcher en avant et de chercher à réparer l'honneur anglais, il fit brûler tous les bagages, toutes les munitions, afin d'avoir moins de choses à emporter, et plus de chevaux pour faciliter sa fuite. En arrivant aux frontières, il reçut des gouverneurs de la Virginie, du Maryland et de la Pensylvanie l'invitation d'y placer ses troupes pour en protéger les habitants ; mais il n'en continua pas moins sa marche rapide, et ne se crut en sûreté qu'en arrivant à Philadelphie, dont les habitants pourraient le protéger. Cette affaire nous fit soupçonner, pour la première fois en Amérique, que les idées exaltées que nous avions conçues sur la bravoure des troupes régulières anglaises n'étaient pas fondées.

L'armée, dans sa marche, depuis son débarquement jusqu'au-delà des habitations, avait aussi pillé et dépouillé les habitants, et ruiné de pauvres familles, insultant et maltraitant quiconque s'opposait à cette violence. C'en était assez pour nous empêcher de désirer de pareils défenseurs, si réellement nous en eussions eu besoin. Quelle différence de cette conduite avec celle de nos amis les Français, qui, pendant une marche de près de sept milles, à travers la partie la moins peuplée de notre pays, de Rhode-Island en Virginie, ne donnèrent pas lieu à la plus légère plainte, pas même pour le vol d'un cochon, d'une poule ou d'une pomme !

Le capitaine Orme, l'un des aides de camp du général, avait été blessé dangereusement ; il avait été ramené avec le général et était resté près de lui jusqu'à sa mort, qui ne tarda pas. Il me dit que le

Francklin à la Cour de France.

néral avait gardé le silence pendant toute la première journée ; que, la nuit, il s'écria : « Qui l'eût jamais pensé? » Que, le lendemain, il ne parla pas davantage ; qu'il dit enfin : « Nous saurons mieux les combattre une autre fois, » et qu'il expira quelques minutes après.

Les papiers du secrétaire, les ordres du général, les instructions qu'il avait reçues et sa correspondance étaient tombés entre les mains des ennemis ; ils en choisirent et en firent traduire en français différents articles qu'ils firent ensuite imprimer, pour prouver les intentions hostiles de la Cour de Londres avant la déclaration de guerre. J'y vis, entre autre choses, des lettres du général au ministre, où il s'étendait beaucoup sur le grand service que j'avais rendu à l'armée, et me recommandait à lui. David Hume, qui fut quelques années après secrétaire de lord Hertford, quand il fut envoyé en France, et ensuite du général Conway, quand il fut secrétaire d'État, me dit qu'il avait vu, parmi les papiers de son ministère, des lettres de Braddock, où il faisait de moi un grand éloge. Mais, l'expédition ayant été malheureuse, il paraît qu'on jugea que la valeur de mes services n'était pas considérable, car ces recommandations ne me furent jamais d'aucune utilité. Je ne lui demandai à lui-même qu'une récompense, ce fut de défendre à ses officiers d'enrôler nos serviteurs achetés, et d'accorder le congé de ceux qui avaient déjà été enrôlés. Il me l'accorda sans difficulté, et plusieurs de ces serviteurs furent renvoyés à leurs maîtres, sur la demande que j'en fis. Dun-

bar ne fut pas si généreux lorsque le commandement lui fut dévolu. Tandis qu'il était à Philadelphie, après sa retraite, ou pour mieux dire après sa
fuite, je m'adressai à lui pour obtenir le congé des
serviteurs de trois pauvres fermiers de Lancastre
qu'il avait enrôlés. Je lui rappelai les ordres du feu
général à cet égard. Il me promit que, si les maîtres
voulaient le venir joindre à Trenton, où il devait passer
incessamment pour aller à New-York, il leur rendrait
leurs serviteurs. Ces malheureux firent les frais de ce
voyage qui les dérangea de leurs affaires, et ils eurent
le désagrément de le voir manquer à sa promesse.

Dès que la nouvelle de la perte des chevaux et des
voitures fut connue, tous les propriétaires vinrent
me demander le payement de leur évaluation, payement que je leur avais garanti. Leurs demandes me
causèrent beaucoup d'embarras. Je les informai que
les fonds qui y étaient destinés se trouvaient entre
les mains du payeur de l'armée ; mais qu'il fallait
d'abord obtenir un ordre de payement du général
Shirley ; que je le lui avais demandé ; mais que le
général était éloigné, que je ne pouvais encore avoir
reçu sa réponse, et qu'il fallait qu'ils eussent un peu
de patience. Tout cela ne suffit pas pour les satisfaire
et quelques-uns commencèrent à me poursuivre.
Enfin, le général Shirley me délivra de cette terrible
situation en nommant des commissaires pour examiner les réclamations, et en ordonna le payement.
La somme due montait à près de vingt mille livres
(quatre cent quatre-vingt mille francs), et j'eusse
été ruiné s'il m'eût fallu la payer.

Avant que nous eussions appris cette défaite, les deux Drs Bond étaient venus me trouver avec un projet de souscription pour un grand feu d'artifice qu'ils voulaient tirer, en signe de réjouissance, lorsqu'on recevrait la nouvelle de la prise du fort Duquesne. Je pris un air grave et leur répondis que je croyais qu'il serait assez temps de songer à préparer les réjouissances, quand nous saurions que nous avions lieu de nous réjouir. Ils parurent surpris que je n'adoptasse pas tout de suite leur proposition. « Comment, diable! me dit l'un d'eux, croyez-vous donc que le fort ne sera pas pris? — Je ne sais s'il sera pris, répondis-je; mais je sais que rien n'est plus incertain que les événements de la guerre. » Je leur rendis compte alors des motifs qui me faisaient douter. La souscription fut ajournée, et les auteurs du projet échappèrent à la mortification qu'ils auraient essuyée, si l'on eût préparé le feu d'artifice. Le Dr Bond dit ensuite, dans une autre occasion, qu'il n'aimait pas les prédictions de Franklin.

XI

Quand la nouvelle de ce désastre arriva en Angleterre, les amis que nous y avions et à qui nous avions pris soin d'envoyer toutes les réponses de la

Chambre aux messages du gouverneur, jetèrent les hauts cris contre les Propriétaires, pour la bassesse et l'injustice dont ils étaient coupables, en donnant de telles instructions à leur gouverneur : et l'on alla même jusqu'à dire qu'en mettant obstacle à la défense de leur province, ils perdaient tous les droits qu'ils y avaient. Intimidés par ces clameurs, les Propriétaires donnèrent ordre à leur receveur général d'ajouter cinq mille livres (cent vingt mille francs), tirées de leur caisse, à la somme que l'Assemblée jugerait à propos de voter pour cet objet. Cet ordre fut communiqué à la Chambre : elle voulut bien se contenter de cette contribution, en remplacement d'une taxe proportionnelle. On proposa un nouveau bill avec la clause d'exemption, et il fut adopté. J'avais mis beaucoup d'activité à libeller ce bill et à le faire passer, et j'en avais en même temps préparé un autre pour établir et discipliner une milice volontaire : je le fis adopter par l'Assemblée sans beaucoup de difficulté, parce que j'eus soin de ne pas gêner la liberté des Quakers. Afin d'accélérer l'association nécessaire pour former la milice, j'écrivis un dialogue dans lequel j'établissais toutes les objections que je pus imaginer contre ce projet, et j'y répondais ensuite. Il fut imprimé et produisit, à ce que je crus, beaucoup d'effet.

Tandis que les diverses compagnies de la ville et de la campagne se formaient et apprenaient l'exercice, le gouverneur me détermina à me charger de notre frontière du nord-ouest qui était infestée par l'ennemi, de la défense des habitants et de la construction d'une ligne de forts. Je me chargeai de cette opération militaire, quoique ne m'y croyant pas très propre. Ayant reçu une commission avec pleins pouvoirs et des commissions d'officiers en blanc, que je pouvais délivrer à qui bon me semblait, je trouvai peu de difficulté à lever des hommes, et j'en eus bientôt cinq cent soixante sous mon commandement. Mon fils qui, dans la guerre précédente, avait été officier dans l'armée levée contre le Canada, fut mon aide-de-camp et me rendit de grands services.

Les Indiens avaient brûlé Gnadenhut, village établi par des frères Moraves, et en avaient massacré les habitants; mais cet endroit paraissait une bonne situation pour y élever un fort : je résolus d'y marcher, et j'assemblai les compagnies à Béthléem, chef-lieu de l'établissement des frères Moraves. Je fus surpris de trouver cette place en si bon état de défense; la destruction de Gnadenhut avait mis les habitants sur leurs gardes; les principaux bâtiments étaient défendus par une estacade; on avait tiré de New-York une grande quantité d'armes et de munitions, et placé entre les fenêtres des maisons des tas de petites pierres à paver, pour que les femmes les jetassent sur la tête des Indiens qui se présenteraient pour en forcer l'entrée. Les frères armés montaient aussi la garde et se relevaient les uns les autres avec autant de régularité que dans une ville de garnison. En causant avec leur évêque Spangenberg, je lui témoignai mon étonnement, car, sachant qu'ils avaient obtenu du Parlement un acte qui les dispensait de tout service militaire dans les colonies, j'avais supposé qu'ils se faisaient un scrupule de conscience de porter les armes. Il me répondit que ce n'était point un de leurs principes fondamentaux; mais que, lorsqu'ils avaient obtenu cet acte d'exemption, ils pensaient que cette opinion régnait parmi un grand nombre de leurs frères, et qu'ils avaient été surpris eux-mêmes de voir en cette occasion que très peu l'eussent adoptée. Il semble donc qu'ils s'étaient trompés eux-mêmes, ou qu'ils avaient trompé le Parlement. Mais le bon sens, fortifié par le danger, l'emporte quelquefois sur des opinions bizarres.

Ce fut au commencement de janvier que nous commençâmes nos travaux pour la construction de forts. J'envoyai un détachement vers le Minisik, avec ordre d'en élever un pour protéger la frontière supérieure; j'en dirigeai un autre vers la partie inférieure avec les mêmes instructions; et je finis par me rendre moi-même, avec le reste de mes forces, à Gnadenhut, où l'érection d'un fort paraissait plus immédiatement nécessaire. Les frères Moraves me fournirent cinq chariots pour le transport de nos outils, de nos provisions et de nos bagages. A l'instant où nous allions quitter Béthléem, onze fermiers, qui avaient été chassés de leurs plantations par les Indiens, vinrent me prier de leur donner des armes à feu, afin de pouvoir rentrer dans leurs habitations et y ramener leurs bestiaux. Je leur donnai un fusil à chacun, avec les munitions nécessaires. Nous n'avions encore fait que quelques milles quand il commença à pleuvoir, et la pluie

continua pendant toute la journée. Il n'y avait sur
la route aucune habitation pour nous mettre à
l'abri, et il était presque nuit quand nous arrivâmes chez un cultivateur allemand, dans la grange
duquel nous couchâmes tous, aussi mouillés qu'il
est possible de l'être, mais très heureux de n'avoir
pas été attaqués sur la route, car nos armes étaient
de mauvaise qualité, et nous n'avions pu préserver de l'humidité la platine de nos fusils. Les Indiens ont des moyens de garantir leurs armes; ils
rencontrèrent, ce jour-là, les onze pauvres fermiers
dont je viens de parler, et en tuèrent dix. Celui qui
s'échappa nous dit que pas un des fusils de ses compagnons n'avait pu servir, la pluie ayant mouillé
l'amorce.

Le beau temps ayant reparu le lendemain, nous
nous remîmes en marche et nous arrivâmes à Gnadenhut, qui offrait une vraie scène de désolation. Il
y avait à peu de distance un moulin, autour duquel
on avait laissé des planches de sapin dont nous nous
servîmes pour nous construire des cabanes. Cette
opération était d'autant plus nécessaire dans cette
saison rigoureuse que nous n'avions pas de tentes.
Notre premier soin fut d'enterrer les morts que nous
y trouvâmes : sur ces corps gisants les gens de la
campagne s'étaient contentés de jeter un peu de
terre. Le lendemain matin, nous fîmes le plan du
fort et nous en traçâmes les lignes. Nous lui donnâmes une circonférence de quatre cent cinquante
pieds, ce qui exigeait pareil nombre de pieux, d'un
pied de diamètre l'un dans l'autre. Nous avions

soixante-dix haches, qui furent mises à l'œuvre sur-le-champ ; et, comme nos ouvriers étaient très habiles à s'en servir, l'ouvrage alla grand train. En voyant les arbres tomber si vite, j'eus la curiosité de regarder à ma montre au moment où deux hommes commençaient à abattre un pin, et il fut par terre en six minutes : il avait quatorze pouces de diamètre ! Chaque pin faisait trois pieux de dix-huit pieds, pointus par un bout. Pendant ce temps, mes autres gens ouvraient une tranchée de trois pieds de profondeur pour y planter les pieux. Nous démontâmes les corps de nos chariots ; en réunissant les trains de devant avec ceux de derrière, par les pins que nous y attachions, nous transportâmes nos arbres du bois jusqu'au fort. Quand les pieux furent plantés, nos charpentiers construisirent tout autour, intérieurement, une palissade en planches à la hauteur de six pieds, pour que les soldats pussent y monter et tirer par des barbacanes. Nous avions une pièce de campagne que nous plaçâmes à un des coins, et nous fîmes feu dès qu'elle fut placée, afin d'apprendre aux Indiens, s'il s'en trouvait dans les environs, que nous avions du canon. Ainsi notre fort, si l'on peut donner ce nom à une misérable palissade, fut fini en une semaine, quoiqu'il tombât tous les deux jours une pluie si forte qu'il était impossible d'y travailler continuellement.

Cela me donna occasion de remarquer que les hommes ne sont jamais plus gais que lorsqu'ils sont occupés. Les jours où l'on travaillait, nos gens étaient contents, de bonne humeur, et passaient gaiement la soirée, satisfaits d'avoir fait une bonne journée de travail. Mais quand le mauvais temps les condamnait à l'oisiveté, ils devenaient mutins, querelleurs, étaient mécontents du pain, de la viande, et étaient continuellement de mauvaise humeur. Cela me rappela un capitaine de marine, qui s'était fait une règle de tenir constamment tout son équipage occupé. Son lieutenant vint lui dire un jour que ses gens avaient fait tout ce qui était à faire et qu'il n'avait plus d'ouvrage à leur donner : « Eh bien ! lui dit-il, faites-leur astiquer les ancres. »

Ce genre de fort, tout misérable qu'il était, suffisait pour nous défendre contre les Indiens, qui n'ont pas de canon. Ayant alors un lieu de sûreté qui pouvait au besoin nous servir de place de retraite, nous nous hasardâmes à sortir par détachements, pour nettoyer les environs. Mais nous ne rencontrâmes pas d'Indiens ; nous vîmes seulement, sur les montagnes voisines, les endroits qu'ils avaient occupés pour nous épier. Ils avaient une adresse remarquable pour cacher le séjour qu'ils y faisaient. Comme on était en hiver, le feu leur était indispensable ; mais un feu ordinaire, allumé sur la surface de la terre, les aurait fait découvrir à une grande distance. Ils y creusaient donc des trous de trois pieds de diamètre, et d'une profondeur quelquefois plus considérable : ils détachaient avec leurs haches le charbon de grosses pièces de bois brûlées dans le fond des forêts ; et, faisant du feu dans le fond de ces trous, ils se couchaient à l'entour, en y laissant pendre leurs jambes pour avoir les pieds chauds, ce qui est très important pour eux ; nous vîmes encore sur la terre et sur l'herbe les traces de leur corps. Ce genre de feu ne produisant ni flamme ni étincelles, ni même de fumée, ne pouvait faire découvrir leur retraite. Il paraît qu'ils étaient en petit nombre, et qu'ils nous trouvèrent trop en force pour nous attaquer avec chance de succès.

Nous avions pour chapelain un ministre presbytérien plein de zèle, M. Beatty, qui se plaignit à moi du peu d'assiduité de mes gens à assister à ses prières et à ses exhortations. On leur avait promis, en les enrôlant, indépendamment de la paie et des vivres, de leur donner tous les jours une certaine quantité de rhum, qu'on ne manquait pas de leur délivrer, moitié le matin, moitié le soir : et ils étaient fort exacts à venir recevoir leur portion. Je dis à M. Beatty, que s'il ne regardait pas comme au-dessous de sa dignité de se faire surintendant du rhum et d'en faire la distribution immédiatement après ses prières, il ne manquerait pas d'auditeurs. Cette idée lui plut : il se chargea de cette besogne, l'exécuta à la satisfaction générale, avec le secours de quelques personnes pour mesurer la liqueur, et jamais prières ne furent suivies avec plus d'exactitude et de ponctualité. Je crois cette méthode préférable aux punitions infligées par quelques lois militaires à ceux qui manquent d'assister au service divin.

J'avais à peine terminé cette affaire et garni mon fort de provisions, que je reçus une lettre du gouverneur, qui m'informait qu'il venait de convoquer l'Assemblée, et qu'il m'invitait à m'y rendre, si la situation à la frontière n'y rendait plus ma présence nécessaire. Les amis que j'avais à la Chambre m'écrivirent aussi pour me presser de m'y trouver à l'ouverture, si cela m'était possible. La construction des trois forts était terminée ; les habitants, satisfaits de cette protection, consentaient à rester dans leurs fermes. Je me décidai donc d'autant plus aisément à retourner à Philadelphie qu'un officier de la Nouvelle-Angleterre, le colonel Clapham, plein d'expérience dans la guerre contre les Indiens, et qui était venu visiter notre établissement, consentit à en prendre le commandement. Je lui délivrai une commission dont je fis lecture en tête de la garnison et je le présentai à ma troupe comme un homme qui, d'après ses connaissances militaires, figurerait beaucoup mieux que moi à la tête de soldats armés. Enfin je partis, après les avoir exhortés à la discipline et à la soumission. On m'escorta jusqu'à Bethléem, où je restai quelques jours pour me reposer de mes fatigues.

La première nuit que je passai dans un bon lit, je pus à peine fermer l'œil, tant cela était différent de coucher sur la dure, dans une hutte à Gnadenhut, n'ayant qu'une ou deux couvertures pour m'envelopper. Pendant mon séjour à Bethléem, je pris quelques renseignements sur les usages des frères Moraves, dont quelques-uns m'avaient accompagné et s'étaient très bien conduits envers moi. J'appris qu'ils travaillaient pour le profit commun de toute la société, qu'ils mangeaient en commun, qu'ils dormaient en commun, toujours réunis en grand nombre. Des trous étaient pratiqués dans les dortoirs, de distance en distance, dans le plafond, fort judicieusement, à ce qu'il me sembla, pour le renouvellement de l'air. J'allai à leur église, où j'entendis de bonne musique : l'orgue était accompagné de violons, de hautbois, de flûtes, de clarinettes, etc. Je sus que leurs sermons ne se prononçaient pas ordinairement comme les nôtres, devant un auditoire composé d'hommes, de femmes et d'enfants, mais que chaque classe y assistait séparément : les hommes mariés, leurs femmes, les jeunes gens, les jeunes filles et les enfants. J'assistai à un sermon prêché à ces derniers, qui furent placés sur des bancs, sous la surveillance, les garçons, d'un jeune homme, et les filles, d'une jeune femme. Le discours me parut bien proportionné à leur intelligence, en style familier, et propre à leur inspirer l'amour du bien. Le plus grand ordre régnait parmi eux; mais je les trouvai pâles et ils n'avaient pas un air de santé. Je présumai qu'on les tenait trop renfermés, et qu'on ne leur laissait pas prendre assez d'exercice.

Je m'informai s'il était vrai, comme on l'assurait, que les mariages se réglaient par le sort. On me répondit qu'on n'avait recours au sort que dans des cas particuliers. En général, quand un jeune homme a envie de se marier, il en donne avis aux anciens de la classe : ceux-ci consultent les femmes âgées qui surveillent les jeunes filles. Les anciens des deux sexes, connaissant le caractère et les dispositions des jeunes gens, peuvent juger de la convenance des mariages, qui se font ordinairement d'après leur avis. Mais s'ils jugent, par exemple, que deux ou trois jeunes filles conviennent également à un jeune homme, alors on a recours au sort. Je fis observer qu'il peut arriver que les mariages soient fort malheureux quand ils ne se font point par le choix mutuel des parties. « N'en arrive-t-il pas « autant, me répondit-on, quand les parties con- « sultent leur inclination ? » Je ne pus nier cette vérité.

De retour à Philadelphie, je trouvai que l'association pour la milice avait fait de grands progrès. Presque tous les habitants (non Quakers) en faisaient partie, s'étaient formés en compagnies, et avaient nommé leurs capitaines, leurs lieutenants et leurs enseignes, conformément à la nouvelle loi. Le docteur Bond vint me voir, me raconta tout ce qu'il avait fait pour propager cet esprit et attribua à ses efforts le succès qu'on avait obtenu. Ma vanité en faisait entièrement honneur au dialogue que j'avais publié ; cependant, je ne pouvais pas être sûr qu'il se trompât: je le laissai jouir du plaisir de la bonne opinion qu'il avait de lui-même, ce que je regarde comme le plus sage en pareil cas. Les officiers assemblés me nommèrent colonel du régiment, et cette fois j'acceptai cette place. J'ai oublié de combien de compagnies il était composé ; mais je passai en revue douze cents hommes de bonne mine, et une compagnie d'artilleurs pour faire le service de six pièces de campagne en cuivre. Ils étaient devenus assez habiles pour tirer douze coups par minute. La première fois que je passai mon régiment en revue, il voulut me reconduire chez moi et me salua devant ma porte de plusieurs décharges qui renversèrent et brisèrent plusieurs verres de mon appareil électrique. Mon nouveau grade ne fut pas moins fragile, car toutes nos commissions furent bientôt cassées : la loi fut rapportée en Angleterre.

Pendant le peu de temps que durèrent mes fonctions de colonel, au moment de partir pour la Virginie, les officiers de mon régiment se mirent dans la tête qu'il était convenable qu'ils m'escortassent hors de la ville, jusqu'au bac inférieur. Comme je montais à cheval, ils arrivèrent devant ma porte, au nombre de trente à quarante, tous à cheval et en uniforme. Je n'avais pas été informé de leur projet, sans quoi je les en aurais détournés : je n'ai jamais aimé à me donner des airs d'importance. Je fus donc très contrarié de les voir ; mais il était trop tard pour m'opposer à leur dessein. Ce qui rendit la chose encore pire, c'est que, dès que nous nous mîmes en marche, ils tirèrent leur sabre hors du fourreau et m'accompagnèrent ainsi tout le chemin. On en rendit compte au Propriétaire, qui s'en trouva fort offensé. Il dit qu'on n'en avait jamais fait autant, ni pour lui, quand il était venu dans la province, ni pour aucun de ses gouverneurs, et que de tels honneurs n'étaient dus qu'aux princes du sang royal. Il est possible qu'il eût raison, car j'étais et je suis encore très ignorant sur tout ce qui concerne l'étiquette. En définitive, cette sotte affaire augmenta beaucoup son humeur contre moi, car, déjà, il était très piqué de la conduite que j'avais tenue dans l'Assemblée, óù je m'étais toujours fortement opposé à ce que ses biens fussent exempts de taxes, et j'avais accompagné mon opinion de réflexions sévères sur la bassesse et l'injustice d'une pareille prétention. Il me représenta au ministère comme l'homme qui apportait les plus grands obstacles au service du roi, qui empêchait, par son influence, les bills pour lever des fonds de passer dans la forme convenable, et il cita mon départ, sous l'escorte de mes officiers, comme une preuve de mon intention d'employer la force pour retirer de ses mains le gouvernement de la province. Il s'adressa aussi à sir Everard Faukener, directeur général des Postes, pour qu'il me retirât ma commission ; mais cette démarche n'eut d'autre effet que de me valoir une petite remontrance de la part de sir Everard.

Malgré les querelles perpétuelles entre le gouverneur et la Chambre, auxquelles je prenais une si grande part comme membre de l'Assemblée, il existait entre lui et moi un commerce d'amitié, et nous n'eûmes jamais un seul différend personnel. Il savait pourtant que je rédigeais les réponses qui étaient faites à ses messages; et j'ai pensé plus d'une fois, depuis ce temps, que, s'il n'en concevait pas de ressentiment, c'était par suite de son ancienne profession. Il avait suivi le barreau, et il ne nous regardait peut-être que comme deux avocats qui parlaient pour leurs clients dans un procès; lui pour le Propriétaire, et moi pour l'Assemblée. Il m'invitait quelquefois à l'aller voir en ami pour délibérer sur divers objets, et il suivait de temps en temps mon avis, quoique

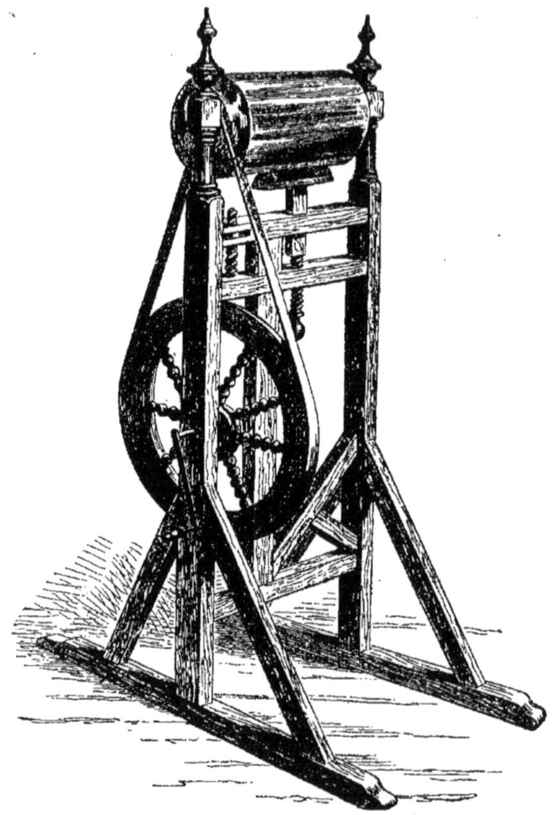

Franklin first Electrical machine.
(La première machine électrique de B. Franklin.)

rarement. Nous agîmes de concert pour fournir des
provisions à l'armée de Braddock ; et, lorsqu'il reçut

la triste nouvelle de la défaite, il me fit appeler pour concerter les mesures à prendre, afin d'empêcher la désertion dans les comtés inférieurs. Je ne me rappelle plus très bien l'avis que je lui donnai : je crois que ce fut d'écrire à Dunbar, pour tâcher de le déterminer à placer ses troupes sur les frontières pour les protéger, jusqu'à ce que des renforts des colonies le missent en état de continuer l'expédition. A mon retour de Gnadenhut, il m'engagea à marcher à la tête des troupes provinciales, pour m'emparer du fort de Duquesne, Dunbar et ses soldats étant alors occupés ailleurs ; et il me proposa une commission de général. Mais je n'avais pas de mes talents militaires une opinion aussi favorable qu'il paraissait en avoir conçue ; et je crois même qu'il ne pensait pas à ce sujet tout ce qu'il me disait. Peut-être pensait-il que ma popularité déterminerait plus de gens à me suivre, et que mon influence dans l'Assemblée la déciderait plus facilement à voter la somme nécessaire pour cette expédition. Mais, en voyant que j'étais peu disposé à accepter ces propositions, il ne m'en parla plus et quitta bientôt le gouvernement. Il fut remplacé par le capitaine Denny.

Avant de parler de la part que je pris dans les affaires publiques, sous l'administration de ce nouveau gouverneur, il n'est pas hors de propos de rendre compte ici du commencement et des progrès de ma réputation scientifique.

En 1746, je me trouvai à Boston avec un docteur Spence qui venait d'y arriver d'Écosse, et qui fit devant moi quelques expériences sur l'électricité.

Elles étaient fort imparfaites, attendu qu'il n'était guère habile ; mais ce sujet était tout à fait neuf pour moi ; elles me surprirent et me plurent également. Peu de temps après mon retour à Philadelphie, notre association pour une bibliothèque publique reçut en présent de M. Pierre Collinson, membre de la Société royale de Londres, un tube de verre, avec quelques instructions sur la manière de s'en servir pour faire de pareilles expériences. Je saisis avec grand plaisir l'occasion de répéter celles que j'avais vues à Boston. A force de pratique, j'acquis une grande facilité pour celles dont la description nous était venue d'Angleterre, et j'en ajoutai de nouvelles. Je dis à force de pratique, car ma maison, pendant quelque temps, fut continuellement remplie de gens qui venaient voir ces nouvelles merveilles. Pour rejeter une partie de cet embarras sur quelques-uns de mes amis, je fis faire à notre verrerie un certain nombre de tubes semblables, dont ils se servirent, de manière que nous eûmes enfin plusieurs démonstrateurs. Le principal d'entre eux était M. Kinnersly, mon voisin, homme d'esprit, et qui s'était retiré des affaires. Je l'engageai à faire voir ces expériences pour de l'argent, et je fis pour lui deux instructions dans lesquelles les expériences étaient rangées dans un tel ordre, et expliquées avec une telle méthode, que la première aidait à comprendre celle qui suivait. Il se procura un élégant appareil, dans lequel toutes les machines que j'avais faites grossièrement pour mon usage étaient l'ouvrage de fabricants d'instruments. Ses séances furent suivies et obtinrent du succès. Quelque temps après, il parcourut toutes les colonies, pour en faire autant dans toutes les capitales, et il y gagna quelque argent. Cependant dans les îles des Indes occidentales, il n'était pas aisé de faire les expériences à cause de l'humidité ordinaire de l'atmosphère.

L'obligation que nous avions à M. Collinson du présent qu'il nous avait fait, me fit croire que je devais l'informer du succès que nous avions eu dans nos expériences. Je lui écrivis plusieurs lettres pour lui en rendre compte ; il les lut à la Société royale; mais on ne jugea pas d'abord qu'elles méritassent assez d'attention pour être imprimées dans ses *Transactions*. J'avais écrit pour M. Kinnersly un *Essai* sur l'identité de l'éclair et de l'électricité. Je l'envoyai aussi à un de mes amis, M. Mitchel, membre de la Société royale. Il me répondit qu'il avait été lu dans une séance de la Société, et que les connaisseurs en avaient ri. Cette pièce et mes lettres tombèrent sous les yeux du docteur Fothergill, qui ne les trouva pas si méprisables, et conseilla de les faire imprimer. M. Collinson les donna alors à Cave, pour qu'il les insérât dans son *Gentleman's Magasine;* mais celui-ci préféra en faire une brochure séparée dont le docteur Fothergill écrivit la préface. Cave en jugea très bien pour ses intérêts, car avec les additions qui y furent faites par la suite, il parvint à en former un volume in-4°, qui eut cinq éditions, et pour lequel il ne paya jamais de droit d'auteur.

Il se passa pourtant un certain temps avant qu'on y fît grande attention en Angleterre. Mais un exemplaire tomba entre les mains du comte de Button, philosophe qui jouit à juste titre d'une grande réputation en France et dans toute l'Europe. Le comte engagea M. Dubourg a en faire la traduction en français, et elle fut imprimée à Paris. Cette publication offensa l'abbé Nollet, professeur de philosophie naturelle de la famille royale, homme habile dans l'art des expériences, qui avait écrit et publié une théorie de l'électricité, alors fort en vogue. Il ne put croire d'abord qu'un tel ouvrage vînt d'Amérique, et dit qu'il avait été fabriqué à Paris, par ses ennemis, pour contredire son système. S'étant assuré ensuite qu'il existait réellement à Philadelphie un homme nommé Franklin, ce dont il avait douté, il écrivit et fit imprimer un volume de lettres qui m'étaient principalement adressées, dans lesquelles il défendait sa théorie: il niait la vérité de mes expériences et les conclusions que j'en tirais.

J'eus un moment le dessein de répondre à l'abbé, et je commençai même une réponse. Mais je réfléchis que mes écrits contenaient la description de mes expériences, que chacun pouvait les répéter et les vérifier, et ce qu'on pouvait vérifier pouvait être défendu; que mes observations y étaient non pas présentées comme des dogmes, mais comme de simples conjectures que je n'avais pas à défendre; enfin, qu'une discussion entre deux personnes n'écrivant pas dans la même langue pouvait être considérablement prolongée par des erreurs de traduction, et faute de bien se comprendre l'un de l'autre, une des lettres de l'abbé n'étant fondée que sur un contresens du traducteur. Je finis par laisser mes écrits se défendre eux-mêmes, et je pensai qu'il valait mieux employer à de nouvelles expériences le temps que je pouvais dérober aux affaires publiques, plutôt que de disputer sur les expériences que j'avais déjà faites. Je ne répondis donc jamais à M. Nollet et l'événement ne me fit pas repentir de mon silence, car mon ami M. Leroi, de l'Académie royale des Sciences, se chargea de ma cause et réfuta mon adversaire. Mon livre fut traduit en italien, en allemand et en latin ; et les principes qu'il contenait furent peu à peu généralement adoptés par les philosophes d'Europe, de préférence à ceux de l'abbé, qui vécut assez pour être le dernier de ses partisans, si l'on en excepte M. B..., de Paris, son élève et son disciple immédiat.

Ce qui donna à mon livre une célébrité plus prompte et plus générale fut le succès d'une des expériences que j'y proposais, et qui fut faite à Marly par MM. Dalibard et Delor, pour attirer l'éclair d'un nuage. Elle fixa partout l'attention. M. Delor, qui avait un appareil pour la physique expérimentale, et qui était instruit dans cette science, entreprit de répéter ce qu'il appelait *les expériences* de Philadelphie. Après qu'il les eut faites en présence du roi et de la Cour, tous les curieux de Paris accoururent en foule pour les voir. Je ne grossirai pas ce récit du détail de cette expérience intéressante, ni du plaisir infini que j'éprouvai à réussir une autre expérience que je fis ensuite à Philadelphie, avec un cerf-volant : tout cela se trouve dans l'histoire de l'électricité.

Le Dr Wright, médecin anglais, ayant écrit à un de ses amis, membre de la Société royale, pour lui

rendre compte de la haute estime que les savants
étrangers avaient pour mes expériences, et de la surprise que leur causait le peu d'attention qu'on avait
fait à mes écrits en Angleterre, la Société reprit alors
en considération les lettres qui lui avaient été lues,
et le célèbre Dr Watson en fit une analyse som-
maire, ainsi que de tout ce que j'avais, depuis ce
temps, envoyé en Angleterre à ce sujet ; il y joignit
quelques mots d'éloge de l'écrivain. Ce rapport fut
imprimé dans les *Transactions* de la Société et
quelques-uns de ses membres, entre autres le savant
M. Canton, vérifièrent l'expérience qui consistait à
tirer des nuages d'électricité au moyen d'une tige
de fer pointue. Ils informèrent de la réussite la
Société, qui me dédommagea amplement de la légèreté avec laquelle elle m'avait d'abord traité. Elle me
choisit pour un de ses membres, sans que j'eusse
sollicité cet honneur, m'exempta des payements
d'usage qui seraient montés à 25 guinées (631 fr. 25),
et m'envoya toujours par la suite un exemplaire de
ses *Transactions* gratis ; elle me décerna aussi la
médaille d'or de sir Godfrey Coley pour l'année 1753,
et la délivrance en fut accompagnée d'un discours
très flatteur du président, lord Macclesfield : ce dont
je me trouvai fort honoré.

XII

Notre nouveau gouverneur, le capitaine Denny, m'apporta de la part de la Société la médaille dont je viens de parler et m'en fit la remise à une fête qui lui fut donnée par la ville. Il eut la politesse d'y joindre des expressions d'estime et de me dire qu'il me connaissait de réputation depuis longtemps. Après le dîner, tandis que la compagnie, comme c'était alors l'usage, était occupée à boire, il me prit à part, me fit passer dans une autre chambre et me dit que ses amis d'Angleterre lui avaient conseillé de cultiver mon amitié, attendu que je pouvais lui donner les meilleurs avis et contribuer à faciliter son administration ; qu'il désirait, par-dessus toutes choses, s'entendre parfaitement avec moi; qu'il me priait d'être assuré du désir qu'il avait de me rendre service en toute occasion ; que le Propriétaire avait les meilleures dispositions en faveur de la province ; qu'il serait avantageux pour tout le monde, et pour moi, en particulier, de ne point persister davantage dans l'opposition qu'on avait depuis si longtemps manifestée à toutes ses mesures, et de rétablir l'harmonie entre le peuple et lui; que personne ne pouvait y parvenir plus facilement que moi, et que je pouvais compter que j'en serais libéralement récompensé, etc. etc. Les buveurs, voyant que nous ne revenions pas à table, nous envoyèrent un flacon de madère, dont le gouverneur fit amplement usage, et il n'en devint que plus chaud dans ses sollicitations et plus prodigue de promesses. Je lui répondis que grâce au ciel ma fortune était suffisante pour que les faveurs du Propriétaire me fussent peu nécessaires, et que d'ailleurs, comme membre de l'Assemblée, je n'en pouvais accepter aucune ; que, cependant, je n'avais pas d'inimitié personnelle contre le Propriétaire, et que, toutes les fois que les mesures qu'il proposerait me paraîtraient d'accord avec le bien public, personne ne les épouserait et ne les seconderait avec plus de zèle que moi ; que le seul motif de mon ancienne opposition avait été que les mesures qui avaient été proposées avaient évidemment pour but d'assurer les intérêts du Propriétaire au détriment de ceux du peuple.

Je remerciai le gouverneur de l'estime qu'il voulait bien m'accorder ; je l'assurai que je ne négligerais rien de ce qui serait en mon pouvoir pour aplanir les voies de son administration ; enfin j'ajoutai que j'espérais qu'il n'était pas chargé des mêmes malheureuses instructions dont on avait enchaîné ses prédécesseurs. Il ne s'expliqua point à ce sujet ; mais, dès ses premiers rapports avec la Chambre, les mêmes instructions reparurent, les mêmes querelles recommencèrent, et je me montrai aussi actif dans l'opposition, tenant toujours la plume, d'abord pour demander communication des instructions et, ensuite, pour faire des observations sur leur contenu, comme on peut voir dans le *Times* et dans la *Revue historique* que je publiai ensuite. Il ne survint pourtant entre nous aucune inimitié personnelle, et nous nous réunissions souvent. Il était homme de lettres, connaissait beaucoup le monde et avait une conversation agréable et instructive. Il m'informa que mon ancien ami Ralph vivait encore; qu'on le regardait comme un des meilleurs écrivains politiques d'Angleterre ; qu'il avait été employé dans la querelle entre le prince Frédéric et le roi, et qu'il avait obtenu une pension de trois cents livres par an (sept mille deux cents francs); que sa réputation comme poète était fort mince, Pope lui ayant porté un coup mortel dans sa *Dunciade ;* mais que sa prose était aussi estimée que celle de quelque auteur que ce fût.

L'Assemblée, voyant enfin que le Propriétaire persistait obstinément à brider les gouverneurs d'instructions contraires, non seulement aux privilèges du peuple, mais aussi aux intérêts de la Couronne, résolut d'adresser au roi une pétition à ce sujet et me nomma son commissaire pour me rendre en Angleterre, afin de la présenter. La Chambre avait envoyé au gouverneur un bill, qui accordait une somme de soixante mille livres (1,440,000 fr.) pour le service du roi, sur laquelle une somme de dix-mille livres (240,000 fr.) devait être mise à la disposition de lord Loudon, alors général. Le gouverneur, soumis à ses instructions, refusa absolument de le sanctionner. J'étais convenu du prix de mon passage avec M. Morris, capitaine de paquebot, pour New-York, et j'avais déjà envoyé à bord mes provisions pour la traversée, quand lord Loudon arriva à Philadelphie, tout exprès, comme il me le dit, pour tenter d'effectuer un rapprochement entre le gouverneur et l'Assemblée et empêcher que le service du roi ne souffrît de leurs dissensions. En conséquence, il pria le gouverneur ainsi que moi de nous rendre chez lui, pour entendre ce qui pourrait être dit de part et d'autre. Nous nous réunîmes et nous discutâmes la question : je fis valoir en faveur de l'Assemblée les motifs qu'on peut trouver dans les papiers publics de ce temps-là, motifs que j'avais rédigés moi-même, et qui sont imprimés dans les procès-verbaux de l'Assemblée. Le gouverneur se retrancha dans ses instructions, déclara qu'il avait donné cautionnement de s'y conformer et qu'il serait ruiné, s'il s'en écartait. Il ne paraissait pourtant pas trop éloigné de se hasarder à le faire, si lord Loudon voulait en ouvrir l'avis ; mais c'est ce qui n'entrait pas dans les intentions de celui-ci. Je crus un instant l'y avoir disposé, mais il préféra solliciter la condescendance de l'Assemblée, et il me supplia d'employer tous mes efforts pour l'y déterminer, en déclarant qu'il emploierait les troupes du roi pour la défense de nos frontières si nous lui fournissions les moyens d'y pourvoir ; sinon, les frontières resteraient ouvertes à l'ennemi.

J'informai la Chambre de ce qui s'était passé dans cette conférence et je lui proposai une série de résolutions que j'avais rédigées : je commençais par

affirmer nos droits, auxquels nous ne renoncions
pas, mais dont nous suspendions l'exercice pour
cette fois, *par force*, et en protestant contre
cette violence. La Chambre consentit enfin à rapporter le premier bill et en adopta un autre, con-
forme aux instructions du Propriétaire, et que le
gouverneur sanctionna sans difficulté. Rien alors
ne s'opposait plus à mon voyage ; mais, pendant ce
temps, le paquebot était parti avec mes provisions,
ce qui fut une perte pour moi, et je n'eus pour
toute récompense que les remercîments de lord
Loudon, qui recueillit tout l'honneur de cette négo-
ciation.

Il partit pour New-York avant moi ; et comme le
moment du départ des paquebots était à sa disposition, qu'il s'en trouvait deux dans ce port et qu'il m'a-
vait dit que l'un deux partirait prochainement, je le
priai de me faire connaître l'époque précise où il mettrait à la voile, afin de ne pas manquer cette occasion
par un trop long retard. « J'ai annoncé qu'il parti-
« rait samedi prochain, me répondit-il ; mais, entre
« nous, je puis vous dire que, si vous arrivez lundi
« matin, vous seréz encore à temps. Mais ne tardez
« pas plus longtemps. » J'éprouvai quelque retard
au passage du bac, je n'arrivai que le lundi après
midi, et je craignais que le paquebot ne fût parti,
le vent étant favorable. Je fus bientôt rassuré à
ce sujet : j'appris qu'il était encore dans le port
et qu'il ne mettrait à la voile que le lendemain.
On pourrait croire que j'étais à la veille de partir
pour l'Europe ; je le pensais de même. Je ne con-

naissais pas encore le caractère de lord Loudon :
l'indécision en formait le principal trait ; j'en donnerai quelques exemples.

J'arrivai à New-York vers le commencement
d'avril, et ce ne fut que vers la fin de juin que
nous partîmes. Il y avait dans le port deux paquebots prêts à mettre à la voile depuis longtemps :
mais ils étaient retenus pour les dépêches du général qui devaient toujours être remises le lendemain.
Un autre paquebot arriva : on le retint de même ; et
avant notre départ, on en attendait un quatrième.
Le nôtre devait partir le premier, comme étant le
premier arrivé. Des passagers avaient retenu leurs
places sur tous les paquebots et attendaient avec
impatience le moment de partir. Les négociants
étaient inquiets pour leurs lettres, pour les ordres
d'assurance qu'ils avaient donné (attendu que nous
étions en temps de guerre), et pour les marchandises d'automne qu'ils demandaient. Leur inquiétude
ne servait de rien ; les dépêches de sa Seigneurie n'é-
taient pas prêtes, et cependant tous ceux qui l'allaient
voir le trouvaient à son bureau, la plume à la main :
d'où l'on concluait qu'il devait avoir beaucoup à
écrire. J'allai, un matin, lui rendre mes devoirs. Je
trouvai dans son antichambre un nommé Innis,
messager de Philadelphie, qui en arrivait avec un
paquet du gouverneur Denny pour le général. Innis
me remit des lettres de quelques-uns de mes amis.
Je lui demandai quand il devait repartir et où il logeait, afin de le charger de mes réponses. Il me dit
qu'il avait ordre de venir prendre celles du général

pour le gouverneur, le lendemain à neuf heures du
matin, et qu'il se remettrait en route sur-le-champ.
Je lui remis mes lettres le jour même. Quinze jours
après, je le retrouvai dans le même endroit. « Eh bien !
« Innis, lui dis-je, vous voilà déjà de retour ? — De
« retour ? non ; je ne suis pas encore parti. — Par quel
« hasard ? — Je viens ici tous les matins, depuis
« quinze jours, pour prendre les lettres de sa Sei-
« gneurie, et elles ne sont pas encore prêtes. —
« Comment cela se fait-il, lui qui écrit sans cesse et
« que je vois toujours à son bureau ? — Cela est vrai ;
« mais il est comme saint Georges sur ses portraits,
« toujours à cheval et n'avançant jamais. » — Cette
observation du messager n'était pas mal fondée, car
j'appris en Angleterre que M. Pitt (plus tard lord
Chatham), avait donné, pour motif du rappel de ce
général et de son remplacement par les généraux
Wolf et Amherst, que le ministre n'en recevait
jamais de nouvelles et qu'on ne savait ce qu'il faisait.

Les trois paquebots se rendaient à Sandy-Hook
pour y joindre la flotte ; les passagers, dans l'attente
journalière de partir, craignaient qu'un ordre soudain ne forçât les bâtiments de mettre à la voile sans
eux ; ils crurent que le plus prudent était de se
rendre à bord. Nous y restâmes, si je m'en souviens
bien, environ six semaines, employant les provisions
que nous avions faites pour le voyage, et obligés
ensuite d'en acheter de nouvelles. Enfin, la flotte
mit à la voile pour transporter à Louisbourg le général et toute son armée, afin de faire le siège de

cette forteresse et de s'en emparer. Tous les paquebots eurent ordre de suivre le vaisseau qui portait le général, afin de recevoir ses dépêches quand elles seraient prêtes. Nous fûmes encore cinq jours avant de recevoir une lettre et la permission de partir. Nous quittâmes alors la flotte et fîmes voile pour l'Angleterre. Lord Loudon retint les deux autres paquebots et les emmena avec lui à Halifax, où il passa quelque temps à exercer ses troupes à la petite guerre, à diriger de feintes attaques contre des forts supposés. Alors, il changea d'avis sur le siège de Louisbourg et retourna à New-York avec son armée, les deux paquebots dont j'ai parlé, et tous les passagers. Pendant son absence, les Français et les sauvages avaient pris le fort Saint-Georges sur la frontière de cette province et les Indiens avaient massacré une partie de la garnison, après la capitulation.

Je vis plus tard à Londres le capitaine Bound qui commandait un de ses paquebots ; il me dit qu'après avoir été retenu encore un mois il avertit le général que son bâtiment, faisant eau, ne pouvait être bon voilier, qualité essentielle pour un paquebot ; il demanda le temps de le radouber. Sa Seigneurie lui demanda combien de temps exigerait cette opération. « Trois jours, répondit le capitaine. — N'y « songez qu'autant qu'elle pourra se faire en vingt- « quatre heures, lui dit le général, car vous parti- « rez bien certainement après demain. » Jamais il ne put obtenir la permission de radouber, et il fut pourtant retenu ensuite, de jour en jour, pendant trois mois entiers. Je vis aussi, à Londres, un passager de Bonnell, si irrité contre le général qui l'avait trompé, retenu longtemps à New-York, conduit ensuite à Halifax, et ramené encore à New-York, qu'il jurait qu'il le poursuivrait en dommages et intérêts. Je n'ai jamais su s'il avait exécuté cette menace ; mais il disait que tous ces retards lui avaient occasionné un tort considérable.

Au fait, je fus surpris qu'on eût confié à un tel homme des fonctions aussi importantes que la conduite d'une armée. Mais depuis ce temps j'ai vu davantage le monde ; j'ai observé les causes et les moyens qui font obtenir et donner les places et les emplois, et mon étonnement a diminué. Si le général Shirley, qui se trouvait à la tête de l'armée lors de la mort de Braddock, en eût conservé le commandement, il aurait, à mon avis, fait une campagne plus heureuse que celle de Loudon, en 1756 : celle-ci fut coûteuse, mal conçue et aussi honteuse qu'il est possible de se l'imaginer. Shirley n'avait pas pris de bonne heure le parti des armes, mais il avait du bon sens et de la sagacité ; il écoutait les bons avis, et il était aussi capable de former un plan sage que prompt et actif à l'exécuter. Loudon, au lieu de défendre les colonies avec sa nombreuse armée, les laissa exposées à l'ennemi, tandis qu'il s'amusait à faire des évolutions inutiles à Halifax : et c'est ainsi qu'on perdit le fort Saint-Georges. D'ailleurs, il dérangea toutes les opérations commerciales et jeta notre négoce dans le plus grand embarras en mettant un long embargo sur l'expor-

tation des provisions, sous le prétexte d'empêcher
l'ennemi de recevoir des vivres; mais, en réalité,
pour en faire tomber le prix et pour favoriser ainsi
les fournisseurs qui lui accordaient une part de leurs
profits, à ce qu'on disait, peut-être sans en avoir
la preuve. Lorsqu'enfin il leva cet embargo, il
négligea d'en donner avis à Charlestown, où la flotte
de la Caroline fut retenue près de trois mois, de
sorte que la quille des bâtiments fut tellement
endommagée par les vers que plusieurs coulèrent
à fond pendant la traversée.

Je crois que Shirley fut sincèrement charmé de
se trouver débarrassé de la conduite de l'armée, fardeau qui doit être désagréable pour un homme peu
habitué aux affaires militaires. J'assistai à la fête
donnée par la ville de New-York à lord Loudon,
lorsqu'il prit le commandement. Shirley, quoique
remplacé par lui, y était aussi présent. La compagnie
était fort nombreuse. Militaires, citoyens, étrangers,
tous étaient réunis. On avait emprunté des chaises
dans le voisinage et, parmi elles, il s'en trouvait une
fort basse qui échut en partage à M. Shirley. J'étais
assis près de lui. « Je m'aperçois, lui dis-je, qu'on
« vous a donné un siège bien bas. — N'importe,
« monsieur Franklin, me répondit-il, je trouve
« qu'il est plus facile de s'y asseoir. »

Tandis que j'étais retenu à New-York, comme je
viens de le dire, je reçus les comptes des provisions, etc., envoyées à Braddock; je n'avais pu obtenir plus tôt les comptes des personnes qui m'avaient
aidé dans cette affaire. Je les présentai à lord Lou-

don et le priai d'en solder la balance. Il les fit examiner, ainsi que les pièces à l'appui, par un commissaire qui lui en certifia l'exactitude, et Sa Seigneurie me promit une ordonnance sur le payeur
de l'armée, pour me faire payer. Il me remettait
pourtant de jour en jour, et, quoique j'allasse souvent lui rappeler sa promesse, il ne l'exécutait point.
Enfin, la veille de mon départ, il me dit qu'après y
avoir bien réfléchi il préférait ne pas mêler ses
comptes avec ceux de son prédécesseur, et que,
comme j'allais en Angleterre, je n'aurais qu'à montrer mes comptes au Trésor public pour être payé
sur-le-champ. Je lui parlai des dépenses inattendues
que m'avait occasionnées mon séjour forcé à New-
York, comme d'un motif qui me faisait désirer d'être
payé sur-le-champ, et j'ajoutai qu'il n'était pas juste
d'apporter des délais et de me causer de l'embarras
pour le recouvrement d'une somme que j'avais
avancée sans intérêt ni bénéfice. « Oh! s'écria-t-il,
« ne cherchez pas à me persuader que vous n'avez
« rien gagné dans ce service. J'entends les affaires
« un peu mieux, et je sais que tous ceux qui font
« des fournitures pour l'armée trouvent le moyen
« d'emplir leurs poches. » J'eus beau l'assurer que
je n'avais pas agi ainsi, que je n'avais pas mis en
poche une obole : tout fut inutile. Je vis clairement
qu'il n'en croyait rien, et j'appris effectivement,
dans la suite, qu'on fait par ce moyen des fortunes
considérables. Quant à la balance de mon compte,
elle m'est encore due.

Avant notre départ, le capitaine de notre paquebot se vantait d'avoir le bâtiment le meilleur voilier qu'il fût possible. Il arriva pourtant, lorsque nous fûmes en mer, que nous nous trouvâmes la dernière des quatre-vingt-seize voiles qui composaient la flotte. Le capitaine n'en fut pas peu mortifié. Après bien des conjectures sur les causes qui pouvaient retarder la marche de son bâtiment, comme il se trouvait peu éloigné d'un navire presque aussi mauvais voilier que le nôtre, et qui pourtant nous précédait, il ordonna à tout ce qui composait l'équipage de se porter sur l'arrière du paquebot, le plus près de la poupe possible. Nous étions environ quarante, y compris les passagers ; et, dès que cet ordre fut exécuté, le vaisseau marcha mieux et ne tarda pas à se trouver en avant du bâtiment qui nous précédait. Cela nous prouva que le capitaine ne s'était pas trompé en pensant qu'on était trop chargé du côté de la proue. Toutes les tonnes d'eau avaient été placées de ce côté : on les fit reporter sur l'arrière, et le paquebot redevint ce qu'il était véritablement, le meilleur voilier de toute la flotte. Le capitaine nous dit qu'il avait quelquefois fait treize nœuds par heure, ce qui équivaut à treize milles. Nous avions, parmi les passagers, un certain Archibald Kennedy, capitaine de la marine royale, qui soutenait que la chose était impossible, que jamais vaisseau n'avait marché si vite et que l'instrument dont on s'était servi pour mesurer sa course était mauvais, ou qu'on avait commis quelque erreur en calculant les nœuds. Il en résulta une gageure entre les deux capitaines, et ils résolurent qu'elle serait décidée au premier bon vent. Kennedy examina l'instrument pour mesurer la course, n'y trouva aucun défaut et se chargea de faire les calculs. Quelques jours après, le vent étant vif et favorable, le capitaine dit qu'il croyait que son paquebot marchait alors à raison de treize nœuds par heure. Kennedy en fit l'expérience et convint qu'il avait perdu la gageure.

J'ai rapporté le fait qui précède pour avoir l'occasion de faire l'observation suivante : on a remarqué comme une imperfection dans l'art de la construction des vaisseaux, qu'on ne peut savoir, avant qu'il ne se trouve en mer, si un bâtiment nouvellement construit sera bon voilier ou non. On a vu des navires construits exactement sur le modèle d'un vaisseau excellent voilier, avoir, au contraire, la marche extrêmement lourde et pesante. Je crois que ce défaut peut venir en partie de la différence d'opinion des marins sur la manière de charger un bâtiment et d'en disposer les agrès et les voiles. Chacun a sa méthode à cet égard : et le même navire, sous la conduite de tel capitaine, se trouvera moins bon voilier que sous les ordres de tel autre. Il arrive d'ailleurs bien rarement que le même homme construise un vaisseau, l'équipe, en dirige la course en mer. L'un bâtit la carcasse, l'autre s'occupe des agrès, un troisième fait le chargement : aucun d'eux n'a l'avantage de connaître toutes les idées des autres et de réunir leur expérience. Il ne peut donc tirer des conclusions justes de la combinaison du tout. Même dans ce qui concerne le simple maniement des voiles, j'ai vu divers officiers, étant de quart, donner des ordres différents par le même vent. L'un voulait que les voiles fussent plus tendues, l'autre qu'elles demeurassent plus lâches, de sorte qu'il paraît qu'il n'existe pas de règle certaine à cet égard. Je crois pourtant qu'on pourrait faire une série d'expériences pour déterminer : d'abord, quelle est la forme qui peut rendre un bâtiment meilleur voilier, ensuite quelles doivent être les dimensions et la place des mâts, la forme et la grandeur des voiles, et leur position, suivant la différence du vent ; enfin, de quelle manière il faut disposer le chargement. Le siècle dans lequel nous vivons est un siècle d'expériences, et je pense que celles dont je parle, faites avec soin et bien combinées, seraient d'une grande utilité.

On nous donna la chasse plusieurs fois pendant notre traversée ; mais aucune voile ne put nous atteindre, et, au bout de trente jours, nous commençâmes à sonder. Des observations furent faites avec soin et le capitaine jugea que nous étions si près du port où nous devions aborder (Falmouth), que si nous avions un bon vent pendant la nuit, nous serions, le lendemain matin, devant le Havre. Notre arrivée pendant les ténèbres nous offrait encore l'avantage de nous dérober aux corsaires ennemis, qui croisaient souvent à l'entrée du canal Britannique. Nous déployâmes toutes nos voiles et, le vent nous favorisant, nous cinglâmes rapidement vers ce port. Le capitaine, d'après ses observations, dirigea sa course de manière à éviter, à ce qu'il croyait, les rochers des Sorlingues ; mais il paraît qu'il règne dans le canal Saint-Georges un courant très violent, qui causa autrefois la perte de l'escadre de sir Cloudesley Shovel (en 1707), et qui fut probablement aussi la cause de ce qui nous arriva. On avait placé sur l'avant du navire un homme de garde à qui l'on criait souvent : « Attention ! regardez bien devant vous. » Il répondait toujours : « Oui, oui. » Mais peut-être répondait-il ainsi les yeux fermés, ou à moitié endormi, et, comme l'on dit, machinalement. Quoi qu'il en soit, il ne vit pas une lumière qui était positivement devant nous, et que les agrès avaient cachée aux yeux de celui qui était au gouvernail. Un mouvement accidentel du bâtiment la découvrit tout à coup. On donna l'alarme. Nous en étions fort près ; elle me parut de la grandeur d'une petite roue de voiture. Il était minuit, et notre capitaine était endormi ; mais le capitaine Kennedy s'élança sur le pont et vit le danger, ordonna de virer de bord sous toutes voiles, opération dangereuse pour les mâts, mais qui nous réussit : grâce à elle, nous évitâmes le naufrage, car nous allions directement sur le rocher où le fanal était allumé. Cet événement heureux me fit sentir bien vivement l'utilité des fanaux, et je pris la résolution d'engager à en construire quelques-uns en Amérique, si la Providence me destinait à y retourner.

Dans la matinée, la sonde et les autres observations nous prouvèrent que nous étions près du port ; mais un brouillard épais nous dérobait la vue de la terre. Vers neuf heures, le brouillard commença à se dissiper ; nous le vîmes s'élever comme la toile

d'un spectacle, et nous découvrîmes la ville de Falmouth, les vaisseaux dans le port, et les campagnes
qui l'entourent. Quel agréable spectacle pour ceux
qui, depuis longtemps, n'en avaient eu d'autre que
la vue uniforme du vaste Océan ! Il nous faisait d'autant plus plaisir que nous venions d'éprouver de
plus vives inquiétudes.

Je partis à l'instant pour Londres, avec mon fils. »

———

Le voilà parti pour Londres ! Par lui-même s'est achevée
son éducation.

Notre apprenti fabricant de chandelles est devenu un homme
considérable dans son pays, et dans l'humanité. Ami lecteur,
Franklin t'a tracé la route qui mène des ténèbres à la lumière :
va de pied ferme : tu sais maintenant comment on devient
un homme. Notre tâche est accomplie : la tienne commence.

XIII

NOTICE BIOGRAPHIQUE

COMPLÉTANT LES MÉMOIRES DE FRANKLIN

Nous compléterons les récits que Franklin nous
fait lui-même de sa vie par quelques notes destinées à remplir les lacunes forcées de son autobio-
graphie.

Comme l'a vu le lecteur, c'est en 1747 que Franklin
devint membre de l'Assemblée générale de Pensylvanie, comme bourgeois de la cité de Philadelphie. Il
y avait à cette époque de violentes discussions entre
l'Assemblée et les Propriétaires, chaque parti soutenant énergiquement ce qu'il croyait son droit.
Franklin, dévoué partisan des droits de l'homme dès
son enfance, se distingua bientôt comme l'ardent
adversaire des injustes prétentions des Propriétaires.

On le considéra bientôt comme le chef de l'opposition et c'est à lui qu'il faut attribuer beaucoup des mordantes réponses de l'Assemblée aux messages des gouverneurs. Son influence devint très grande; elle n'était pas due à la puissance de son éloquence, car il parlait rarement et ne prononça jamais un discours étudié. Ses allocutions consistaient souvent en une simple sentence ou une histoire dont la moralité s'appliquait naturellement au débat. Il ne s'aventurait jamais aux champs parsemés de fleurs de rhétorique et sa parole était simple et courtoise; on y retrouvait les qualités de son style, net, naturel et remarquablement concis. Cette simplicité, mise au service de son jugement clairvoyant et solide, lui permettait de confondre ses adversaires les plus éloquents et les plus subtils, de confirmer les espérances que fondaient sur lui ses amis et de convertir quelquefois ceux qui l'attaquaient. Une seule remarque de lui anéantissait tout l'effet d'un discours et fixait la solution d'une question importante.

Mais il ne lui suffisait pas de défendre ainsi les droits du peuple, il rêvait de leur donner une sécurité permanente, ce que l'on ne peut obtenir qu'en faisant connaître leur entière valeur, c'est-à-dire en augmentant l'instruction et en l'étendant à toutes les classes de la société. Nous avons déjà vu qu'il fut le fondateur des bibliothèques publiques, qui contribuèrent si largement à développer l'intelligence publique; mais cela était encore insuffisant.

Les écoles qui existaient alors rendaient en général peu de services, dirigées par des hommes peu faits

pour les importantes fonctions qu'ils avaient assu-
mées, et l'on n'y obtenait guère que les rudiments
d'une éducation anglaise assez commune. Franklin
dressa le plan d'une académie à élever à Philadelphie,
approprié à la situation d'un pays presque naissant;
mais ses projets ne se bornaient pas au temps présent et il prévoyait l'époque où le développement de
l'institution s'imposerait.

Les statuts en furent signés le 13 novembre 1749;
vingt-quatre des plus considérables citoyens de Philadelphie furent nommés administrateurs.

L'article suivant des règlements montre de quel
bienveillant esprit ils étaient inspirés :

« En cas d'incapacité du recteur ou de quelque
autre maître, par suite de maladie ou de naturelle
infirmité pouvant le réduire à la pauvreté, les administrateurs auront pouvoir de le secourir, en proportion de sa détresse et de son mérite, et aussi des
fonds qu'ils auront entre les mains. »

La dernière clause de ces règles fondamentales
est exprimée en termes si larges, si affectueux, si
vraiment paternels, qu'ils resteront éternellement
l'honneur des fondateurs.

« Il est à espérer et à croire que les administrateurs
mettront leur plaisir, et jusqu'à un certain degré leur
devoir, à visiter souvent l'Académie, à encourager et
à protéger la jeunesse, à protéger et à assister les
maîtres, et à augmenter de tout leur pouvoir l'utilité et la réputation de l'Institution ; ils devront regarder les élèves comme leurs propres enfants, dans
une certaine mesure, et les traiter avec bonté et

affection, et quand ceux-ci, après une bonne conduite, auront terminé leurs études et seront au moment d'entrer dans le monde, les administrateurs devront faire tout leur possible pour leur être utiles et les établir, qu'il s'agisse d'affaires ou de mariage ou de toute autre situation, de préférence à toute autre personne, même d'égal mérite. »

Au commencement de janvier 1750, trois classes furent ouvertes, la classe de latin et grec, la classe de mathématiques et la classe d'anglais. D'après un article du projet original, on ouvrit une classe, appelée depuis classe de charité, pour élever soixante garçons et trente filles ; et, malgré les difficultés que rencontrèrent les administrateurs pour se procurer les fonds nécessaires, cette classe dura quarante ans, ce qui fait que, se basant sur un terme de trois ans, admis par le règlement, pour l'éducation de chaque fille ou garçon, douze cents enfants au moins, qui autrement seraient restés sans aucune instruction, reçurent les éléments essentiels de l'éducation. Et beaucoup de ceux qui passèrent par cette classe figurèrent dans la suite parmi les meilleurs et les plus importants citoyens de l'État.

Franklin non seulement fonda par lui-même de nombreuses œuvres d'utilité, mais il mit aussi son énergie au service de celles qui devaient leur fondation à d'autres que lui.

En 1766, Franklin fit un voyage en Hollande et en Allemagne et reçut les plus flatteuses preuves d'intérêt des hommes de science. Pendant son séjour en Hollande, des mariniers lui apprirent l'effet que produisait une diminution de la quantité d'eau dans les canaux en empêchant les bateaux d'avancer. A son retour en Angleterre, il fut amené à faire un certain nombre d'expériences qui confirmèrent toute son observation : ce qu'il communiqua, avec une explication du phénomène, à son ami, Sir John Ringle.

L'année suivante, il vint en France, où l'accueil qu'il reçut ne le céda pas à celui qu'il avait eu en Allemagne ; il fut présenté à nombre de gens illustres et au roi Louis XV.

Peu après commencèrent les difficultés avec l'Angleterre, difficultés qui devaient provoquer l'insurrection de l'Amérique et lui donner plus tard l'indépendance. Bien que le Parlement anglais eût rapporté l'Acte du timbre, il ne l'avait fait que par raison d'à-propos, car les Anglais n'abandonnaient nullement leurs prétentions au droit de taxer leurs colonies et, au moment même où l'Acte du timbre était rapporté, un autre acte était promulgué qui déclarait absolu le droit pour le Parlement de disposer des colonies en tous les cas qu'il lui plairait. Ce droit ne fut jamais reconnu par les colonies, mais comme elles se flattaient qu'il ne serait jamais exercé, elles ne s'inquiétaient guère de le combattre.

Si ce prétendu droit était resté latent, les colonies auraient continué à remplir sans difficulté leurs charges habituelles, suivant la forme ordinaire, c'est-à-dire d'après des décrets de leurs propres Assemblées, sur les réquisitions du secrétaire d'État et si cette pratique avait été suivie, telles étaient les bonnes dispositions des colonies pour la mère patrie que, malgré le désavantage avec lequel elles travaillaient, malgré les restrictions apportées à leur commerce, calculées au seul point de vue des intérêts commerciaux et industriels de la Grande-Bretagne, une séparation entre les deux pays n'eût été qu'une lointaine perspective. Les Américains, dès leur tendre enfance, étaient élevés à vénérer le peuple dont ils descendaient et dont la langue, les lois et les mœurs leur étaient communes.

Ils regardaient les Anglais comme des modèles de perfection et pour eux les nations les plus éclairées d'Europe n'étaient que des barbares en comparaison des Anglais. Quel long régime de mauvais traitements il fallait pour provoquer l'idée d'une séparation ! Les droits sur le verre, sur le papier, sur le cuir, sur les couleurs, sur le thé, etc., la privation des privilèges de quelques colonies, l'obstruction faite par les gouverneurs royaux aux mesures législatives de certaines autres, le méprisant accueil fait à leurs humbles réclamations, à l'exposé de leurs doléances, à leurs prières, et d'autres mesures violentes et oppressives, excitèrent à la fin une ardente opposition. Au lieu d'essayer de conjurer ces sentiments par une conduite plus douce, le gouvernement semblait décidé à réduire les colonies à l'obéissance passive ; il ne réussit qu'à aggraver la situation.

Franklin ne recula devant rien pour obtenir du gouvernement qu'il changeât ses mesures. Dans ses conversations particulières, dans ses lettres aux membres du pouvoir, il insista continuellement sur la maladresse et l'injustice de leur conduite envers l'Amérique et il les prévint qu'en dépit de l'attachement des colonies pour la mère patrie un tel traitement finirait par lui aliéner leur affection. Cet avis fut inutile. On resta aveuglément dans l'erreur et on ne laissa aux colonies d'autre alternative que la révolte ou la soumission absolue. Ce dernier parti ne s'accordait guère avec les principes de liberté qu'elles avaient été habituées à respecter; elles furent forcées de suivre le second, bien qu'à contre-cœur.

Franklin, comprenant l'inanité de ses efforts pour rétablir l'harmonie entre la Grande-Bretagne et ses colonies, revint en Amérique en 1775, juste au moment où les hostilités venaient de commencer. Le lendemain de son arrivée il fut élu par la législature de Pensylvanie membre du Congrès. Peu après fut constitué un Comité composé de M. Lynch, M. Harrisson et de lui-même pour se rendre au camp de Cambridge et, d'accord avec le commandant en chef, pour essayer de convaincre les troupes, dont la date d'enrôlement allait expirer, de la nécessité de continuer la campagne et de ne pas abandonner la cause de leur patrie.

Dans le cours de la même année, il se rendit au Canada pour tâcher d'obtenir son adhésion à la cause de la liberté, mais sans réussir à le soulever contre le gouvernement anglais ; on a établi que l'échec de Franklin est dû en réalité à l'animosité religieuse qui existait entre les Canadiens et leurs voisins, dont quelques-uns avaient mis le feu plusieurs fois à leurs chapelles.

Quand lord Howe vint en Amérique en 1776,

muni de pleins pouvoirs pour traiter avec les colons, une correspondance fut échangée entre lui et Franklin au sujet d'une réconciliation. Ce dernier fut ensuite désigné, en même temps que deux de ses compatriotes, pour se réunir aux commissaires anglais et pour savoir quelle était l'étendue des pouvoirs dont ils étaient investis : ces pouvoirs consistaient à accorder le pardon à ceux qui se soumettraient. De telles conditions étaient inadmissibles et le but des commissaires fut manqué.

L'importante question de l'indépendance fut alors examinée, au moment où les flottes et les armées envoyées pour étouffer l'insurrection étaient vraiment formidables.

Les colons résolurent pourtant de s'affranchir : leur armée, nombreuse il est vrai, mais sans discipline, sans aucune connaissance de l'art de la guerre, sans argent, sans flotte, sans alliés, sans autre force que celle que donne un ardent amour de la liberté, allait lutter contre leurs oppresseurs. Franklin adopta sans hésiter cette décision et employa sa grande influence à la faire triompher.

L'esprit public avait été préparé à ce grand événement par le célèbre pamphlet *le Sens commun* auquel on a des raisons de croire que Franklin ne resta pas étranger.

A la convention qui se réunit à Philadelphie en 1776 dans le but d'établir une nouvelle forme de gouvernement pour l'État de Pensylvanie, Franklin fut élu président, et la dernière constitution de cet État peut être considérée comme l'application de ses principes de gouvernement : un pouvoir législatif unique, un pouvoir exécutif multiple semblent avoir été ses opinions favorites.

A la fin de 1776, il fut chargé de continuer les négociations commencées par Silas Deane à la Cour de France et, en février 1778, un traité d'alliance offensive et défensive fut signé dont la conséquence fut d'engager la France dans la guerre contre la Grande-Bretagne.

Personne n'avait été sans doute trouvé plus capable que Franklin de rendre d'importants services à l'Amérique, à la Cour de France ; il avait en ce pays la réputation d'un philosophe et son caractère était tenu en haute estime. Il fut reçu avec les plus grandes marques de respect par toutes les illustrations littéraires, et ce respect était partagé par les hommes de toutes les conditions. Aussi son influence personnelle fut-elle considérable ; il y joignit celle de quelques ouvrages qu'il publia pour établir le crédit et le caractère des États-Unis. C'est à ses efforts personnels que l'on doit l'heureuse issue des négociations engagées avec la France et la Hollande et qui contribuèrent si puissamment à abréger la guerre.

Des échecs continuels de leurs armes et plus particulièrement la capture de Cornivallis et de son armée convainquirent à la longue les Anglais de l'impossibilité de réduire les Américains. Leurs intérêts commerciaux exigeaient d'ailleurs spécialement la paix et les ministres furent impuissants à s'opposer plus longtemps au vœu général.

Un traité de paix provisoire fut agréé et signé à Paris le 30 novembre 1782, par Franklin pour les États-Unis et par M. Eswald pour l'Angleterre. Un traité définitif, établi sur les mêmes bases, fut conclu le 3 septembre 1783.

Franklin signa également un traité d'alliance pour les États-Unis avec la Suède en 1783 et avec la Prusse en 1785.

Puis, sa mission se trouvant remplie par le fait de la reconnaissance de l'indépendance américaine, atteint déjà du reste par les infirmités inhérentes à son âge, il voulut revoir sa patrie. Dès son retour, il fut élu membre du Conseil exécutif et peu après président. Enfin, en 1788 il abandonna complètement la vie publique.

Sa constitution était remarquablement robuste. Rarement fut-il malade, à l'exception d'une attaque de goutte de temps en temps, jusqu'à l'année 1781, où il ressentit les premiers symptômes d'une maladie interne qui ne le quitta plus. Dans les intervalles de ses douleurs, il était fort gai et sa conversation était aussi agréable qu'instructive ; quant à ses facultés, elles restèrent intactes jusqu'à sa mort.

Son nom, comme président de la Société pour l'abolition de l'esclavage, figure au bas du mémoire présenté en 1789 à la Chambre des représentants des États-Unis et demandant aux députés d'employer les pleins pouvoirs que leur donnait la Constitution à mettre fin au trafic humain. Ce fut là son dernier acte public.

Au commencement du mois d'avril suivant, la

fièvre le prit, accompagnée de vives douleurs à la poitrine, et il expira.

Son médecin et ami, le D' Jones, a fait le récit suivant de ses derniers moments :

« La maladie dont il souffrait déjà depuis plusieurs années l'avait presque contraint de rester au lit la dernière année de son existence ; et pendant les crises extrêmement douloureuses qu'il traversait, il avait recours à de fortes doses de laudanum pour apaiser ses souffrances.

Encore, dans les intervalles, s'amusait-il à lire ou à causer gaîment avec sa famille et les amis qui venaient le voir ; il s'occupait aussi beaucoup de ses affaires privées, ainsi que des affaires publiques, avec différentes personnes qui l'attendaient dans ce but. En toutes circonstances il faisait preuve non seulement de bonté, la qualité qui fut la plus caractéristique de sa vie, mais encore de la plus complète possession de lui-même, et il lui arrivait de se complaire en des jeux d'esprit et des anecdotes qui faisaient les délices de ses auditeurs.

Environ seize jours avant sa mort, il fut attaqué de la fièvre, bientôt suivie de douleurs au côté gauche de la poitrine qui devinrent extrêmement vives. En cet état, quand l'acuité de ses souffrances lui arrachait une plainte, il disait qu'il craignait de ne pas se porter comme il l'aurait dû. Il témoignait alors de la profonde reconnaissance qu'il ressentait pour les bénédictions dont l'avait comblé l'Être Suprême qui l'avait élevé d'une condition obscure à un tel rang armi les hommes, et il ne doutait pas que ses souffrances ne lui fussent envoyées pour le retirer d'un monde où le rôle qui lui avait été assigné était fini. Il resta dans ces dispositions de corps et d'esprit jusqu'au cinquième jour avant sa mort, et alors ses douleurs et sa difficulté de respirer cessèrent ; et déjà sa famille reprenait l'espoir de sa guérison quand un aposthume qui s'était formé dans ses poumons se brisa soudain. Franklin fut pris de violents vomissements, puis, les organes respiratoires s'oppressant de plus en plus, tomba dans un calme léthargique et expira tranquillement le 17 avril 1790, achevant une longue et précieuse existence de 84 ans et 3 mois. »

L'épitaphe suivante avait été composée par lui-même bien des années avant sa mort, alors qu'il n'était qu'ouvrier imprimeur :

Le corps
de
Benjamin FRANKLIN
IMPRIMEUR

(Comme la couverture d'un vieux livre
aux pages déchirées,
aux caractères et à la dorure effacés)
gît ici, pâture pour les vers.
Cependant, l'ouvrage lui-même ne sera pas perdu,
car il paraîtra de nouveau [comme il le croit]
dans une nouvelle et plus belle édition
corrigée et revue par l'auteur.

« Le pauvre ouvrier qui composait cette épitaphe, a dit M. Mignet, après être entré en fugitif à Philadelphie et y avoir erré sans ouvrage, y devint le

La tombe de Francklin à Philadelphie.

législateur et le chef de l'État. Indigent, il arriva par
le travail à la richesse ; ignorant, il s'éleva par l'étude
à la science ; inconnu, il obtint, par ses découvertes
comme par ses services, par la grandeur de ses idées
et par l'étendue de ses bienfaits, l'admiration de
l'Europe et la reconnaissance de l'Amérique.

Franklin eut tout à la fois le génie et la vertu, le
bonheur et la gloire. Sa vie constamment heureuse est
la plus belle justification des lois de la Providence. »

Franklin ne donna pas ses soins qu'à la politique ;
il attacha son nom à une foule d'œuvres utiles et de
réformes nécessaires, entre autres la création d'une
force de police et d'une compagnie de pompiers dont
il parle dans ses mémoires.

Des travaux de différents genres l'occupèrent
ensuite pendant plusieurs années. Il s'engagea dans
une série d'expériences électriques avec l'ardeur et
la soif de découvertes qui caractérisent les savants
de cette époque. En effet, de toutes les branches de
la science expérimentale, l'électricité était la moins
connue. Franklin fut amené à faire nombre d'importantes découvertes et proposa des théories, d'après
certains phénomènes, qui ont été universellement
adoptées et que le temps n'infirmera pas. C'est à lui
qu'on doit la grande découverte de la propriété positive ou négative de l'électricité. Nous n'hésitons pas
à lui en attribuer tout l'honneur, bien que les Anglais
le réclament pour leur compatriote, le Dʳ Watson.
La note de Watson à ce sujet est datée du 25 janvier 1748, celle de Franklin du 11 juillet 1747, soit
plusieurs mois plus tôt.

Peu après, Franklin expliqua le phénomène de la bouteille de Leyde ; il prouva de manière évidente que, quand elle était chargée, la bouteille ne contenait pas plus d'électricité qu'auparavant, mais que l'exacte proportion qui se retirait d'un côté s'accumulait dans l'autre et que, pour la décharger, il n'y avait qu'à opérer une communication entre les deux extrémités, ce qui rétablissait l'équilibre, et après quoi il ne restait plus trace d'électricité.

Il démontra ensuite à l'aide d'expériences que l'électricité ne résidait pas dans la paroi de la bouteille, comme on le supposait, mais dans les pores mêmes du verre, et, après avoir chargé une bouteille, il retira l'enveloppe et montra qu'en appliquant une autre enveloppe le choc pouvait encore être perçu.

En 1749, il émit l'opinion que l'explication des orages et des aurores boréales devait être cherchée dans les principes électriques et il indiqua de nombreux cas où la foudre et l'électricité concordent entre elles. La même année, il conçut l'idée hardie de prouver l'exactitude de sa doctrine en faisant descendre la foudre au moyen de tiges de fer pointues élevées jusqu'à la région des nuages. Même en cet état d'incertitude, sa passion d'être utile à l'humanité s'exerçait. Admettant l'identité de la foudre et de l'électricité, et connaissant la propriété des pointes de repousser les corps chargés d'électricité et d'être conductrices du fluide silencieusement et imperceptiblement, il eut l'idée de défendre les maisons, les navires, etc., contre la foudre, par l'érection de tiges de fer pointues, plus hautes de quelques pieds que la chose la plus haute, et pénétrant de quelques pieds dans la terre ou dans l'eau. L'effet, concluait-il, en serait ou d'empêcher l'éclat de la foudre en éloignant le nuage au-delà de la limite dangereuse, ou d'en retirer l'électricité qu'il contenait ; ou, si ces résultats n'étaient pas obtenus, l'électricité serait en tous cas transmise au sol, sans causer aucun dommage au bâtiment.

Ce ne fut que pendant l'été de 1752 qu'il put compléter son importante découverte par une expérience. Sa proposition primitive avait été d'élever sur quelque haute tour ou sur un endroit de grande altitude une barre de fer pointue, que l'on eût isolée en la plaçant dans un baril de résine. Les nuages contenant de l'électricité qui seraient passés au-dessus de cette barre lui auraient, pensait-il, transmis leur électricité, au moins en partie, et l'évidence en eût été prouvée par les étincelles produites par la barre de fer au contact d'une clé ou de tout autre corps conducteur.

A cette époque, à Philadelphie on ne voyait aucune nécessité de faire une expérience de cette façon. Pendant que Franklin attendait l'érection d'une tourelle, l'idée lui vint qu'il aurait plus facilement accès à la région des nuages par le moyen d'un simple cerf-volant. Il en construisit un en attachant à deux branches croisées un mouchoir de soie, plus résistant à la pluie que du papier. A l'extrémité supérieure était fixée une pièce de métal ; la corde était de chanvre, excepté à son extrémité inférieure qui était de soie. Tout ceci terminé, il attacha une clef à la corde ; puis, un orage approchant, il sortit avec son fils à qui seul il avait communiqué ses intentions, sachant le ridicule qui trop généralement s'attache aux savants dont les expériences ne réussissent pas. Il se plaça sous un abri pour éviter la pluie. Son cerf-volant lancé, un nuage orageux passa, et nul signe d'électricité n'apparut. Franklin désespérait déjà de son succès quand il remarqua soudain que les fibres détachées de la corde étaient agitées suivant une direction droite. Il mit son doigt sur la clef et reçut une forte secousse. Combien la sensation dut lui en paraître douce! De cette expérience dépendait le sort de sa théorie. S'il réussissait, son nom figurerait parmi ceux qui ont avancé les sciences; s'il échouait, il devenait immédiatement un objet de risée ou, ce qui est pis, de pitié. On conçoit aisément avec quelle anxiété il attendait le résultat de son expérience. Le doute et le désespoir prévalaient déjà quand le fait fut assuré d'une manière si évidente que même les plus incrédules ne surent le nier. Des étincelles nombreuses furent obtenues par la clef, un flacon chargé, un choc donné, en un mot tous les phénomènes habituels à l'électricité. Les expériences établirent la théorie de Franklin de la manière la plus convaincante; mais, quand on ne put douter de son exactitude, l'envie et la vanité essayèrent de lui enlever son mérite. Qu'un Américain, simple citoyen de l'obscure cité de Philadelphie dont le nom était à peine connu, ait été capable de faire des découvertes et d'établir des théories qui avaient dépassé l'entendement des savants européens, ce fait était difficile à admettre. L'idée devait certainement venir d'autre part. On prétendit que l'abbé Nollet, en 1748, avait suggéré l'idée de la similitude de l'éclair et de l'électricité. Il est vrai, en effet, que l'abbé note cette idée, mais il ne la donne que comme une supposition hardie et il ne propose nullement d'en rechercher l'exactitude. Au surplus, il reconnut lui-même que Franklin fut le premier à avoir la pensée de prendre l'éclair au ciel au moyen de tiges de fer fixées en l'air.

La similitude de l'éclair et de l'électricité est si évidente que l'on n'éprouva aucune surprise à la nouvelle de cette découverte, aussitôt que le phénomène devint familier. Mais l'honneur d'avoir établi l'exacte théorie des orages, d'en avoir prouvé l'évidence par des expériences et d'avoir mis ces expériences en pratique est incontestablement dû à Franklin.

En septembre 1752, il s'engagea dans une nouvelle série d'expériences pour déterminer les éléments de l'électricité que renferment les nuages, et il arriva à cette conclusion que les nuages orageux sont généralement en état d'électricité négative, mais quelquefois positive. Il admet aussi que, dans la plupart des cas, c'est la terre qui donne dans les nuages et non les nuages dans la terre.

L'importante mise en pratique que fit Franklin de ses théories, en protégeant les maisons contre la foudre, a déjà été mentionnée. Les paratonnerres ont été rapidement d'un usage commun en Amérique, mais en Europe les préjugés en ont longtemps retardé l'adoption, malgré les preuves indéniables de leur utilité: l'humanité ne se décide qu'à regret à abandonner les anciennes habitudes et à en prendre de nouvelles. Ce n'est que par degrés que le genre humain peut être amené à des pratiques neuves, quelque salutaires que soient celles-ci.

En 1745, Franklin publiait les détails de la cheminée qu'il venait d'inventer et montrait la supériorité qu'elle avait sur toutes les autres. Cette invention a donné naissance aux poêles ouverts employés généralement aujourd'hui en Amérique; ils en diffèrent pourtant par leur construction, surtout en ce qu'ils n'ont pas de boîte à air à travers laquelle l'air, réchauffé par son passage, se répand dans la pièce. Les avantages du système de Franklin consistent en ce qu'un courant d'air chaud se maintient constamment dans la pièce; par suite, il y a besoin de moins de chauffage pour obtenir une température suffisante. La pièce peut donc être assez hermétiquement close pour que l'air ne puisse entrer par aucune fente, ce qui est la cause des rhumes, des névralgies et de beaucoup de maux.

Plus tard, il reprit ses études sur l'électricité et fit des expériences variées, spécialement sur la pierre appelée tourmaline. La singulière propriété que possède cette pierre d'être électrisée positivement d'un côté, négativement de l'autre, par le fait seul d'une température élevée, sans aucun frottement, venait d'être découverte.

On avait communiqué à Franklin des expériences sur le froid produit par l'évaporation. Il les recommença et trouva que par suite de l'évaporation de l'éther dans le réservoir d'une pompe à air il se produisait un tel froid que, même en été, l'eau gelait. Il appliqua cette **découverte** à la solution de nombreux phénomènes, **entre** autres au fait, que les savants avaient en vain cherché à expliquer, que la température normale du corps humain ne dépasse jamais 96° Fahrenheit, bien que la température ambiante soit portée à un plus haut degré : Franklin attribua ce fait à la respiration multipliée et, par conséquent, à l'évaporation produite par la chaleur.

Les notes de musique obtenues en frottant le bord d'un verre avec un doigt mouillé étaient fort connues. Un Irlandais même essaya de composer un instrument de musique en plaçant sur une table plusieurs verres de différentes tailles et en les remplissant d'eau proportionnellement; sa fin prématurée l'empêcha de perfectionner ce projet. La douceur du son engagea Franklin à se livrer à quelques expériences et il finit par trouver cet élégant instrument qu'il nomma harmonica.

Revenant en Angleterre en 1782, il remarqua, durant la traversée, le singulier effet que produisait le mouvement d'un navire contenant de l'huile ; à la surface de l'eau l'huile restait unie et calme, pendant qu'autour l'eau s'agitait terriblement.

C'est aujourd'hui un fait admis que l'huile, répandue lentement sur une mer en furie, apaise instantanément les vagues.

C'est ainsi que l'esprit d'observation de Franklin était sans cesse en éveil et s'appliquait à tout ce qu'il voyait.

Quelques lettres de lui et quelques extraits de ses œuvres permettront de se rendre compte du bon sens et souvent aussi de l'esprit, qui présidait à ses actions comme à ses paroles.

XIV

Extraits des œuvres et de la correspondance
de B. Franklin

Lettre [1] *écrite pour* le Mercure américain

> Tous les fous trouvent toujours un
> motif de rire et seraient volontiers
> du côté des rieurs.
>
> Popr.

M. de la Rochefoucauld nous dit quelque part
en ses Mémoires que le prince de Condé
se réjouissait fort des ridicules et que fort souvent
il restait renfermé toute une demi-journée dans sa
chambre avec un gentilhomme, son favori, dans le
seul but de s'amuser à examiner le côté faible ou
ridicule de chaque personne de la Cour. Or, le gentilhomme dit ensuite, se trouvant en compagnie, qu'à

---

[1] Franklin écrivit à différents intervalles des articles humouristiques
dans *le Mercure américain hebdomadaire*, sous la signature de Busy-
Body (Touche-à-Tout). Cette lettre et la suivante en faisaient partie.

son avis il n'y avait chez personne rien de si ridicule que la manie même du prince ; et je partage volontiers cet avis. La tendance générale qui existe parmi nous à cet embellissement, et qui, je le crains, a trop souvent, chez mes chers compatriotes, remplacé grossièrement le véritable esprit, et l'approbation qu'elle trouve chez une jeune génération, me remplit d'appréhension pour la réputation future de mon pays : un jeune homme doué de modestie (ce qui est le plus sûr indice de grandes qualités) se trouve par cela même découragé de faire quelque figure dans la vie. Sa crainte d'être tourné en dérision le condamnera à une continuelle obscurité, sans qu'il ait aucune occasion de connaître son propre mérite ou de le faire connaître au monde, plutôt que de s'exposer dans une compagnie où un calembour ou une moquerie passe pour un trait d'esprit, où le bruit remplace la raison et où la force des arguments est jugée par celle des poumons. Parmi ces gens d'esprit, prenons un portrait de Ridentius : quelle figure méprisable il fait avec son cortège de plats admirateurs ! Ce personnage trouvera prétexte à une heure de distraction dans la corne du chapeau d'un homme ou dans les talons de ses souliers, dans une expression négligée en son discours ou même dans quelque défaut physique, et l'idéal de sa petite ambition est de forcer quelqu'un de la société à rougir, quand peut-être cette personne devrait avoir le droit de s'estimer autant que les autres.

Si un tel individu fait du rire le seul but et la seule raison d'être de sa vie, si cela est nécessaire à sa constitution ou s'il a un vif désir de s'engraisser rapidement, qu'il mange ; qu'on lui donne un avis public de l'endroit où il trouvera des gens tristes, stupides, ou des vagabonds qui pour deux sous laisseront rire d'eux. Mais il est grossier et inconvenant, quand des amis se réunissent pour causer et pour oublier le souci des affaires, que l'un d'eux soit la cible de la société et que quatre hommes s'amusent aux dépens d'un cinquième.

Quelle différence avec ce caractère que celui du gai et plaisant Eugenius? Celui-là n'a jamais parlé que pour faire plaisir et pour divertir, et ses intentions ont toujours été bonnes. Eugenius trouve plus de plaisir à faire valoir l'esprit de ses amis qu'à être admiré lui-même; et si par malheur quelqu'un de la société est atteint d'un peu près, Eugenius, à l'aide de quelque artifice, détourne le trait, préférant être lui-même l'objet du rire que de voir la confusion de son ami.

Parmi la nombreuse tribu des rieurs, je note les gentils messieurs qui écrivent des satires et qui les transportent dans leurs poches, les lisant eux-mêmes dans tous les endroits où ils arrivent, prenant avantage du mauvais goût de la ville pour se faire une réputation du tas de sottises aussi viles qu'insipides, qui, au lieu d'admiration, mériteraient des coups de canne de la part de tous ceux qui ont une idée des convenances.

Je tiens ceux-là pour les plus incorrigibles de mes lecteurs ; pardon, je m'attends à ce qu'ils rient de Busy-Body lui-même. Néanmoins, la seule faveur qu'il leur demande est, s'ils ne peuvent dominer le débor-

dement de leurs satires, de l'attaquer franchement
et nettement, car il n'y a pas de satire qu'il craigne
autant qu'une tentative contre un panégyrique.

BUSY-BODY.

*
* *

AUTRE LETTRE POUR LE MÊME JOURNAL

IL paraît que les Perses avaient, dans leur ancienne
constitution, des écoles publiques où l'on ensei-
gnait la vertu au même titre que les arts libéraux ou
que les sciences ; et il est certainement plus important
pour un homme d'avoir appris à dominer ses passions, à résister aux tentations, à être juste dans ses
actions, modéré dans ses plaisirs, à supporter la
mauvaise fortune, à agir prudemment en ses affaires
et en toutes les circonstances de sa vie, il y a, dis-je,
plus d'avantages pour lui de connaître cela que
d'être passé maître dans tous les arts et toutes les
sciences du monde. La vertu seule est suffisante pour
rendre un homme grand, glorieux et heureux.

Quiconque connaît Caton comme je le connais
pense comme moi et reconnaîtra qu'il mérite la
renommée et qu'il l'honore plus qu'il n'en est honoré.

Caton est un homme que le sort a placé dans l'endroit le plus obscur du pays, en des circonstances
telles que sa situation est juste au-dessus de la nécessité, sans lui accorder rien de superflu : qui est plus

grand que Caton? J'étais l'autre jour dans une maison en ville où entre autres se trouvaient les hommes les plus considérables : Caton avait affaire avec l'un d'eux et frappa à la porte. A mon avis, les actes les plus insignifiants d'un homme, aussi bien que les plus légers traits de son visage, peuvent apprendre à un bon observateur son caractère. Je me souviens qu'il frappa de manière si particulière que cela seul semblait indiquer qu'il y avait là quelqu'un qui méritait d'être reçu. Il apparut dans le plus simple costume de campagne; son manteau était grossier et semblait montrer la corde, son linge rude, sa barbe longue peut-être d'une semaine, ses souliers épais et lourds et tout le reste de ses vêtements à l'avenant.

Pourquoi fut-il reçu avec un tel sentiment de respect par tous ceux qui se trouvaient dans la pièce, même par ceux qui ne le connaissaient pas et ne l'avaient jamais vu auparavant? Ce n'était certes pas la beauté de sa personne ou la noblesse de son costume qui nous frappait d'admiration. Je crois plutôt qu'une longue pratique de la vertu se manifeste dans la contenance : il y avait quelque chose en sa physionomie qui montrait la vraie grandeur de son âme ; un je ne sais quoi répandu en ses moindres paroles, et dans toute sa tenue nous forçait à le regarder avec une sorte de vénération. Son aspect, plein de bienveillance et de douceur, et cependant témoignant d'une grande résolution, s'éloignait également d'une sotte timidité et d'une malséante assurance. La conscience de sa propre valeur et de son entière intégrité le rendait calme et aisé en présence des

hommes les plus grands et les plus puissants, et dans
la plus caractéristique occasion.

Sa stricte impartialité lui assigne le rôle d'arbitre
dans tous les différends qui s'élèvent dans l'espace
de plusieurs milles autour de lui, et ses voisins
évitent ainsi les frais, les soucis et l'incertitude d'un
jugement judiciaire. Il parle toujours de ses intentions, sans crainte ni honte, les sachant bonnes, et
par conséquent n'a jamais à rougir ni à ressentir la
confusion d'être pris en flagrant délit de mensonge.
Il ne conçoit jamais rien de mal contre ses voisins
et n'est alors jamais regardé avec soupçon. Un
mélange d'innocence et de sagesse lui donne une
gaîté sérieuse. Il mérite en somme la sorte de gloire
que lui accorde son pays par sa généreuse hospitalité
pour les étrangers, sa bonté, sa charité, son courage
à défendre les faibles, sa fidélité en amitié, sa modestie, son honnêteté et sa modération, sa loyauté
envers le gouvernement, sa piété, sa tempérance,
son amour de l'humanité, sa grandeur d'âme, sa
présence d'esprit, en un mot sa vertu consommée.

Qui, s'il en avait le choix, ne préférerait mériter
ces éloges que d'être l'homme le plus riche, le plus
instruit ou le plus puissant de la province sans
posséder ces qualités ?

Presque chaque homme ressent vivement le désir
naturel d'être considéré et estimé par ses semblables.
Mais je suis étonné et chagriné de voir combien peu
prennent le bon moyen pour obtenir ce résultat.
Cette louable ambition dévie trop souvent ou est
mal employée. Quelques-uns, pour arriver à la con-

sidération, poursuivent la science; d'autres s'atta-
chent à la richesse; certains cultivent leur esprit ou
font leur idéal de la beauté de leur personne; mais
que sont l'esprit, les richesses, la beauté ou la
science en comparaison de la vertu ? S'il est vrai que
nous aimons la beauté, que nous applaudissons à la
science et que nous craignons la richesse et la puissance, nous vénérons et adorons la vertu. Et cela
n'a rien de surprenant : puisque les hommes vertueux sont rares, ils sont encore plus rares à découvrir. Si nous avions l'idée de devenir meilleurs pour
nous rendre grands, nous deviendrions en réalité
grands en devenant bons et le nombre des hommes
de valeur augmenterait ; mais c'est une grande
erreur de croire qu'on peut être grand sans être bon
et je déclare qu'il n'y eut jamais un homme vraiment
grand qui ne fût en même temps vraiment vertueux.

O Creticon! profond philosophe ! éminent homme
d'État ! tu es adroit, mais non pas sage. Quand seras-
tu estimé, considéré, aimé comme Caton ? Quand
trouveras-tu, parmi tes suivants, ce véritable respect
et cette chaude sympathie que tous les hommes ont
pour lui ? Comprendras-tu jamais que l'humble et
basse condescendance de tes partisans vient, comme
le culte rendu par les Indiens au diable, plus de la
peur du mal que tu peux leur faire que de la reconnaissance des faveurs que tu leur fis ? Tu n'es pas
absolument dénué de vertu : il y a beaucoup de
qualités en toi et l'on t'attribue beaucoup de bonnes
actions.

Écoute ton ami : mets de côté tes auteurs moisis ;

laisse-les s'ensevelir sous la poussière et devenir poussière eux-mêmes, et applique-toi à une étude beaucoup plus profitable, la connaissance de l'humanité et de soi-même.

Et maintenant avis est donné que Busy-Body défend formellement à quiconque de quelque âge, sexe, rang, qualité, situation ou dénomination qu'il soit, de chercher quel est l'auteur de ces lignes, sous peine de le mécontenter (sauf ses très proches et très intimes relations).

On prendra note que, si quelque vilain caractère venait à figurer au cours de ces portraits, il ne s'adresse à aucune personne en particulier, — à moins qu'on ne les applique à quelque cas particulier. De même l'auteur ne prend pas parti; il n'est qu'intermédiaire.

N. B. Créticon habite une province voisine.

Busy-Body.

*
* *

CONSEILS A UN JEUNE NÉGOCIANT

1748.

A mon ami A. B.

Suivant votre désir, je vous adresse les notes suivantes qui m'ont été fort utiles et qui le seront aussi pour vous, si vous les observez.

Rappelez-vous que le temps, c'est de l'argent. Celui qui, pouvant gagner par son travail dix shillings par jour, s'amuse ou reste oisif la moitié d'un jour, bien que sa distraction ou ses loisirs ne lui coûte que six pence, ne peut dire qu'il n'a pas dépensé autre chose : en réalité, il a dépensé, ou plutôt gaspillé, cinq shillings.

Rappelez-vous que le crédit, c'est de l'argent. Si quelqu'un à qui je dois laisse l'argent entre mes mains, il m'abandonne les intérêts, ou l'usage que je peux faire de cette somme, pendant tout le temps qu'il me la laisse. Je l'estime un fort total quand l'on a bon et long crédit et qu'on en fait bon usage.

Rappelez-vous que l'argent est de nature prolifique. L'argent engendre l'argent, et ce qu'il produit engendre à son tour et ainsi de suite : cinq shillings se changent en six, qui se changent eux-mêmes en un total de sept shillings et trois pence. Et ceci se poursuit jusqu'à la somme de cent livres. Plus il y en a, et plus l'augmentation se produit, de sorte que les profits sont de plus en plus rapides ; celui qui tue une truie supprime tous ses produits jusqu'à la millième génération ; celui qui sacrifie une couronne (5 fr.) détruit tout ce qu'elle aurait produit, soit des séries de livres.

Rappelez-vous que six livres (150 fr.) par an ne font qu'un sou par jour. Pour cette faible somme, qui peut être gaspillée en temps perdu ou en dépense, un homme de crédit peut avoir la constante possession et l'usage de cent livres. Un stock de ce chiffre, bien dirigé par un homme intelligent, donne de grands profits.

Rappelez-vous ce qu'on dit : « Le bon payeur est maître de la bourse des autres. » Celui qui est connu pour payer ponctuellement et exactement à l'époque promise peut en tout temps et en toute occasion demander à ses amis tout l'argent dont ils peuvent disposer, et c'est quelquefois fort utile. Après l'activité et l'économie, rien ne contribue plus à pousser un jeune homme dans le monde que la ponctualité et l'exactitude en toutes ses affaires : ne gardez donc jamais l'argent qu'on vous a prêté une heure plus tard que vous devez le rendre, de peur que votre ami désappointé ne vous ferme sa bourse pour toujours.

Les actes les plus insignifiants qui affectent le crédit d'un homme sont à considérer. Le bruit de votre marteau à cinq heures du matin ou à neuf heures du soir, entendu par un créancier, le met à son aise pendant six mois ; mais s'il vous trouve à votre billard ou s'il entend votre voix dans une taverne quand vous devriez être au travail, il fait demander son argent le lendemain.

Cela prouve qu'il faut être scrupuleux au sujet de ce que vous devez ; on verra que vous êtes soigneux, et on ne vous accordera que plus de crédit.

Évitez de penser à tout ce que vous possédez et de vivre en conséquence. C'est une erreur que font beaucoup de gens. Pour prévenir cela, gardez pendant quelque temps un compte exact de vos dépenses et de vos gains. Si vous prenez l'habitude de noter les détails, vous en arrivez à un bon résultat, vous vous apercevez combien de dépenses insignifiantes peuvent arriver à un fort total et vous discernerez ce qui aurait pu et ce qui peut être épargné pour plus tard sans causer de grands dommages.

En somme, le chemin qui mènerait à la richesse, si vous la désirez, est aussi simple que le chemin qui mène au marché. Il se résume en deux mots : travail et économie, c'est-à-dire ne dépensez ni votre temps ni votre argent, et faites des deux le meilleur usage. Sans travail et sans économie rien ne se fera ; avec eux, tout se fera. Celui qui fait tout ce qu'il peut et qui épargne tout ce qu'il peut (hors les dépenses nécessaires) deviendra certainement riche, si celui qui gouverne le monde, et à qui chacun doit demander de bénir ses efforts, n'en décide pas autrement dans la sagesse de sa Providence.

UN VIEUX NÉGOCIANT.

*

CONSEILS UTILES A CEUX QUI VEULENT DEVENIR RICHES

Année 1736.

SE servir de son argent est tout l'avantage qu'il y a à en avoir.

Avec six livres par an vous pouvez vivre comme si vous en aviez cent, pourvu que vous soyez homme de prudence et d'économie.

Celui qui dépense inutilement deux sous par jour dépense inutilement environ six livres par an, ce qui est dans la proportion de cent livres.

Celui qui dépense inutilement deux sous et son temps par jour, un jour dans l'autre, agit comme s'il gaspillait cent livres chaque jour.

Celui qui perd inutilement cinq shillings de son temps par jour perd cinq shillings et pourrait aussi bien jeter cinq shillings à la mer.

Celui qui perd cinq shillings, non seulement perd cette somme, mais perd encore tout le profit qu'il en aurait retiré en s'en servant pour ses affaires, profit qui, pendant le temps qu'un jeune homme met à arriver à la vieillesse, représente une grosse somme.

Celui qui vend à crédit demande pour ce qu'il vend un prix équivalent au capital et à l'intérêt de son argent pendant le temps qu'il n'en jouit pas : par conséquent, celui qui achète à crédit paye l'intérêt pour ce qu'il achète, et celui qui paye comptant pourrait disposer à son gré de l'argent que représente cet intérêt, de sorte que celui qui possède ce qu'il a acheté paye de l'intérêt pour la jouissance de cette chose.

En achetant, il y a avantage à payer comptant, parce que celui qui prend à crédit estime le risque qu'il court de la part de son débiteur à cinq pour cent ; par conséquent, il augmente de cette différence le prix de ce qu'il vend.

Ceux qui payent pour ce qu'ils achètent à crédit payent en proportion de l'avance qu'ils font.

Celui qui paye comptant évite, ou peut éviter, ces frais.

Un penny économisé vaut deux pence, une épingle par jour fait quatre sous par an.

Philad.ª July 5. 1775

M.ʳ Strahan,

You are a Member of Parliament, and one of that Majority which has doomed my Country to Destruction — You have begun to burn our Towns and murder our People. — Look upon your Hands! — They are stained with the Blood of your Relations! — You and I were long Friends. — You are now my Enemy, — and

I am,

Yours,

B Franklin

* *

LA MANIÈRE DE REMPLIR D'ARGENT LES POCHES DE CHACUN

A une époque où la plainte générale est que « l'argent est rare », c'est un acte de charité d'informer ceux qui en manquent comment ils peuvent remplir leurs poches. Je vais leur donner le véritable secret pour avoir de l'argent, le moyen certain de garnir leur bourse et de la garder toujours pleine. Deux simples règles y pourvoiront, si on les observe.

Primo : que l'honnêteté et le travail soient des compagnons constants.

Secundo : dépense un penny de moins que ton bénéfice.

Alors ton escarcelle ne tardera pas à engraisser et ne criera plus encore qu'elle a le ventre vide : les créanciers ne t'insulteront plus, la gêne ne t'opprimera plus, la faim ne te mordra plus et tu n'auras plus froid dans ta nudité. L'hémisphère te semblera plus riant et le plaisir fleurira à chaque coin de ton cœur.

Suis donc ces deux règles et sois heureux. Bannis le vent glacé du souci qui souffle en ton esprit et vis indépendant. Alors tu seras un homme : tu n'auras pas à te cacher à l'approche du riche, tu ne souffriras pas de te sentir petit quand les fils de la fortune marcheront à ta droite ; car l'indépendance, avec peu ou beaucoup d'argent, c'est la fortune, et elle te place sur le même terrain que les plus fiers chevaliers de la toison d'or.

Sois sage, que le travail t'accompagne dès le matin et qu'il ne te quitte pas avant d'avoir atteint l'heure du soir où tu te reposes.

Que l'honnêteté soit le souffle de ton âme et n'oublie jamais de garder un penny, tous tes frais payés. Alors tu atteindras le bonheur, et l'indépendance sera ton arme et ton bouclier, ton casque et ta couronne : alors tu pourras marcher droit devant toi, sans t'incliner devant un méchant vêtu de soie, parce qu'il sera riche, et sans accepter une humiliation parce qu'elle viendra d'une main portant une bague de diamants.

*
* *

NOUVELLE MANIÈRE DE PRÊTER DE L'ARGENT

Paris, 22 avril 1784.

JE vous adresse un billet pour dix louis d'or. Je ne prétends pas vous faire don de cette somme, je vous la prête seulement.

Quand vous rentrerez en votre pays, vous ne manquerez pas de rétablir vos affaires, ce qui vous permettra de payer toutes vos dettes à un moment donné. Dans ces conditions, quand vous rencontrerez un honnête homme dans une détresse semblable à la vôtre, vous me rembourserez la somme en la lui prêtant, et vous lui recommanderez de se libérer de la dette par la même opération, quand il le pourra et quand il rencontrera quelque misère.

J'espère que cette somme passera ainsi par bien
des mains sans être arrêtée par un fripon. Ceci est un
truc à moi pour faire beaucoup de besogne avec peu
d'argent. Je ne suis pas assez riche pour dépenser
beaucoup en bonnes œuvres, je dois donc me bor-
ner et faire le plus que je puis avec le peu que j'ai.

B. FRANKLIN.

*
* *

LETTRE A MISS HUBBAR A PROPOS DE LA MORT
DE M. JOHN FRANKLIN

Philadelphie, 23 février 1756.

JE pleure avec vous. Nous avons perdu un très
cher et précieux parent. Mais c'est la volonté de
Dieu et de la nature que ces restes mortels soient
laissés de côté, quand l'âme va entrer dans la vie
réelle. Cette existence-ci est plutôt un état provisoire,
une préparation à la vie, et un homme n'est complètement né que quand il meurt.

Pourquoi alors nous plaindrions-nous quand un
nouveau-né apparaît parmi les immortels, quand un
nouveau membre se joint à leur bienheureuse compagnie. Nous sommes des esprits : si les corps nous
sont prêtés pendant qu'ils peuvent nous procurer du
plaisir, nous aider à acquérir la science ou à faire
du bien à nos semblables, c'est par le fait de la bonté
et de l'indulgence de Dieu. Quand ils deviennent
incompatibles avec ces buts, qu'ils vous procurent

de la douleur au lieu de plaisir, qu'ils constituent
une gêne au lieu d'une aide et qu'ils ne répondent à
aucune des intentions pour lesquelles ils furent oc-
troyés, il est également bon et indulgent qu'un moyen
nous soit donné par lequel nous nous en débarras-
sons. La mort est ce moyen. Nous-mêmes, en certains
cas, acceptons une mort partielle ; si nous souffrons
d'un membre douloureux qui ne peut être guéri, nous
le faisons enlever. Celui qui se fait arracher une dent
s'en sépare librement, puisque la douleur part avec la
dent, et celui qui abandonne tout son corps échappe
à toutes les souffrances et à toutes les possibilités de
souffrances et de peines auxquelles il était exposé.

Notre ami et nous étions invités à une partie de
plaisir qui doit durer éternellement. Sa place a été
prête d'abord et il est parti avant nous. Nous ne pouvions partir ensemble, et pourquoi vous et moi nous
en désolerions-nous, puisque nous devons le suivre
de près et que nous savons où le retrouver?

Adieu.
B. FRANKLIN.

*
* *

A M. DUBOURG
SUR LE LARGE USAGE DE L'AIR

Londres, 28 juillet 1760.

Vous savez que les bains froids ont été longtemps
en vogue ici comme toniques ; mais l'impression
brusque de l'eau froide m'a toujours semblé, par-

lant en général, trop violente, et j'ai toujours trouvé
plus agréable pour ma constitution de me baigner
dans un autre élément, je veux dire l'air.

En ce but, je me lève presque tous les matins et
je m'asseois dans ma chambre, à peine vêtu, une
demi-heure ou une heure, suivant la saison, lisant
ou écrivant. Cette pratique n'est nullement pénible,
mais au contraire agréable, et si ensuite je me
recouche avant de m'habiller, comme il m'arrive
parfois, j'ajoute un supplément à ma nuit d'une ou
deux heures du plus agréable sommeil qu'on puisse
imaginer. Je n'ai jamais constaté aucune conséquence fâcheuse de ce système qui, s'il ne contribue
pas grandement à la conservation de ma santé, du
moins ne m'est pas préjudiciable. Aussi l'appellerai
je dorénavant un bain tonique.

B. FRANKLIN.

*
* *

ESSAIS DE CONCILIATION DU Dr FRANKLIN

ENTRE LA GRANDE-BRETAGNE ET SES COLONIES

Londres, 28 novembre 1768

CHER MONSIEUR,

J'AI reçu votre aimable lettre du 12 courant. Votre
opinion de l'importance des contestations exis
tantes entre la Grande-Bretagne et ses colonies me
paraît tout à fait juste. Il n'y a rien que je souhaite

plus vivement que de les voir se terminer à l'amiable
et équitablement.

Mais la Providence arrive à son but par ses
moyens à elle ; et si elle veut l'échec d'une nation,
cette nation sera si aveuglée par l'orgueil et d'autres
passions qu'elle ne verra pas le danger qu'elle court
ou qu'elle ne saura l'éviter.

Étant né et ayant été élevé dans un des deux pays,
ayant vécu longtemps et fait d'agréables relations
dans l'autre, je souhaite toute prospérité à tous
deux ; mais j'ai parlé et écrit si souvent et si longùe-
ment sur ce sujet que mes amis sont las de m'écouter
et le public de me lire, ce qui commence à me lasser
de parler et d'écrire, surtout comme il ne me semble
pas que j'aie obtenu aucun résultat dans aucun des
deux pays, si ce n'est de me rendre suspect par
mon impartialité, en Angleterre d'être trop Américain et en Amérique d'être trop Anglais.

Votre opinion cependant me réconforte et m'encourage à essayer un effort de plus, en dressant un
état complet, mais concis des faits, accompagné
d'arguments tirés de ces faits mêmes. Je le publie-
rai au moment de la réunion du Parlement, après
les vacances.

S'il en résulte quelque bien, je m'en réjouirai ;
mais pour le moment je désespère presque.

Avec une sincère estime, je suis, mon cher ami,

Votre affectionné,

B. FRANKLIN.

XV

LE SIFFLET

Passy, 18 *novembre* 1779.

J'AI reçu deux lettres de mon cher ami, une pour mercredi, l'autre pour samedi. Nous voici de nouveau à mercredi. Je n'en mérite pas une aujourd'hui, car je n'ai pas répondu à la première. Mais paresseux comme je suis, et ennemi de l'écriture, la crainte de ne pas recevoir vos charmantes lettres si je ne prends pas ma part de la correspondance m'oblige à prendre la plume ; et comme M. B. a eu la bonté de m'envoyer un mot pour m'avertir qu'il compte vous avoir demain, au lieu de passer ce mercredi soir en votre agréable compagnie je veux le passer à penser à vous, à vous écrire et à lire et relire vos lettres.

Je suis ravi de la description que vous faites du Paradis et de votre intention de vous y fixer un jour ; j'approuve fort votre conclusion qu'en attendant il faut prendre ce qu'il y a de bon en ce monde. A mon avis, nous pourrions tous en retirer plus de bien que nous ne le faisons, et en souffrir moins de mal, si nous avions soin seulement de ne pas payer trop cher nos « sifflets ». Car il me semble que la plupart des malheureux que nous trouvons le sont devenus en négligeant ce soin.

Vous demandez ce que je veux dire? Vous aimez les histoires; excusez-moi donc de vous en raconter une sur moi-même.

Quand j'étais enfant (j'avais sept ans) mes parents, certain jour de fête, remplirent mes poches de sous. Je n'eus rien de plus pressé que de courir à un magasin de jouets et, ayant été ravi par le son d'un sifflet que j'avais vu entre les mains d'un petit garçon qui passait, j'offris sans hésiter tout l'argent que j'avais pour en acheter un.

Je revins alors à la maison, sifflant à tort et à travers et dérangeant toute la famille par mon bruit. Mes frères, sœurs et cousins, comprenant quel marché de dupe j'avais fait, me dirent que j'avais payé mon sifflet quatre fois sa valeur; je réfléchis alors aux bonnes choses que j'aurais pu acheter avec le reste de mon argent, et l'on se moqua tellement de ma sottise que j'en pleurai d'humiliation. La réflexion me causa donc plus de chagrin que le sifflet ne m'avait causé de plaisir.

La leçon ne fut pourtant pas perdue pour moi, car je gardai l'impression de cette aventure, de sorte que souvent, quand j'étais tenté d'acheter quelque chose inutile, je me disais : *Ne paye pas trop cher le sifflet;* et ainsi j'épargnais mon argent.

En grandissant, en me mêlant au monde, j'observai les gens, et j'en rencontrai beaucoup, beaucoup, qui *payaient trop cher le sifflet.*

Quand je voyais quelqu'un trop ambitieux les

faveurs de la Cour, sacrifiant son temps dans l'attente de réceptions, son repos, sa liberté, sa vertu, et quelquefois ses amitiés pour arriver à son but, je me disais : *Encore un qui paye trop cher son sifflet.*

D'un autre, affamé de popularité, ne s'occupant que de politique, négligeant ses propres affaires et se ruinant par négligence, *il paye*, pensais-je, *trop cher son sifflet.*

Si je connaissais un avare qui renonçait à tout confortable, qui se privait du plaisir de faire du bien aux autres, de l'estime de ses concitoyens et des joies de l'amitié pour ne s'attacher qu'aux richesses : « *Pauvre homme*, disais-je, *vous payez trop cher votre sifflet.* »

Si je rencontre un homme de plaisir, sacrifiant tout ce qui pourrait contribuer à l'augmentation de son instruction ou de sa fortune à de viles sensations physiques, et ruinant sa santé à leur poursuite : « *Vous faites erreur*, dis-je, *vous vous préparez des chagrins au lieu de plaisirs, vous payez trop cher votre sifflet.* »

Si je vois un homme préoccupé de paraître, recherchant les beaux vêtements, les belles maisons, les beaux meubles, les beaux équipages que sa fortune ne lui permet pas d'avoir, et pour lesquels il fait des dettes et finit sa vie en prison, *hélas !* dis-je, *il a payé cher, très cher, son sifflet.*

Quand je vois une belle et douce fille mariée à une brute dénaturée, *quel dommage*, dis-je, *qu'elle ait payé si cher un sifflet !...*

En somme, je compris que la plupart des malheurs qui désolent l'humanité sont causés par la fausse estimation de la valeur des choses, et du prix trop élevé qu'on paye les *sifflets*.

Je devrais pourtant être charitable pour tous ces malheureux quand je pense que, malgré toute la sagesse dont je me vante, il y a certaines choses au monde bien tentantes, par exemple les pommes du roi Jean, qui heureusement ne sont pas à vendre, car, si on les mettait en vente, peut-être me ruinerais-je pour les acheter et trouverais-je une fois de plus que j'ai payé trop cher le sifflet.

Adieu, mon très cher ami, et croyez à la sincérité et à l'éternité de mon affection.

B. Franklin.

XVI

DIALOGUE ENTRE FRANKLIN ET LA GOUTTE

Franklin. — Oh! oh! oh! qu'ai-je fait pour mériter ces cruelles souffrances?

La Goutte. — Beaucoup de choses ; vous avez mangé et bu trop copieusement et vous avez trop laissé ces jambes dans l'indolence.

Fr. — Qui donc m'accuse?

La G. — Moi, moi-même, la Goutte.

Fr. — Quoi ! mon ennemie en personne !

La G. — Je ne suis pas votre ennemie.

Fr. — Si, je le répète, mon ennemie : car tourmenter mon corps à mort ne vous suffit pas, vous voulez aussi ruiner ma réputation. Vous me faites des reproches comme à un glouton ou un ivrogne : tous les gens qui me connaissent savent pourtant bien que je ne suis ni l'un ni l'autre.

La G. — Les gens pensent ce qui leur plaît : ils sont toujours fort indulgents pour eux, et quelquefois pour leurs amis. Pour moi, je sais très bien que la quantité de nourriture et de boisson convenable pour un homme qui fait de l'exercice est trop forte pour un homme qui n'en fait aucun.

Fr. — Je prends, oh ! oh ! autant d'exercice, oh ! que je peux, Madame la Goutte. Vous savez que j'occupe une situation sédentaire, et, à ce titre, il semble, Madame la Goutte, que vous pourriez m'épargner un peu, car tout n'est pas de ma faute.

La G. — Rien du tout ! votre rhétorique et vos belles manières sont inutiles et votre apologie ne sert de rien. Si votre situation est sédentaire, vos amusements, vos récréations devraient être actifs. Vous devriez marcher, ou monter à cheval, ou, si le temps s'y oppose, jouer au billard.

Mais examinons le cours de votre vie. Pendant les longues matinées, quand vous avez le loisir de sortir, que faites-vous ? Pourquoi, au lieu de gagner de l'appétit par un exercice salutaire, vous plongez-vous dans des livres, des articles ou des journaux qui généralement ne valent pas la peine d'être lus ? En outre, vous absorbez un déjeuner substantiel : quatre services de thé avec de la crème, et une ou deux grillades beurrées avec des tranches de roastbeef, choses qui, j'imagine, ne sont pas très digestibles. Immédiatement après vous vous asseyez devant votre pupitre où vous causez avec des personnes venues pour affaires. Une heure arrive ainsi sans que vous ayez pris aucune sorte d'exercice physique. Mais je pardonnerais tout cela, eu égard à votre situation sédentaire, comme vous dites.

Mais que faites-vous après le dîner ? Une promenade dans les splendides jardins des amis avec qui vous avez dîné, voilà ce que ferait un homme de sens ; pour vous, vous préférez vous fixer devant un jeu d'échecs et vous y passez deux ou trois heures ! Voilà votre éternelle récréation, la moins admissible de la part d'un homme sédentaire. Absorbé dans les combinaisons de ce jeu maudit, vous ruinez votre constitution. Qu'attendre de cette manière de vivre, sinon un corps encombré d'humeurs stagnantes et qui serait tout prêt à devenir la proie de toutes sortes de maladies dangereuses, si moi, la Goutte, je ne vous portais pas secours à l'occasion en agitant ces humeurs, c'est-à-dire en les purifiant et les dissipant ? Si c'était en quelque coin ou ruelle de Paris, sans espace, que vous jouiez aux échecs après le dîner, ce serait excusable ; mais ce même goût vous prend à Passy, Auteuil, Montmartre ou Sannois, endroits où l'on trouve les plus beaux jardins, de l'air pur, de belles femmes et d'agréables et instructives conversations, tous plaisirs que vous goûteriez en fréquentant les promenades ! Mais vous les dédaignez pour cet abominable jeu d'échecs.

Fi donc, Monsieur Franklin ! Mais au milieu de ma conversation, j'avais presque oublié de vous administrer une salutaire correction : attrapez-moi cette douleur, et celle-là encore.

Fr. — Oh ! oh ! oh ! — ohhh ! autant d'instructions que vous voudrez, Madame la Goutte, et autant de reproches qu'il vous plaira, mais trêve de corrections, Madame, je vous en supplie !

La G. — Non, Monsieur, non. Je n'enlèverai pas une parcelle de ce qui vous fait tant de bien.

Fr. — Oh ! ohh ! ce n'est pas bien de dire que je ne prends aucun exercice, alors que j'en prends fort souvent, quand je vais dîner en ville et que je rentre en voiture.

La G. — Celui-ci, de tous les exercices imaginables, est le plus anodin et le plus insignifiant, si vous parlez d'aller en voiture suspendue. En observant le degré de chaleur que procurent les différents genres de mouvements, nous pouvons estimer la proportion d'exercice contenue dans chacun.

Ainsi, par exemple, si en hiver vous vous livrez à la marche ayant les pieds froids, en une heure de temps vous serez en nage ; à cheval, le même résultat sera à peine atteint par quatre heures de trot ; mais si vous roulez en voiture, comme vous le disiez, vous pouvez voyager tout un jour et à la fin vous ne demanderez qu'à entrer à l'auberge pour vous chauffer les pieds près du feu. Ne vous flattez donc pas plus longtemps de la conviction que prendre l'air une demi-heure

en voiture mérite le nom d'exercice; la Providence
n'a donné qu'à peu de gens d'aller en voiture, au
lieu qu'à tous elle a donné une paire de jambes, qui
sont des machines infiniment plus commodes et
utiles. Soyez-lui en donc reconnaissant et faites usage
de ce qu'elle vous a octroyé. Voulez-vous savoir comment les jambes favorisent la circulation du sang,
par le fait même de vous transporter ? Observez,
quand vous marchez, que tout le poids de votre corps
est alternativement porté d'une jambe sur l'autre; de
là une forte pression sur les vaisseaux du pied, dont
le sang se trouve refoulé. Quand, le poids du corps
se portant sur l'autre jambe, cette pression disparaît,
les vaisseaux de la première reprennent leur cours;
ils sont de nouveau pressés par le retour du poids,
et ces mouvements alternatifs accélèrent la circulation du sang. La chaleur produite en un temps donné
dépend du degré de vitesse : les fluides sont remués,
les humeurs diminuées, les sécrétions facilitées, et
tout se passe régulièrement: les joues sont rouges
et la santé règne.

Voyez votre belle amie d'Auteuil: elle a reçu de la
nature une science plus utile en réalité que celle
qu'une douzaine de prétendants à la science comme
celle que vous avez réussi à retirer de tous vos livres.
Quand cette dame vous fait l'honneur d'une visite,
c'est à pied qu'elle vient. Elle marche toute la journée et laisse l'indolence et les maux qui l'accom-
pagnent à ses chevaux. C'est là le secret de la conservation de sa santé et de ses charmes personnels.
Mais vous, quand vous allez à Auteuil, il vous faut

une voiture, bien que ce ne soit pas beaucoup plus loin d'aller de Passy à Auteuil que d'Auteuil à Passy.

Fr. — Vos raisonnements commencent à me fatiguer.

La G. — Vous me rappelez mon devoir; je me tais et continue ma tâche : attrapez cela, et cela!

Fr. — Oh! ohhh! parlez encore, je vous en supplie.

La G. — Non, non. J'ai à vous infliger un bon nombre de douleurs ce soir, et vous pouvez compter sur quelques-unes de plus pour demain.

Fr. — Quoi, avec cette fièvre? j'en deviendrai fou. Oh! oh! personne ne peut-il supporter cela pour moi?

La G. — Demandez-le à vos chevaux qui vous ont servi fidèlement.

Fr. — Comment pouvez-vous jouer si cruellement avec mes souffrances?

La G. — Jouer? je suis très sérieuse. J'ai sur moi une liste des offenses que vous avez faites à votre propre santé ; chacune est notée distinctement et je puis justifier de chaque douleur que vous éprouvez.

Fr. — Lisez cette liste alors.

La G. — Le détail en serait trop long, mais je vous donnerai rapidement quelques renseignements.

Fr. — Dites. Je suis tout oreilles.

La G. — Vous rappelez-vous combien de fois vous vous êtes promis, pour le lendemain matin, une promenade au bois de Boulogne, au parc de la Muette ou même en votre propre jardin, et combien de fois vous avez violé votre promesse sous prétexte, une fois, qu'il faisait trop froid, un autre jour trop chaud, ou trop de vent, ou trop d'humidité, ou n'importe ce

qui vous plaisait, quand en réalité il n'y avait trop de
rien, si ce n'est votre inaltérable amour de vos aises.

Fr. — J'avoue en effet que cela m'est arrivé à
l'occasion, probablement une dizaine de fois par an.

La G. — Votre aveu est légèrement au-dessous de
la vérité : le total se monte à cent quatre-vingt-dix-
neuf fois.

Fr. — Est-ce possible ?

La G. — C'est si possible que c'est exact, vous
pouvez vous fier à la justesse de ce que je dis. Vous
connaissez les jardins de M. B. et les belles promenades qu'ils renferment ; vous connaissez ce bel
escalier de centaines de marches qui conduit de la
terrasse à la pelouse. Vous aviez l'habitude de fré-
quenter cette aimable famille deux fois par semaine
après dîner, et, comme c'est une de vos maximes
« qu'on peut faire autant d'exercice en parcourant
un mille en montant et descendant un escalier qu'en
marchant dix milles sur un terrain plat », quelle occasion vous aviez de faire de l'exercice de ces deux
manières ! En avez-vous profité, et combien de fois ?

Fr. — Je ne puis répondre immédiatement à cette
question.

La G. — Je vais le faire pour vous : pas une fois.

Fr. — Pas une fois ?

La G. — Pas une. En été vous arriviez à six heures.
Vous trouviez la charmante maîtresse de la maison,
entourée de ses enfants et d'aimables amis, toute
disposée à se promener et à causer avec vous ; et que
préfériez-vous à cela ? Vous asseoir sur la terrasse,
enchanté de la belle vue, examinant les beautés du

jardin qui s'étendait au-dessous de vous, sans faire un pas pour y descendre et vous y promener. Au contraire, vous demandez du thé et un jeu d'échecs et vous restez fixé sur votre siège jusqu'à neuf heures, ce qui fait deux heures de jeu après dîner ; et alors, au lieu de rentrer à pied chez vous, ce qui vous remuerait un peu, vous rentrez dans votre voiture. Quelle absurdité de supposer que cette insouciance est conciliable avec la santé, sans mon interposition ?

Fr. — Je comprends maintenant la justesse de la remarque du pauvre Richard qui disait : « Nos dettes et nos péchés sont toujours plus considérables que nous ne pensons. »

La G. — C'est vrai ! Vous autres philosophes êtes sages dans vos maximes et fous dans votre conduite.

Fr. — Mais mettez-vous au nombre de mes crimes que je revienne en voiture de chez M. B. ?

La G. — Certainement ! Car, étant resté assis tout le temps, vous ne pouvez prétexter la fatigue de la journée et par conséquent n'avez pas besoin d'une voiture.

Fr. — Que voulez-vous que je fasse de ma voiture ?

La G. — La brûler, si vous préférez ; vous en retireriez au moins un peu de chaleur de cette façon. Ou si vous repoussez cette proposition, en voici une autre :

Observez les pauvres paysans qui travaillent dans les vignobles et les champs de Passy, Auteuil, Chaillot, etc. Vous pourrez trouver parmi eux cinq hommes ou femmes âgés, courbés, et peut-être brisés sous le poids de l'âge et d'un trop long et trop dur labeur.

Après une journée fatigante, ces gens ont un mille ou deux à faire pour regagner leurs huttes enfumées. Ordonnez à votre cocher de les conduire. L'action sera bonne pour votre âme et en même temps, après votre visite aux B., votre retour à pied sera bon pour votre corps.

Fr. — Oh ! que vous êtes fatigante !

La G. — Alors, à mon devoir, je ne devrais pas oublier que je suis votre médecin. Pan !

Fr. — Oh ! Quel diable de médecin !

La G. — Quelle ingratitude de parler ainsi ! N'est-ce pas moi qui, en qualité de médecin, vous ai préservé de la paralysie, de l'hydropisie et de l'apoplexie. Sans moi, l'une ou l'autre de ces maladies vous tiendrait depuis longtemps.

Fr. — Je l'admets, et je vous remercie pour le passé, mais je vous supplie de cesser vos visites à l'avenir : car je trouve qu'il vaut mieux mourir que d'être soigné si attentivement. Permettez-moi aussi de vous dire que de mon côté je n'ai pas fait acte d'ennemi vis-à-vis de vous ; je n'ai jamais permis à aucun médecin ou empirique d'entrer en guerre contre vous ; et si vous ne me laissez en repos, on peut vous accuser d'être ingrate aussi.

La G. — Je reconnais à peine cela comme une objection. Pour les empiriques, je les méprise ; ils peuvent vous tuer, mais non m'atteindre. Et quant aux vrais médecins, ils sont convaincus que la goutte, pour un sujet comme vous, n'est pas un mal, mais un remède ; et pourquoi soigner un remède ! — Mais à notre affaire ! Pan !

Fr. — Oh! oh! au nom du Ciel, laissez-moi tranquille, et je vous jure de ne jamais plus jouer aux échecs, mais de prendre de l'exercice chaque jour et de vivre dans la tempérance.

La G. — Je vous connais trop bien. Belle promesse, mais après quelques mois de santé vous retournerez à vos vieilles habitudes. Vos belles promesses seront oubliées comme les formes des nuages de l'année dernière. Finissons donc votre compte et je pars. Mais je vous laisse avec l'assurance de vous revoir en temps et lieu convenables, car je veux votre bien et vous devez comprendre maintenant que je suis votre véritable amie.

XVII

MAXIMES TIRÉES DES ŒUVRES DE FRANKLIN

L'oisiveté ressemble à la rouille; elle use beaucoup plus que le travail: la clef dont on se sert est toujours nette.

Ne gaspillez pas le temps, car c'est l'étoffe dont la vie est faite.

La paresse va si lentement que la pauvreté l'atteint bientôt.

Si vous êtes laborieux, vous ne mourrez jamais de faim: car la faim peut bien regarder à la porte de l'homme qui travaille, mais elle n'ose y entrer.

Le second vice est de mentir, le premier est de s'endetter. Le mensonge monte à cheval sur la dette.

Le carême est bien court pour ceux qui doivent payer à Pâques.

Il en coûte plus cher pour entretenir un vice que pour élever deux enfants.

C'est une folie d'employer son argent à acheter un repentir.

L'orgueil est un mendiant, qui crie aussi haut que le besoin et qui est bien plus insatiable.

La pauvreté prive souvent un homme de tout ressort et de toute vertu; il est difficile à un sac vide de se tenir debout.

Un laboureur sur ses jambes est plus haut qu'un gentilhomme à genoux.

Labourez tandis que les paresseux dorment, et vous aurez du blé à vendre et à garder.

C'est folie de dépenser son argent pour acheter un repentir.

Le soleil du matin ne dure pas tout le jour.

Les grands vaisseaux peuvent parader en pleine mer, mais les petits bateaux doivent côtoyer le rivage.

Celui qui aime les bons morceaux deviendra mendiant.

L'orgueil qui dîne de vanité soupe de mépris.

Quand le puits est sec, on connaît tout le prix de l'eau.

Avant de consulter ta fantaisie, consulte ta bourse.

Si tu achètes ce dont tu n'as pas besoin, tu ne tarderas pas à **vendre** ce qui t'est nécessaire.

Travaillez aujourd'hui, car vous ne savez pas tous les obstacles que vous rencontrerez demain.

L'orgueil déjeûne avec l'abondance, dîne avec la pauvreté et soupe avec la honte.

Le gain est passager et incertain, mais tant qu'on vit la dépense est constante et certaine.

A force de prendre dans la huche sans y rien mettre, on en trouve bientôt le fond.

Puisque tu n'es pas sûr d'une minute, ne perds pas une heure.

Bonne fileuse ne manque jamais de chemise.

Se coucher tôt, se lever tôt, donnent santé, richesse et sagesse.

Un métier vaut un fonds de terre.

L'homme sage s'instruit par les malheurs d'autrui.

Réfléchis toujours avant de profiter du bon marché.

Si tu t'accoutumes à faire du mal aux animaux, tu en feras bientôt aux hommes.

Depuis que j'ai des brebis et une vache dans ma cour, chacun me souhaite le bonjour.

Ce n'est pas la quantité des paroles qui remplit le boisseau.

Celui qui vit d'espérance mourra de faim.

La paresse va si lentement que la pauvreté l'a bientôt rattrapée.

Le bon payeur est le maître de la bourse des autres.

Le laboureur qui veut s'enrichir doit conduire lui-même sa charrue.

Les enfants et les fous s'imaginent que vingt francs et vingt ans ne peuvent jamais finir.

Il est plus aisé de bâtir deux cheminées que d'en chauffer une.

Pousse tes affaires et qu'elles ne te poussent pas.

Le travail paie les dettes, le désespoir les augmente.

Les fous donnent les festins et les sages les mangent.

Un bon aujourd'hui vaut mieux que deux demain.

Un mot suffit à qui sait entendre.

Si quelqu'un vous dit que l'homme peut vivre sans travailler, ne l'écoutez pas. C'est un empoisonneur.

Il vaut mieux connaître bien un seul métier, que mal trente-six.

L'industrie et le travail sont les deux grands préservateurs de la moralité et de la vertu d'une nation.

Prenez garde aux petites dépenses : une petite voie d'eau submergera un grand vaisseau.

Ce qui coûte peu coûte trop cher dès que c'est une chose inutile.

Dépensez par jour un sou de moins que votre bénéfice net.

Si vous voulez être riche, songez à économiser aussi bien qu'à gagner.

Un peu, souvent répété, fait beaucoup.

Couchez-vous plutôt sans souper que de vous lever avec des dettes.

Voulez-vous savoir la valeur de l'argent ? Allez essayer d'en emprunter.

L'emprunteur est l'esclave du prêteur, et le débiteur du créancier.

Si chaque soir en vous mettant en face de votre miroir et si, après vous être rappelé ce que vous avez fait dans la journée, vous pouvez vous regarder sans rougir, c'est que vous avez conservé l'estime et le respect de vous-même.

TABLE

Tours, imp. Deslis Frères, rue Gambetta, 6.

9 782019 956974